일본어와
커뮤니케이션

일본어와 커뮤니케이션

초판 1쇄 펴낸날 | 2020년 3월 5일

지은이 | 다키우라 마사토 · 오하시 리에
옮긴이 | 이경수 · 사공환
펴낸이 | 류수노
펴낸곳 | (사)한국방송통신대학교출판문화원
　　　　(03088) 서울시 종로구 이화장길 54
　　　　전화 1644-1232
　　　　팩스 (02) 741-4570
　　　　홈페이지 http://press.knou.ac.kr
　　　　출판등록 1982년 6월 7일 제1-491호

출판위원장 | 백삼균
편집 | 신경진 · 이명화
편집 디자인 | (주)성지이디피
표지 디자인 | bookdesignSM

ⓒMasato Takiura · Rie Ohashi, 2015
ISBN 978-89-20-03642-2 03730

값 15,000원

이 도서의 국립중앙도서관 출판예정도서목록(CIP)은 서지정보유통지원시스템 홈페이지(http://seoji.nl.go.kr)와
국가자료종합목록 구축시스템(http://kolis-net.nl.go.kr)에서 이용하실 수 있습니다.(CIP제어번호 : CIP2020005023)

일본어와 커뮤니케이션

다키우라 마사토·오하시 리에 지음
이경수·사공환 옮김

Japanese Language and Communication

by Masato Takiura, Rie Ohashi

Copyright © 2015 by Masato Takiura, Rie Ohashi

All rights reserved.

Original Japanese edition published by Foundation for the Promotion of
The Open University of Japan

서문

 '~력(力)'이란 어미가 붙은 말을 여기저기서 듣게 된다. 전형적인 예로 '커뮤니케이션력(力)'을 들기도 한다. 그러나 '~력'에는 함정이 있는데, 결과적으로 상황에 맞춰 순조로이 어떤 일을 이룰 수 있었던 사람은 '~력이 있다'라는 말을 듣지만, '~력이 있다'란 어떤 상태를 말하는지 전혀 알 수 없다.

 이 책은 '커뮤니케이션 능력 향상'을 위한 교과서가 아니다. '커뮤니케이션이 어떠한 과정을 거치고, 인간은 커뮤니케이션 과정에서 상호간 어떤 작용을 하는가?'라는 근본적인 문제를 학문적으로 다루는 데 필요한 기본적 이해를 위한 교과서이다. 접근 방식은 학문적이면서도 가능한 구체적으로 서술하려고 애썼다. 왜냐하면 커뮤니케이션은 결코 추상적인 과정이 아니기 때문이다.

 커뮤니케이션학(커뮤니케이션론)의 입문서는 쉽게 찾아볼 수 있는데, 이 책이 다른 입문서와 다른 점이라 하면 제목 '일본어와 커뮤니케이션'의 앞부분인 '일본어'와의 관계일 것이다. 커뮤니케이션학의 접근 방식에는 먼저, 커뮤니케이션에 반드시 포함되는 언어의 종류와는 상관없이 보편적인 과정이나 현상을 추출하려는 방향성이 있다. 동시에 커뮤니케이션이 늘 어떤 구체적인 특정 언어로 구사되는 활동이란 점에서 각 언어의 언어학적 특징이나 지리적·역사적 사정을 반영한 측면을 발견할 수도 있다. 그래서 이 책은 '일본어'라는 언어의 특징과 사정이 일본인의 커뮤니케이션에 어떤 영향을 미치고 있는지에 주목했다.

 이 책은 총 15장으로 이루어져 있다. 여기에는 커뮤니케이션학의 구성을 개괄적으로 설명한 장, 구체적인 커뮤니케이션 행위를 들어 고찰한 장, 커뮤니케이션에서 일본어의 특징을 서술한 장, 커뮤니케이션의 현재적 측면에 초점을 둔 장 등이 포함된다. 커뮤니케이션학의 개설 부분은 오하시(大橋)가, 구체적인 커뮤니케이션 행위와 일본어적 특징 부분은 다키우라(滝浦)가 담당하여 집필했다. 각 장을 독립적으로 분리하지 않고, 도입 부분에 해당되는 장을 시작으로 응용적인 내용을 후반에서 다루어 전체가 조금씩 앞으로 나아가도록 배치했다. 마치 나선형 계단을 올라가듯 음미할 수 있길 바란다.

이 교과서를 읽는다고 해서 '커뮤니케이션 능력'을 키울 수 있는 것은 아니지만, 읽기 전과 비교해 '커뮤니케이션에 대해 잘 알게 되었다'고 말할 수 있을 것이다. 커뮤니케이션에 내해 잘 알게 되면 지금까지와는 다른 무언가를 해 보고 싶어질지도 모른다. 일본방송대학 강의 교재에서도, 당연하게 생각하여 거의 무의식적으로 행하는 행위가 어떤 의미를 갖는지 구체적인 형태로 만들려는 시도를 하고 있으므로, 이 책과 함께 강의를 활용해서 커뮤니케이션을 더욱 제대로 이해했으면 한다.

2014년 10월 1일
다키우라 마사토 · 오하시 리에

차례

01 커뮤니케이션학으로의 초대 ················· 11

　1 커뮤니케이션 모델 _ 12
　2 커뮤니케이션의 종류 _ 15
　3 커뮤니케이션의 본질적 특징 _ 17
　4 커뮤니케이션의 정의 _ 24
　5 이 책에서 다루는 범위 _ 25

02 일본어 커뮤니케이션 ······················ 29

　1 커뮤니케이션의 보편성과 특수성 _ 30
　2 '유교문화권' 속의 일본어 _ 33
　3 예법으로서의 '표준어' _ 39
　4 언어의 '일·중·한 관계' _ 42

03 언어 메시지와 비언어 메시지 ··············· 45

　1 언어와 비언어 _ 46
　2 언어 커뮤니케이션과 비언어 커뮤니케이션 _ 47
　3 비언어 메시지의 역할 _ 52
　4 신체 동작 _ 54
　5 신체 접촉 _ 57
　6 대인 거리 _ 58
　7 일본어 문화권에서 사용되는 비언어 메시지 _ 59

04 인사 커뮤니케이션 ························ 65

　1 언어와 비언어의 경계 _ 66
　2 인사는 무엇을 말하는가? _ 71
　3 인사의 커뮤니케이션론적 기능 _ 76

05 대인관계 언어 ⋯⋯⋯⋯⋯⋯⋯⋯⋯⋯⋯⋯⋯⋯⋯⋯⋯⋯⋯ 85

1 언어와 대인 거리 _ 86
2 말로 접촉하는 것과 대인관계 – '공손'의 사고방식 _ 90
3 '협조의 원리'와 '대화의 함축' _ 96

06 의뢰·권유와 응낙·거절 ⋯⋯⋯⋯⋯⋯⋯⋯⋯⋯⋯⋯⋯⋯⋯ 103

1 공손 이론 _ 104
2 언어행위와 페이스 _ 108
3 '의뢰'와 '권유' _ 112

07 감사·사죄·칭찬 ⋯⋯⋯⋯⋯⋯⋯⋯⋯⋯⋯⋯⋯⋯⋯⋯⋯⋯ 121

1 감사와 사죄의 공손 _ 122
2 일본인의 사과 _ 127
3 칭찬하다·칭찬받다 _ 132

08 대인관계 관리 ⋯⋯⋯⋯⋯⋯⋯⋯⋯⋯⋯⋯⋯⋯⋯⋯⋯⋯ 139

1 커뮤니케이션의 필요성 _ 140
2 대인관계 구축의 동기 _ 142
3 대인관계의 전개 _ 146
4 자기공개 _ 150
5 일본의 대인관계 인식 _ 152

09 경어의 커뮤니케이션 ⋯⋯⋯⋯⋯⋯⋯⋯⋯⋯⋯⋯⋯⋯⋯ 157

1 경어가 나타내는 것 _ 158
2 경어의 분류와 기능 _ 162
3 경어가 나타내는 인간관계의 모습 _ 167

10 스피치 커뮤니케이션 ⋯⋯⋯⋯⋯⋯⋯⋯⋯⋯⋯⋯⋯⋯⋯ 177

1 대인 커뮤니케이션과의 차이 _ 178
2 스피치의 구성 요소 _ 183

③ 수사(修辭, rhetoric) 전략 _ 184
④ 일본에서 잘 쓰이는 수사법 _ 188

⑪ 비유와 커뮤니케이션 ·· 193

① 수사 표현과 인식 _ 194
② 수사 표현의 왕, 비유 _ 198
③ 비유의 커뮤니케이션론적 의미 _ 208

⑫ 일본어의 수사 표현과 오노마토페 ···················· 211

① 일본의 수사 _ 212
② 오노마토페와 일본어 _ 219

⑬ 공공장소의 커뮤니케이션 ································· 231

① 공공장소와 노골적인 명령 _ 232
② 고민스러운 '금지' _ 236
③ 다언어 게시 _ 243
④ 금지의 기호 _ 248

⑭ 이문화 간의 커뮤니케이션 ······························· 253

① 문화란 _ 254
② 문화의 기능 _ 258
③ 문화와 언어의 관계 _ 259
④ 이문화(異文化) 간 커뮤니케이션이란? _ 264

⑮ 일본어와 커뮤니케이션 ··································· 269

① 오용? 변화? _ 270
② 문제적 일본어 _ 273
③ 변해 가는 커뮤니케이션 _ 279

옮긴이 후기 _ 287

01

커뮤니케이션학으로의 초대

:

오하시 리에(大橋理枝)

- 이시이(1998)의 대인 커뮤니케이션 모델을 이해한다.
- 커뮤니케이션의 4가지 방식을 이해한다.
- 커뮤니케이션의 본질적 특징을 이해한다.
- 커뮤니케이션의 정의를 이해한다.

① 커뮤니케이션 모델

커뮤니케이션이라는 말은 이미 신기한 말이 아니다. 우리는 '비즈니스 커뮤니케이션', '리스크 커뮤니케이션', '사이언스 커뮤니케이션' 등의 말을 자주 듣는다. 커뮤니케이션에 대해 알아볼 때, 커뮤니케이션이 무엇인지 모르면서 이야기를 진행하는 것은 바람직하지 않다. 따라서 우선 커뮤니케이션이 무엇인지 살펴보려 한다.

이제까지 많은 연구자가 커뮤니케이션을 이해하기 위해 모델(도식)로 나타내려 했다. 지금까지 여러 모델이 제시되었지만, 여기서는 이시이(1998)의 모델을 소개한다.

이 모델에 따르면, 우선 '인물 A'의 머릿속에 생각이나 감정 등 타인에게 전달하고 싶은 것이 생긴다. 그것을 타인에게 전달하기 위해서는 생각만 하거나 느끼고만 있어서는 소용이 없으며 어떤 심벌을 사용해서 표현해야 한다. 이처럼 심벌을 사용해서 생각이나 감정을 표현하는 과정을 '기호화'라고 한다. 기호화된 생각이나 감정은 상대방에게 전달하고 싶은 내용, 즉 '메시지'로서 '인물 B'에게 도달한다. 메시지를 받은 B는 A가 자신의 생각이나 감정을 기호화한 것과 반대되는 과정을 더듬어 A가 사용한 기호를 해석함으로써 전달받은 생각이나 감정을 이해하려 한다. 일단 이해하고 나면 이번에는 B가 그에 대한 답을 준비한다. B가 자신의 생각이나 감정을 기호화하고 그것이 메시지가 되어 A에게 전달되면, 이번에는 A가 그 메시지에 사용된 기호를 해석한다. 커뮤니케이션의 과정을 처음으로 이렇게 도식화한 사람은 1900년대 초의 슈람으로, 이시이 모델은 슈람의 모델을 토대로 발전시킨 버전이라 할 수 있다.

이런 과정이 이루어질 때, A는 상대방에게 보내기 전에 자신이 기호화한 것을 재검토하여 다시 한번 수정하기도 한다. 예를 들어 A가 B에게 뭔가를 부탁하려고 한다면 어떻게 해야 B가 부탁을 들어줄지 고민하면서 기호화할 것이다. 그런데 일단 '이렇게 말해야겠다'고 생각한 후에, '아니, 이래서는 제대로 전달되지 않을 거야. 이러면 부탁을 안 들어줄지도 몰라' 하면서 말투를 바꾸기도 한다. 이 단계에서 A는 자신이 기호화한 것을 스스로 해석한 후, 납득할 수 있는 내용으로 다시 기호화한다고 할 수 있다. 이런 고리를 '자기 피드백'이라 한다.

한편, 우리가 메시지를 작성하는 과정에도, 그 메시지가 전달되는 도중에도, 수신한 쪽에서 메시지를 해석하는 동안에도, 다양한 노이즈(잡음)가 들어간다. 예를 들면 A가 B에게 부탁을 하려고 했지만 바빠서 충분히 검토하지 않고 기호화했을 수도 있다. 이 경우에는 A가 바쁜 것이 노이즈가 되어 메시지 작성에 영향을 준다. 또 A가 B에게 메시지를 전달하는 장소가 너무 시끄러워서 A가 기호화한 결과를 B가 정확하게 듣지 못했다면, 그 경우는 장소의 소음이 노이즈가 된다. 또는 B가 A의 메시지를 받았을 때 너무 졸려 메시지의 내용을 제대로 기호해석할 수 없는 상태였다면 졸음이 노이즈

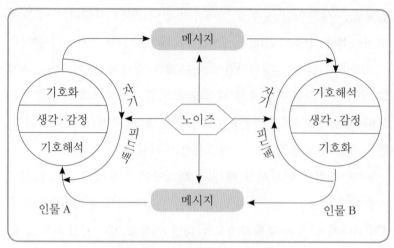

| 그림 1-1 |　대인 커뮤니케이션 모델

[鍋倉健悦 編著(1998),『異文化間コミュニケーションへの招待：異文化の理解から
異文化との交流に向けて』p.57, 北樹出版.]

가 된다.

　이와 같이 커뮤니케이션을 모델로 개념화한 경우, A가 자신의
생각·감정을 기호화한 결과와, B가 수신한 메시지를 기호해석한
결과가 일치하지 않을 수 있다는 것은 매우 중요하다. A가 기호화
해서 B에게 보낸 자신의 생각·감정과, B가 수신한 메시지를 기호
해석해서 얻은(생각한) A의 생각·감정이 일치하면 '이해'한 것이 되
고, 일치하지 않으면 '오해'한 것이 된다. 만약 기호해석의 결과가
오해라고 해도 A에게서 B에게로 메시지가 도달하기만 하면 커뮤니
케이션이라고 생각하는 것이 커뮤니케이션학의 견해이다. 이 점은
뒤에서 상세히 서술하기로 한다.

　메시지 발신자가 궁리를 거듭해서 자신의 생각·감정을 기호화
하더라도, 최종적인 이해는 수신자가 기호해석한 결과로 나타난다.

따라서 메시지의 의미를 결정하는 것은 수신자이지 발신자가 아니다. 메시지의 의미는 수신하는 쪽이 결정한다는 것도 매우 중요하다(하시모토, 2006).

이 모델에서도 알 수 있듯이, 사람과 사람 사이의 가장 기본적인 커뮤니케이션 형태로 상정하는 것은 한 사람이 다른 한 사람과 행하는 형태이다. 그 밖에 집단 내에서 행하는 커뮤니케이션이나 미디어를 개입한 커뮤니케이션 같은 형태도 있지만, 이는 어떤 의미에서 '응용형' 커뮤니케이션으로 간주되며, 한 사람 대 한 사람이라는 전형적인 커뮤니케이션 형태와 비교함으로써 그 본질을 이해하게 되는 경우가 많다.

② 커뮤니케이션의 종류

스에다와 후쿠다(2011)는, 언어를 사용한 것과 사용하지 않은 것, 음성을 사용한 것과 사용하지 않은 것이라는 두 가지 관점에서 커뮤니케이션을 고찰하여 '언어 음성 커뮤니케이션', '언어 비음성 커뮤니케이션', '비언어 음성 커뮤니케이션', '비언어 비음성 커뮤니케이션'의 네 가지 방식으로 나누어 논하고 있다(〈표 1-1〉 참조).

'언어 음성 커뮤니케이션'은 음성 언어로 메시지를 구축하는 커뮤니케이션을 말한다. 기본적으로는 우리가 일상적으로 사용하는 음성 언어를 통한 커뮤니케이션이 여기에 해당된다. '언어 비음성 커뮤니케이션'은 음성을 사용하지 않는 언어로 메시지를 구축하는 커뮤니케이션이다. 음성을 사용하지 않는 언어에는 문자 언어나 수

| 표 1-1 | 커뮤니케이션의 4가지 방식

음성 \ 언어	사용함	사용하지 않음
사용함	언어 음성 커뮤니케이션 (언어 음성 메시지를 사용하는 커뮤니케이션)	비언어 음성 커뮤니케이션 (비언어 음성 메시지를 사용하는 커뮤니케이션)
사용하지 않음	언어 비음성 커뮤니케이션 (언어 비음성 메시지를 사용하는 커뮤니케이션)	비언어 비음성 커뮤니케이션 (비언어 비음성 메시지를 사용하는 커뮤니케이션)

화 등이 포함되는데, 이를 사용하는 커뮤니케이션을 말한다.

'비언어 음성 커뮤니케이션'이란 언어 외의 음성이 메시지가 되는 커뮤니케이션이다. 언어를 사용하지 않는 음성이란, 예를 들어 상연자가 청중의 수의를 끌려고 헛기침을 한다거나 미아가 된 어린이가 울음으로 불안한 마음을 전달하는 것이다. 그 밖에도 우리는 말의 내용이 아니라 말투에서도 상당히 많은 메시지를 받는다. 가령 아침에 만났을 때 '안녕하세요'라는 인사말 한마디에서 상대방이 원기왕성한지 졸린지, 아니면 몸 상태가 좋지 않은지 알 수 있다. 이처럼 목소리가 높은지 낮은지, 말이 빠른지 느린지, 목소리가 활기에 넘치는지 아닌지와 같은, 언어의 내용이 아니라 음성에서 전해지는 메시지를 '비언어 음성 메시지'라고 하며, 그런 메시지를 사용하는 커뮤니케이션을 '비언어 음성 커뮤니케이션'이라고 한다. 마지막으로 '비언어 비음성 커뮤니케이션'은 언어도 음성도 사용하지 않고 구축한 메시지를 사용해서 행하는 커뮤니케이션이다. 언어도 음성도 사용하지 않는 메시지라고 하면 가장 먼저 떠오르는 것이 제스처나 악수일 것이다. 이에 대해서는 3장에서 다시 다루기로 한다.

그렇다면 우리는 아주 다양한 방법으로 메시지를 만들고 커뮤니케이션을 한다는 것을 알 수 있다. 어떤 방법을 사용해서 메시지를 구축하고, 메시지를 사용해서 의사·감정·사고·정보 등을 전달·교환한다. 그럴 때 실제로는 어떤 일이 일어날까. 그에 대해서는 '커뮤니케이션의 본질적 특징'이라는 내용으로 다음 절에서 살펴보기로 한다.

③ 커뮤니케이션의 본질적 특징

커뮤니케이션의 본질적 특징으로 어떤 측면을 고찰할지는, 이타바(2011)의 지적처럼 '커뮤니케이션'이라는 말에 어떤 의미를 부여하려고 하는지와 연결된다. 여기서는 지금까지 여러 연구자가 지적한 점 중에서 중요한 특징을 살펴보고자 한다.[1]

커뮤니케이션은 심벌을 매개로 이루어진다

일반적으로 인간은 감정이나 사고를 타인에게 전달할 때, 단순히 느끼거나 생각만 해서는 많은 것을 전달할 수 없다(가끔 잘 아는 상대방이 무슨 생각을 하는지 알 수 있지만 이는 아주 예외적인 경우이다).

---

1 앞에서 기술한 대로 커뮤니케이션학 분야에서는 두 사람이 일대일로 행하는 커뮤니케이션 형태를 가장 전형적인 커뮤니케이션 형태로 여겨 왔다. 따라서 여기서 서술하는 본질적 특징 역시 기본적으로 두 사람 사이에서 이루어지는 일대일 커뮤니케이션이다.

따라서 느끼거나 생각하는 것을 상대방에게 전달하기 위한 방법이 필요하며, 그 때문에 '심벌'을 사용한다. 심벌이란 상대방에게 어떤 정보를 제공하는 기호를 말하는데, 감정이나 사고를 타인에게 전달하기 위해 사용하는 언어, 몸짓, 물건 등을 가리킨다. 우리는 심벌을 사용하지 않고서는 타인에게 많은 것을 전달할 수 없으므로 대부분의 커뮤니케이션에서 심벌을 사용한다. 어떤 심벌을 사용하는가에 대한 선택이 〈그림 1-1〉의 '기호화' 부분에 해당한다.

그러나 심벌이 그 자체로서 의미를 가지는 것은 아니다. 어떤 심벌이 어떤 의미를 가지느냐는 두뇌로 판단한다. 예를 들면 「すみません」은 말하는 사람의 감정을 표현하기 위한 심벌이지만, 거기서 표현되는 감정이 감사인지 사죄인지를 이 말만으로는 알 수 없다. 「すみません」은 듣는 사람이 상황에 맞게 판단할 때 비로소 의미 있는 심벌이 되는 것이다. 심벌 자체에는 의미가 없으며, 우리 스스로 그 의미를 판단한다는 것은 커뮤니케이션 과정을 이해하는 데 매우 중요하다.

커뮤니케이션에는 디지털적인 면과 아날로그적인 면이 있다

예를 들어 '어제 영화 엄청 재미있었다!'라는 메시지를 생각해보자. 이 메시지 중에서 '어제', '영화', '재미있었다'는 다른 말로 바꾸면 의미가 변하는 요소이다. 메시지 중에는 이처럼 '1'이냐 '0'이냐 하는 디지털 원리와 마찬가지로, 사용하느냐 사용하지 않느냐로 의미가 달라지는 부분이 있다. 이것이 커뮤니케이션의 '디지털적인 면'이다. 한편 '엄청'은 말투에 따라 의미에 변화를 가져올 수 있다. '엄청', '어엄청', '어어엄청' 식으로 말투를 바꾸면 그 영화가 얼마나 재미있었는지의 차이를 표현할 수 있다. 어떤 심벌을 사용하느냐 하지 않느냐가 아니라, 그것을 어떻게 사용하느냐에 따라 의미에 차이가 생기는 요소가 커뮤니케이션의 '아날로그적인 면'이다.

대략적으로 말하면, 언어 메시지는 디지털적 원리에 근거하는데 비해 비언어 메시지는 아날로그적 원리에 근거하는 경우가 많다.[2] 즉 언어 메시지는 어떤 언어를 사용하느냐 아니냐에 따라 의미의 차이를 만들어 내지만, 비언어 메시지는 말투(목소리의 크기나 톤의 높낮이 등)나 동작의 빈도와 크기가 의미의 차이를 만들어 낸다. 즉 커뮤니케이션에는 디지털적인 면과 아날로그적인 면이 모두 있다고 할 수 있다.

커뮤니케이션은 의도를 전제로 하지 않는다

앞 절에서 살펴본 대로, 커뮤니케이션은 언어 메시지만을 사용하는 것이 아니라 비언어 메시지도 많이 사용한다. 우리는 평소에 자신의 말투 ― 목소리에 힘이 있는지, 목소리가 높은지 낮은지 등 ― 를 얼마나 의식할까? 목소리의 크기나 말하는 속도까지는 의식한다 하더라도 그 밖의 것은 거의 의식하지 않으며, 오히려 말의 내용에 신경을 쓰는 경우가 많을 것이다. 그러나 (앞에서 서술한 '안녕하세요'의 사례에서 보듯) 듣는 사람은 말하는 사람의 말투에서 많은 메시지를 받아들인다. 다른 예로 다리를 떠는 행동을 생각해 보자. 다리를 떠는 사람은 버릇이 되어 자신이 그런 행동을 하는지조차 모르는 경우도 있다. 그러나 대체로 우리는 다리를 떠는 사람을 보면

---

2 단, 비언어 메시지 중에는 극히 디지털형에 가까운 형태로 사용되는 것도 있다. 상세한 것은 3장 참조.

| 표 1-2 | 커뮤니케이션의 성립

	메시지가 수신된 경우	메시지가 수신되지 않은 경우
메시지를 발신할 의도가 있었을 경우	성공한 커뮤니케이션 (이쪽에서 의도한 대로 상대방이 이해한 것은 물론, 오해하더라도 커뮤니케이션 성립)	실패한 커뮤니케이션 (상대가 이쪽의 메시지를 수신하지 않아도 커뮤니케이션 성립)
메시지를 발신할 의도가 없었을 경우	무의도적 커뮤니케이션 (이쪽이 상대에게 전달할 의도가 없어도 상대가 메시지를 수신하면 커뮤니케이션 성립)	커뮤니케이션의 불성립 (이쪽이 상대방에게 전달할 의도가 전혀 없고, 상대방도 이쪽으로부터 메시지를 수신하지 않은 경우는 커뮤니케이션 불성립)

'저 사람은 초조한 모양이다'라고 느낀다.

이러한 사례는 우리가 무의식중에 커뮤니케이션을 한다는 것을 보여 준다. 이를 정리하면 〈표 1-2〉와 같다. 즉 커뮤니케이션이란 반드시 상대에게 뭔가를 전달하려는 의도가 없어도 성립한다(커뮤니케이션의 무의도성). 한편으로 이쪽에서 상대방에게 뭔가를 전달하려 하지만 전달되지 않는 경우도 있다. 예를 들면 상대방이 멀리 있어서 이쪽의 목소리가 들리지 않는다거나, 어떤 일에 몰두하고 있어서 이쪽에서 건네는 말에 대답하지 않는 일도 그리 드물지 않을 것이다. 이러한 경우라도 상대방에게 뭔가를 전달하려고 심벌을 조작했을 때 그 행위는 커뮤니케이션이 된다. 더 나아가 이쪽에서 전달하려고 한 내용을 상대방이 오해했어도, 메시지가 수신되었다면 커뮤니케이션은 성립한 것으로 간주된다. 이처럼 상대방에게 오해

없이 전달된 경우만을 커뮤니케이션이라 하지는 않는다.

커뮤니케이션을 피할 수는 없다

앞에서 서술했듯이, 상대방에게 뭔가를 전달할 의사가 없어도 커뮤니케이션은 이루어진다. 또한 커뮤니케이션에는 언어 메시지뿐만 아니라 비언어 메시지도 포함된다. 즉 우리가 평소에 하는 일거수일투족이 커뮤니케이션이 되는 것이다. 더구나 상대방이 이쪽에 전달할 의사가 없는 메시지까지 수신하게 된다. 그런 의미에서 살아 있는 이상 우리는 커뮤니케이션을 피할 수 없다(커뮤니케이션의 불가피성).

커뮤니케이션은 시간과 함께 흐른다

앞에서 살아 있는 이상 우리는 커뮤니케이션을 피할 수 없다고 했는데, 살아 있다는 것은 태어나서 죽을 때까지 시간의 경과를 따라간다는 의미이기도 하다. 따라서 커뮤니케이션 자체도 시간의 경과에 따라 이루어지는데, 여기서 커뮤니케이션의 몇 가지 특징이 나타난다. 첫째, 커뮤니케이션은 결코 원래로 되돌아갈 수 없으며, 반복할 수도 없다. 시간을 되돌릴 수 없는 이상 한 번 이루어진 커뮤니케이션 역시 원래로 되돌릴 수 없으며, 완전히 똑같이 반복할 수도 없다.[3] 한 번 말한 것은 주워 담을 수 없고, 똑같은 농담을 두 번 하면 더 이상 웃지 않는 것을 생각하면 이 점은 쉽게 납득할 수 있을 것이다(커뮤니케이션의 불가역성).

---

3 다만, 시간을 인식하는 방법은 문화에 따라 차이가 있으며, 시간을 반드시 직선적으로 생각한다고는 할 수 없다.

둘째, 어느 시점의 커뮤니케이션은 그때까지의 인생 경험을 반영하여 이루어진다. 우리는 다양한 경험을 쌓으면서 살아가는데, 그 과정에서 다양한 커뮤니케이션의 형태와 방법을 배운다. 타인에게 뭔가를 부탁하고 싶을 때는 어떻게 해야 되는지, 친구와 다투었을 때는 어떻게 화해해야 되는지, 선배와 교외에서 만날 때는 어떻게 인사해야 되는지 등은, 모두 인생의 경험에서 배운 커뮤니케이션이다. 이뿐만 아니라 어떤 커뮤니케이션이든 지금까지 자신이 살아온 인생의 경험을 토대로 행한다고 할 수 있다(커뮤니케이션의 선행성).

커뮤니케이션은 언어 메시지뿐만 아니라 비언어 메시지를 통해서도 이루어진다는 것을 앞에서도 살펴봤으나, 덧붙이자면 메시지를 보내지 않는 것도 메시지가 될 수 있다. 예를 들어 상대방과 말을 하지 않는 것 자체가 상대방을 향한 자신의 분노를 나타내는 메시지가 된다. 또 지금까지 빈번하게 연락을 하던 상대방과 갑자기 연락을 끊는다면, 이는 분명히 메시지로서의 가치를 가진 언동으로 해석될 것이다. 이러한 경우를 생각하면, 메시지를 주고받지 않는다고 해서 커뮤니케이션을 하지 않는 것은 아님을 알 수 있다. 다시 말하면 한번 커뮤니케이션을 시작한 상대방과는 커뮤니케이션을 그만둘 수가 없다. 이 역시 시간의 흐름을 멈출 수 없다는 것과 관련지어 생각할 수 있다.

커뮤니케이션에는 내용과 관계가 공기(共起)한다

앞에서 예를 든 '어제 영화 엄청 재미있었다!'를 다시 한번 생각해 보자. 이 메시지는 어떤 상대에게 보낸 걸까. '재미있었다'라는 표현이 가장 큰 판단 근거일 것이다. 딱 잘라 말한 형태로 보아, 대등하거나 자신보다 아래이면서 친한 상대에게 보낸 메시지임을 쉽게 추측할 수 있다. 만약 '재미있었다'가 아니라 '재미있었습니다'라고 했다면, 상대는 어느 정도 손위이거나 적어도 별로 친하지 않은 사람일 것이다. 이처럼 커뮤니케이션에서는, 메시지를 발신한 사람이 그 메시지의 수신자와 자신의 인간관계를 어떻게 보고 있는지가 내용과 함께 전달된다.

모든 커뮤니케이션은 반드시 어떤 배경 속에서 이루어진다

앞에서 살펴본 바와 같이, 커뮤니케이션에서는 사용하는 말이 메시지를 주고받는 사람과의 관계와 관련 있다는 점을 항상 염두에 두어야 한다. 또한 같은 메시지를 전달할 때도 교통량이 많은 도로 옆에 서서 이야기하는지, 분위기 좋고 조용한 술집에서 이야기하는지에 따라 소리의 크기와 힘을 조절한다. 그리고 상대방이 서두르는지 시간이 충분한지에 따라 말하는 내용도 바뀐다.

상대방과의 대인관계, 커뮤니케이션이 이루어지는 물리적 환경, 상대방의 심리적 여유 등은 모두 커뮤니케이션이 이루어지는 배경이라 할 수 있다. 이처럼 모든 커뮤니케이션은 반드시 어떤 배경 안에서 이루어진다. 이것도 커뮤니케이션의 중요한 특징 중 하나이다.

④ 커뮤니케이션의 정의

이러한 커뮤니케이션의 본질적 특징을 근거로 하여, 커뮤니케이션의 정의를 내리려는 여러 시도가 있었다. 예를 들면 스즈키(2010)는 "사람들이 공유하는 어떤 의미가 창조되는 과정"(p.24)이라고 정의했으며, 스에다와 후쿠다(2011)는 "심벌을 창조하고 그 심벌을 사이에 두고 의미를 공유하는 과정"(p.16)이라고 정의했다. 이시이와 구메(2013)는 "사람이 물리적, 사회문화적 환경·배경의 영향을 받으면서 타인과 언어 또는 비언어 메시지를 주고받거나 교환함으로써 인지적·정의적인 의미 부여를 하는 동적인 활동 과정"(p.20)이라고 정의했다.

현재까지 커뮤니케이션에 대한 정의는 다수 알려져 있으며 내용도 매우 다양하다(이시이, 2013, p.2). 1970년대에는 이미 120가지 이상의 정의가 나와 있었다(이시이, 1993; 오카베, 1993).

커뮤니케이션을 정의하는 것이 왜 이렇게 어려운지에 대해 오카베(1993)는 1982년에 나온 우드의 학설에 따라 (1)우리가 평소 커뮤니케이션에 대해 충분히 생각하지 않는 경향이 있고, (2)커뮤니케이션 활동이 보여 주는 범위가 너무 넓어서 하나의 뜻으로 정의할 수 없으며, (3)커뮤니케이션이라는 언어 자체가 사람들 사이에 널리 알려져 다양한 의미로 사용되기 때문이라는 점을 들고 있다. 또한 니시다(2000)는 "시대 또는 커뮤니케이션의 레벨(매스 커뮤니케이션, 대인 커뮤니케이션, 소그룹 커뮤니케이션 등)에 따라 달라지기 때문"(p.ⅲ)이라고 서술하고 있다. 이타바(2011)는 오카베가 서술한 우드

의 학설을 인용하면서 '커뮤니케이션'이라는 말은 '문화'라는 말과
더불어 "그것을 사용하는 사람들이 만드는 문맥에 이용되는 용어"
이며, "사람들이 이 말을 사용해서 무엇을 하려고 하는지 그 동기에
대응하기 때문"(p.112)이라고 지적했다.

⑤ 이 책에서 다루는 범위

　이상으로 커뮤니케이션에 대해 전체적으로 개관해 보았지만, 이
책에서 다루는 것은 주로 일본어와 관련 있는 커뮤니케이션이다.
따라서 언어/비언어라는 관점에서 보면 언어 커뮤니케이션이 거의
대부분이며, 또한 기본적으로는 대체로 대인 커뮤니케이션이다. 다
른 요소나 레벨에 대해서는 응용편이라고 생각하지만, 커뮤니케이
션의 본질적 특징은 항상 염두에 두려고 한다. 특히 심벌을 매개로
이루어진다는 점(언어도 심벌의 하나이다), 디지털적인 면과 아날로
그적인 면이 있다는 점, 내용과 관계가 공기하는 점, 그리고 반드시
어떤 배경 안에서 이루어진다는 점을 일본어와 관련지어 생각하면
더욱 흥미 깊은 사상(事象)을 제시해 줄 것이다.

　커뮤니케이션은 문화와 아주 밀접한 관련이 있다. 앞에서 서술
한 수많은 커뮤니케이션의 정의 중에, "문화는 커뮤니케이션이고,
커뮤니케이션은 문화이다"(E. T. HALL, 1959, p.217[4])라는 말이 있을
정도로 이 둘은 관련이 깊다. 문화란 커뮤니케이션이 이루어지는
필수적 배경의 하나라고 할 수 있다. 커뮤니케이션과 문화의 관계

4　자료에 따라 페이지가 다르지만 여기서는 초판본의 페이지를 기록한다.

에 대해서는 14장에서 서술하겠지만, 앞으로 검토할 커뮤니케이션은 특별한 설명이 없다면 일본어 문화권을 배경으로 한 커뮤니케이션으로 범위를 한정해서 앞으로 나아가고자 한다.

📖 **인용문헌**

石井敏(1993).「コミュニケーション研究の意義と理論的背景」〈橋本満弘・石井敏 編〉.『コミュニケーション論入門』第1章(pp.3-24). 桐原書店.

石井敏(1998).「文化とコミュニケーションのかかわり」〈鍋倉健悦 編著〉.『異文化間コミュニケーションへの招待：異文化の理解から異文化との交流に向けて』第2章(pp.41-65). 北樹出版.

石井敏(2013).「コミュニケーション」〈石井敏・久米昭元 編集代表〉.『異文化コミュニケーション事典』(p.2). 春風社.

石井敏・久米昭元(2013).「異文化コミュニケーションの基礎概念」〈石井敏・久米昭元・長谷川典子・桜木俊行・石黒武人〉.『はじめて学ぶ異文化コミュニケーション：多文化共生と平和構築に向けて』第1章(pp.11-34). 有斐閣.

板場良久(2011).「コミュニケーションと文化」〈日本コミュニケーション学会 編〉.『現代日本のコミュニケーション研究：日本コミュニケーション学の足跡と展望』第Ⅲ部 第2章(pp.111-118). 三修社.

岡部朗一(1993).「コミュニケーションの定義と概念」〈橋本満弘・石井敏 編〉.『コミュニケーション論入門』第3章(pp.55-74). 桐原書店.

末田清子・福田浩子(2011).『コミュニケーション学：その展望と視点』増補版 松柏社.

鈴木健(2010).『政治レトリックとアメリカ文化：オバマに学ぶ説得

コミュニケーション』. 朝日出版社.

西田ひろ子(2000). 「はじめに」〈西田ひろ子 編〉. 『異文化間コミュニ
　ケーション入門』(pp. iii-vii). 創元社.

橋本満弘(2006). 「遠心的活動としてのコミュニケーション」〈橋本満
　弘・畠山均・丸山真純〉. 『教養としてのコミュニケーション』第2
　章(pp.52-87). 北樹出版.

Hall. E. T.(1959). *The Silent Language*. NY：Doubleday.

02

일본어 커뮤니케이션

다키우라 마사토(滝浦真人)

학습
포인트

- 커뮤니케이션에는 보편적 모습과 언어에 따른 특수성이 있다.
- 유교문화권과의 관련성이라는 관점에서 일본어의 특징을 파악한다.
- 일본어에서 '상하관계'는 어떤 표현으로 나타나는지 살펴본다.
- 일본어의 '표준어'는 인위적으로 제정된 것이다.
- 일본어, 한국어, 중국어의 관계를 정리한다.

① 커뮤니케이션의 보편성과 특수성

언어는 커뮤니케이션의 가장 유효한 수단이고 커뮤니케이션의 수행은 인간에게 보편적인 활동이다. 그렇다면 커뮤니케이션 수행 방식도 인간의 보편성에 부합하는 형태라고 할 수 있을까? 아니면 '일본문화의 독자성'처럼 커뮤니케이션의 문화적 특수성을 고려해야 할 것인가?

둘의 성격이 충돌하는 것처럼 보일 수 있으나, '보편성'과 '독자성'은 논리의 위상이 다르기 때문에 한쪽이 다른 쪽을 부정하지 않는다. 말하자면 둘 다 나름의 원리가 있고, 커뮤니케이션에서 보편적 성질로 인식되는 것과 개별적 성질로 인식되는 것이 합쳐져 비로소 커뮤니케이션의 전체적인 윤곽이 드러나게 된다.

보편적 모습으로 표현되는 커뮤니케이션

먼저, 커뮤니케이션의 보편적 측면에 대해 기본적인 몇 가지 사실을 정리해 보자. 커뮤니케이션이 사회에서 살아가는 인간의 보편적 활동인 이상 목적이나 동기, 시스템에서 공통성을 가질 것이라는 가정은 너무나 당연하다. 커뮤니케이션의 궁극적인 목적이 무엇일까. 예를 들어 공동체라는 '집단'의 유지도 유력한 목적의 하나일 것이다. 공동체를 유지하기 위해서는 갈등이 생기지 않도록 해야 한다. 불행하게도 다툼이 발생하면 서둘러 해결해야 한다. 갈등의 예방과 해결은 공동체의 규모와 관계없이 커뮤니케이션의 위대한 목적 중 하나이다. 국가 단위에서 갈등을 예방하고 해결하기 위해 커뮤니케이션을 시도하는 경우도 있고(외교 활동도 하나의 커뮤니케이션이다), 반대로 가족이나 친구 사이와 같은 작은 단위에서 일어나는 다툼을 피하고 인간관계를 유지하려는 모습 또한 우리 생활의 한 단면이다.

동기라는 말은 커뮤니케이션의 다양한 필요성이란 말로 바꿀 수 있다. 여기서 다룰 감사·사죄·칭찬(7장), 의뢰·권유와 응낙·거절(6장) 등의 행위는 말로 하는 행위의 종류를 나타냄과 동시에 커뮤니케이션의 동기가 되기도 한다. 예를 들어 사람은 상대방의 호의에 감사를 표현하기 위해 커뮤니케이션을 하고, 상대방에게 어떤 것을 바랄 때 커뮤니케이션을 하는 것처럼 말이다.

커뮤니케이션의 구조라는 표현에 위화감을 느낄 수도 있지만, 이것은 무엇을 어떤 식으로 말해야 전달이 되는지 혹은 사람은 자신이 무엇인가를 바랄 때 어떤 표현을 써야 하는지를 말한다. 예를 들면 사람이 무언가를 부탁하고 싶을 때 마음이 가는 대로 느닷없이 "~해 주세요"라고 말하지는 않는다. 먼저 서두를 꺼낸 뒤에 예비 질문으로 들어간다. 상대가 이쪽의 의도를 알아챈 다음에 조심스레 용건을 말한다. 이렇게 사람들은 빙 둘러서 말하는 경향이 있다. 이것은 의뢰라는 커뮤니케이션의 구조를 반영한 대화의 한 형태로 볼 수 있다.

또 하나 중요한 모습은, 커뮤니케이션이 사람과 사람 사이의 주고받음이라는 것이다. 인간관계는 참으로 다양해서 상대에 따라 커뮤니케이션 방법도 크게 달라진다. 면식이 있고 없음이나 나이의 많고 적음과 같은 요인이 얽히면서 커뮤니케이션에는 언제나 대인배려의 측면이 중요하게 작용한다. 이러한 대인배려를 '공손(Politeness)'이라 하는데, 사람들이 상호 관계나 대화의 주제가 갖는 무게 등의 요인에 따라 서로를 어떻게 배려하는지는 현재 중요한 연구 주제로 다루어지고 있다(5장 대인관계 언어).

이렇게 목적이나 동기, 구조, 대인관계에 주목해서 커뮤니케이션의 전체 모습을 담아 낼 수 있는 보편적 틀을 고민하자는 제안을 검토하는 것이 바로 커뮤니케이션 연구라면, 그 범위가 얼마나 넓은지 짐작할 수 있을 것이다. 다음 장에서는 비언어 커뮤니케이션에 관해서도 살펴보려고 한다.

차이라는 관점에서 본 커뮤니케이션

이상의 보편적 관점은 여기서도 종종 참고하게 될 것이다. 한편 이 책의 제목이 '일본어와 커뮤니케이션'이고 2장 제목도 '일본어 커뮤니케이션'인데, '일본어'가 붙어서 관점이 어떻게 바뀌고 또 어떤 관점이 더해질 것인가?

모든 언어에는 반드시 발화하는 구체적인 장소와 시기가 존재한다고 말할 수 있다. 전자는 지정학(地政學)적 위치이고 후자는 역사이다. 모든 언어는 구체적인 지리적·정치학적 위치 관계와 역사 사이에서 자라나고 그 다양한 조건은 언어에 따라 다르므로, 언어로 만들어진 모든 언어문화는 특수하면서도 독자적인 성격을 갖는다. '일본어와 일본문화의 독자성'이란 표현을 자주 보지만 일본어와 일본문화만이 특수한 것이 아니라, 다른 언어와 문화에서 볼 수 있는 것과 같이 일본어와 일본문화도 나름의 특수성을 갖고 있다고 생각해야 한다.

그런 의미에서 일본어 커뮤니케이션에 영향을 미치는 요인으로 다음 세 가지를 들 수 있다.

① (지정학적 위치의 관점에서)   '유교문화권' 속의 일본어
② (역사적 관점에서)   예법으로서 '표준어'
③ (언어 성립의 관점에서)   언어에서 '일·중·한 관계'

이상의 요인을 주요 논점으로 하여, 이에 대해서 절을 바꾸어 하나씩 설명하기로 한다.

② '유교문화권' 속의 일본어

커뮤니케이션이 인간관계와 상관없이 이루어진다고 가정하면 커뮤니케이션은 사전에 방식이 정해진 '통신'과 같은 것이 되어 버릴 것이다. 당연히 우리의 커뮤니케이션은 전혀 그런 것이 아니다. 직관적으로도 알 수 있듯이 커뮤니케이션은 인간관계를 반영한 모습으로 귀결된다. 다시 말해, 어떤 사회에서 중요하다고 인정되는 인간관계는 그 사회에서 중요하다고 생각되는 커뮤니케이션의 모습에 영향을 준다.

일본사회는 종전 후 반세기 이상이 지나는 동안 많은 변화를 겪었고 지금도 변하고 있지만, '상하관계'는 여전히 사회 질서를 이루는 기본 축의 하나라 할 수 있다. 두말할 것도 없이 '상하관계'는 신분제와 봉건제 등 역사상 사회제도적 요인을 통해 유지되어 온 기준인데, 사회에서 그에 걸맞는 형태로 질서나 관계가 형성되는 동안 커뮤니케이션에서도 '상하관계'를 확인하거나 표현하는 일이 중시되었다. '상하관계의 분별'이란 말이 사용되어 온 것을 하나의 예로 들 수 있다.

일본어가 대인관계, 그중에서도 상하관계에 민감한 언어가 된 것과 이런 사회적 요인은 상호 보완적인 관계에 있다고 봐야 할 것이다. 일본어는 대인관계 표현을 위해 '경어'라는 전용(專用) 체계를 발전시켜 어느 쪽이 손위인가 또는 누가 「ヨソ(외부인)」이고 누가 「ウチ(우리 사람)」인가가 쉽게 드러날 수 있도록 했다. 또 상대를 부르는 '호칭'에서도 무언가를 말하는 행위는 항상 상하(上下)와 같은 인간관계의 확인을 동반하는 의미를 띠었다. 이러한 용법은 사회적 측면의 관계를 반영함과 동시에 인간관계의 질서를 말로 추인하는 것이라고도 할 수 있다. 상호 보완적이란 이러한 의미이다.

> 일본어는 손위 상대를 부를 때는 전적으로 역할명이나 친족명을 사용함에 비해
> 예) '선생님', '아버님', '형님'
> 손아래 상대에게는 대명사나 이름을 사용한다.
> 예) '너', '하나코'('동생' ×, '학생' ×)

유교와 경어

인간관계의 상하를 기본으로 하는 가치관은 어디서 연유한 것일까? 밀접한 관계가 있는 요인으로 '유교'를 들지 않을 수 없다. 연세가 있는 분들은 익히 아시겠지만, 유교는 B.C. 6~5세기 중국의 공자가 체계화한 사상으로 '인의예지신(仁義禮智信)'을 덕목으로 하여 이를 고양함으로써 기본적인 다섯 가지 인간관계 '부자·군신·부부·장유·붕우'를 유지한다는 사고를 핵심으로 한다. 다섯 관계중 '부자·군신·장유'의 세 관계가 상하관계임을 봐도 인간관계의 상하 질서를 기본으로 생각하고 중시하는 경향이 강하다는 것을 알수 있다. 일본에는 A.D. 5~6세기경에 이미 소개되었는데, 에도막부가 '사농공상'의 신분제 사회를 통치하는 사상적 지주로서 유학(주자학)을 받아들인 영향이 크다. 상하를 기본으로 하는 사회 질서가 유지된 명치 이후에도 정부가 공적으로 장려함으로써 유학의 영향력이 지속될 수 있었다.

중국을 중심으로 유교의 영향을 강하게 받은 지역을 '유교문화권'이라 하는데, 유교문화권에서는 일본어뿐만 아니라 이웃 나라의 한국어나 공산화 이전 중국어에도 경어가 두드러지게 존재했다. 한국어는 문법적으로 일본어와 매우 가깝고 경어 체계도 거의 동일하다고 해도 될 정도이다. 중국어는 언어적 측면에서는 큰 차이가 있어 일본어나 한국어처럼 사람의 동작을 경어로 나타내는 경우는 없지만, 상대방의 모든 것을 높이고 자신에게 속한 것을 모두 낮추는식의 경어가 두드러진다. 현대어에도 그 흔적이 남아 있는데 상대방의 이름을 물을 때

(1) "您貴姓?" (이름이 무엇입니까?)

에서처럼 '貴姓'이란 말투가 남아 있다(덧붙여, '您'도 최근 사용이 늘었다는 '당신'의 존경어이다). 자신 쪽을 낮추는 말투로는 일본어에서 지금도 쓰이는 '愚妻'나 '豚児'처럼 자신의 가족을 낮춰 말하는 표현이 다수 있다. 현대 중국어에서는 경어의 사용이 미미한 편인데, 이는 전후 공산주의 혁명으로 인해 경어가 거의 말살되었기 때문이다.

이처럼 경어가 유교적 가치관과 잘 어울리는 것은 확실하지만 그렇다고 해서 유교가 경어를 낳았다고 할 수는 없다는 점도 확실하다. 유교문화권에서도 베트남어처럼 경어가 발달하지 않은 언어도 있다. 존경어나 겸양어 등 경어 체계를 가진 언어는 일본어나 한국어 외에 몽골어, 티베트어, 타이어, 자바어 등 동아시아에서 동남아시아에 걸쳐 분포한다(이러한 경어 체계는 유럽 제어에는 찾아볼 수 없다). 경어 체계를 가진 이들 언어는 언어학적 계통(언어로서의 친족관계)이 제각각이기 때문에, 언어학적인 요인보다는 지정학적 요인에 따른 것으로 보는 것이 합리적이다. 혹은 이러한 지역에서 유교의 사상이 잉태되었다고 보는 것도 가능할 것이다.

'드러내서는 안 되는' 암묵의 룰

경어나 호칭이 상하관계에 대한 두드러진 지표임은 명확하다. 그러한 언어의 형식면과 함께 언어의 내용면에서도 상하를 반영한 현상이 있다. 전형적인 일례로,

이라는 암묵의 룰이 있다. 그렇다 하더라도 바로는 이해하기 어려울 정도로 '암묵'인데 예를 들자면 다음과 같다.

(2) ?? "선생님, 커피 드시고 싶으신가요?"[1]

위 문장은 경어를 제대로 사용하고 있음에도 불구하고 어딘가 부적절하다. 마찬가지로 다음의 문장을 살펴보자.

(3) ?? "사장님, 화나셨어요?"

라고 물으면 "화 같은 건 안났어!"라고 화내실지도 모른다.

부적절하다고 느끼게 되는 원인은 (2)에서는 상대의 바람에 대해 질문하기 때문이고, (3)은 상대의 감정에 대해 질문하기 때문이다. 실제로 평소 우리는 이에 상응하는 내용을 질문하고 싶을 때

(2) "선생님, 커피 드시겠습니까?"

하고 단순 질문의 형태로 말하거나

(3) "사장님, 제가 무슨 실수라도 했는지요?"

와 같이 화자 쪽 입장에 서서 묻는 형식을 취한다. 이것은 상하관계

---

1   기호 '??'는 '문법적 오류는 아니나 문맥상 매우 부자연·부적절하다'는 의미.

와는 관련 없다고 생각할지도 모르나 그렇지 않다.

만약 친한 친구 사이와 같은 관계라면

(4) "저기, 커피 마실래?"
(5) "이봐, 아직 화났어?"

와 같이 전혀 아무렇지 않게 말을 건넨다.

이처럼 인간관계에 따라 나타나는 비대칭적인 현상을 풀 수 있는 열쇠는 바람·희망이나 감정 등이 인간 내면의 보다 '사적' 영역에 속한다는 점에 있다. 그 때문에 일본어의 경우, 아래에서 위로 향하는 발화에서는 말로 그 영역을 '건드리는' 것 자체가 예의에 어긋나고 실례로 간주되는 것이 암묵적 룰의 정체이다. 한편, 대등한 관계나 위에서 아래로 향하는 발화에서는 이런 제약이 없다는 것을 (4), (5)의 예로 알 수 있다. 이와 관련하여, 한국어나 중국어에 이러한 룰이 있는가 하면 반드시 그렇지는 않다.

이 책에서 이 주제와 가장 관계 깊다고 할 수 있는 것은 7장의 '칭찬'으로, 나이 든 세대일수록 '손윗사람을 칭찬해서는 안 된다'라는 예절 교육을 받고 자란 사람이 많을 것이다. 그것이 어떤 논리이고 어떻게 변화되었는지를 살펴보고자 한다.

이러한 사정을 반영하면서 일본어는 인간관계를 상하의 축으로 두고 표현하는 수단을 발전시켰다. 이 점은 일본어 커뮤니케이션의 큰 특징 중 하나이다.

③ 예법으로서의 '표준어'

지정학적으로 보면 중국대륙 → 한반도 → 일본열도(또는 중국대륙 → 일본열도)로의 흐름은 부정할 수 없고, 현재 일본에 사는 이들의 선조는 야요이시대 이후에 중국대륙이나 한반도에서 건너온 도래인의 자손이 다수이다. 이렇게 생각했을 때 일본어의 커뮤니케이션 스타일과 중국어나 한국어(구체적으로 알 수 있는 것은 한국어)의 커뮤니케이션 스타일이 비슷한 점이 많을 것이라고 생각되지만, 최근 연구에 따르면 실상은 꼭 그렇지는 않은 것 같다.

4장 '인사'와 7장 '감사·사죄' 부분에서 구체적으로 언급하겠지만, 중국이나 한국의 커뮤니케이션 스타일은 대체로 인간관계가 변하면 따라서 크게(때로는 극적으로) 변하는 경향을 보인다. 예를 들어 중국의 경우, 가까운 관계에서는 일본어로 연상할 수 있는 소위 '인사'를 하지 않는다. 상대를 부르는 것이 인사가 되고 이것저것 사소한 것을 묻는 것으로 인사를 대신한다. 반대로 가깝지 않은 관계, 특히 상대가 상위자인 경우에는 일본어 이상으로 정형적인 인사말로 인사를 주고받는 등 보다 의식적인 색채가 강해진다.

한국도 이와 비슷하여 가까운 관계에서 대인 간 심리적·물리적 거리는 매우 가깝기 때문에 아무 말 하지 않고 태연히 물건을 빌려주고 받는다든지 동성 간의 신체 접촉(손을 잡거나 어깨동무를 하는 행위 등)도 빈번히 일어난다. 이와는 대조적으로 연장자를 대하는 태도는 매우 공손해서 일본인의 시각에서는 과장되어 보일 정도로 의식적이다.

이러한 스타일과 비교했을 때, 일본어의 커뮤니케이션 스타일은 인간관계의 차이에 따른 '진폭'이 압도적으로 작다. 물론 일본에서도 가까운 관계나 상하관계가 존재하고 가족 간에 주고받는 말투와 사회생활의 상하관계에서 보이는 말투가 전혀 다르다고 할 수 있다. 그러나 일본어에서는 가족 간에도 인사말을 사용해서 인사하는 습관이 있고 가까운 사이에서도 "미안해"나 "고마워요"란 표현을 자주 한다. 이러한 말의 사용법은 상하관계에서 이루어지는 커뮤니케이션의 그것과 본질적으로 다르지 않다. 결국 일본어의 커뮤니케이션 스타일은 인간관계가 변해도 완만하게 변한다. 그리고 중국이나 한국과 비교해 가장 큰 차이점은 가까운 관계에서의 커뮤니케이션이다. 이 차이는 일본어에서 심리적·사회적 대인 거리가 멀다는 것으로 이해할 수 있을 것이다.

'가까운 사이에도 예의가 있다'

그렇다면 왜 일본어만 다를까? 일본어에는 일본어만의 유구한 역사가 있기 때문이라고 답하고 싶지만 아무래도 답은 그게 아닐 것 같다. 일본어 중 방언을 사용한 커뮤니케이션을 살펴보면 중국어나 한국어와 유사한 점을 많이 발견할 수 있다(예로, 가족 간에는 인사를 잘 안 하는 지역도 있다). 다만 우리가 인식하는 차이점이 막연히 '일본어'라고 생각하는 '표준어'에 있다는 것을 깨달을 수 있다.

사실 표준어는 자연발생적으로 생성된 것이 아니라 메이지시대 후기에 이르러 국가 차원에서 인위적으로 정해졌다. 도쿄 야마노테의 지식층의 말을 기초로 했다고 하나, 야마노테의 말 그대로도 아니고 당시 왕성했던 문학가들의 언문일치 운동과도 맞물려 문말 표현이 선정되기도 했다. 표준어는 학교 교육을 통해 일본 전국으로 퍼졌는데 이와 병행하여 예법 교육이 행해진 영향도 크다. 예법에는 행동거지뿐만 아니라 말투도 포함되어, 가족이나 친구 사이에도 예의를 지키며 격식을 잃지 않도록 하는 내용의 교육이 반복되었다. '가까운 사이에도 예의가 있다'란 말은 예법 교육의 산물이다. 그 결과, 가까운 관계에서도 형식적이고 대인 거리가 먼 스타일로 일본어 커뮤니케이션이 정착된 면이 강하다. 이러한 커뮤니케이션의 역사는 (귀족층이나 무가에서는 나름의 예법이 존재하지만) 일반 서민에게는 100년이 겨우 넘은 셈이다[일련의 경위에 관해서는 다키우라(2013)에 상세히 기술되어 있다]. 이 책에서 '인사'나 '감사·사죄' 등 구체적인 주제를 다룰 때는 표준어의 커뮤니케이션 스타일을 바탕으로 고찰할 것이다.

한편, 전국적으로 보면 가족이나 친한 친구들과 말할 때는 방언을 사용하고 친하지 않은 상대나 공적인 성격이 강한 상대와의 커뮤니케이션에서는 표준어를 사용하는 사람들이 매우 많다[전문용어로 '이언어병용(二言語併用)'이라 함]. 이것은 가까운 관계에서 표준어를 사용해 서먹서먹한 분위기를 초래하는 것을 무의식적으로 막고 가까운 관계에서는 그에 걸맞은 말을 사용하려는 의도로 볼 수 있다. 또 표준어 자체는 종전 후 반세기 이상이 지나서 사회의 질서가 '상하'에서 '친소(멀고 가까움)', 다시 말해 세로에서 가로로 축이 변해 가는 과정에서 어느 정도 정중함을 유지하면서도 나름의 친밀감을 표현하려는 필요성이 높아진 것으로 보인다. 현재와 미래의 일본어가 이러한 커뮤니케이션의 흐름을 어떤 식으로 반영해 갈지도 생각해 볼까 한다(15장).

④ 언어의 '일·중·한 관계'

일본과 한국, 중국은 지정학적으로나 역사적으로 관계가 깊기 때문에, 일본어라는 언어와 일본어 커뮤니케이션을 제대로 이해하려면 한국어와 중국어와의 비교가 대단히 유효한 수단임은 이미 살펴본 대로이다. 그러나 한편으로 이 '관계'의 알맹이는 다면적이기 때문에, 이 세 언어가 어떤 '관계'에 있는지는 명확하게 밝혀져 있지 않다. 다음 장부터 다룰 구체적인 논의에 앞서, 언어에서의 '일·중·한 관계'의 요점을 짚고 넘어가고자 한다.

우선 일본어와 한국어의 관계이다. 이 두 언어는 우연의 일치로만 볼 수 없는 커다란 공통점을 가지고 있다. 먼저 뼈대에 해당하는 '문법'이 기본적으로 같은 구조라고 해도 좋을 정도로 유사하다. 문말에 술어가 오고, 주어나 목적어 등의 문법적인 기능은 조사로 나타내며, 「は」와 「が」에 대응하는 조사의 구별도 공통이고, 경어가 있으며……, 오히려 유사점을 전제로 상이점을 찾는 것이 합리적일 정도이다.

그렇다고 해서 두 언어의 계통 관계가 증명된 것은 아니다. 왜냐하면 뼈대를 이루는 단어 레벨의 차이가 커서 대응시키기 힘들기 때문이다. 일본어 화어(和語)에 대응되는 것을 한국어에서는 고유어라고 하는데, 이 부분이 전혀 별개라고 볼 수밖에 없다. 한편으로, 중국어에서 유입된 한어의 비율이 높아서[2] 어휘 전체로 보면 공통

---

2 무엇을 기준으로 할지에 따라 그 비율이 상당히 달라지는데, 『新選国語辞典』(小学館)에서 공표한 수록어의 어종 비율에 따르면 일본어 중 화어(和語: 고유 일본어)가 약 1/3, 한어(漢語)가 약 1/2, 외래어와 혼종어가 각각 1

부분이 많아진다. 문자의 측면에서도 중국어의 한자가 일찍이 사용된 바탕에 일본어에서는 가나, 한국어에서는 한글이라는 고유 문자가 더해진 유사성이 있다. 다만, 현재 한국어에서 한자는 한정적으로 쓰이거나(한국) 거의 쓰이지 않는다(북한).

중국어는 어떨까? 중국어는 문법면에서나 어휘면에서 일본어나 한국어와 많이 다른 언어이고 계통적으로도 전혀 다르다. 다른 점에 국한하면 거의 관계가 없는 언어가 되지만 문제는 한자(漢字)와 한어(漢語)이다. 일본어와 한국어도 중국어에서 한자라는 문자체계를 빌려 자신의 언어를 글로 나타내려고 했다. 음만을 빌려 나타내는 독자의 문자를 고안하여 한자로는 잘 나타낼 수 없는 것도 표현하게 되었지만 지속적으로 한자도 사용해 왔다.

한자는 문자이면서 한 자 한 자가 그대로 단어이기도 한 특징이 있다(이를 '표어문자'라 한다). 그 때문에 한자라는 문자만을 빌리는 것이 아니라 한어라는 대량의 단어도 차용하게 되어, 일본어와 한국어는 개념적으로 중국어와 많은 부분을 공유하게 되었다. 이상을 도식화하면 〈그림 2-1〉과 같다.

그 경위는 알 수 없지만, 세 언어에는 의성어·의태어('오노마토페'라고도 함)가 발달했다는 공통점이 있고 수사적 표현에도 공통점이 많다(12장).

할 남짓이다(제9판, 2011). 한국어에서는 고유어가 약 1/4, 한어가 1/2을 넘고, 외래어와 혼종어가 2할 남짓이라 고유어의 비율이 낮다[표준국어대사전(1999)의 표제어 기준 비율(이운영, 2002)]. 한국어의 어종 비율에 관해서는 정인경 씨의 도움을 받았다. 이에 감사를 표한다.

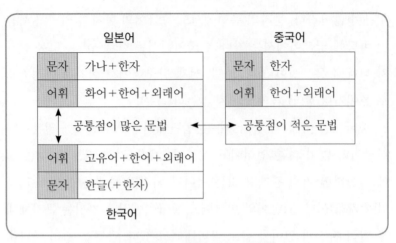

|그림 2-1| 언어의 일·중·한 관계

📖 인용문헌

이운영(2002). 『《표준국어대사전》 연구 분석』. 국립국어연구원 보고서.

鈴木睦(1997). 「日本語教育における丁寧体世界と普通体世界」〈田窪行則 編〉. 『視点と言語行動』. くろしお出版.

滝浦真人(2013). 『日本語は新しさを伝えられるか』(そうだったんだ! 日本語). 岩波書店.

📖 참고문헌

亀井孝・大藤時彦・山田俊雄 編(2006). 『日本語の歴史1 民族のことばの誕生』(平凡社ライブラリー). 平凡社.

村田雄二郎・C. ラマール 共編(2005). 『漢字圏の近代 ―ことばと国家―』. 東京大学出版会.

언어 메시지와 비언어 메시지

오하시 리에(大橋理枝)

학습 포인트

● 메시지의 종류와 구체적인 예를 파악한다.

● 언어의 기본적 성질을 이해한다.

● 언어 커뮤니케이션과 비언어 커뮤니케이션의 공통점과 차이점을 생각한다.

● 비언어 메시지의 역할을 이해한다.

● 신체 동작, 신체 접촉, 대인 거리를 파악한다.

① 언어와 비언어

1장에서 커뮤니케이션이란 언어만으로 이루어지는 것이 아니라고 했다. 일본어 문화권에서 초대면의 상황에서 인사할 때, 격식을 갖춘 자리라면 거의 상대방에게 고개를 숙여 인사한다. 친한 친구에게 어떤 일의 당번을 대신해 줄 것을 청할 때는 "미안해!"라고 하며 얼굴 앞에 손을 세우거나 한다. 전차나 버스를 타고 멀리 떠나는 친구에게는 보이지 않을 때까지 손을 흔들기도 한다. 이런 동작이 모두 비언어 메시지의 역할을 하고 있다는 것을 생각하면 절대로 커뮤니케이션이 언어만으로 이루어지지 않음을 바로 알 수 있다.

〈표 3-1〉은 1장에서 언급한 언어/비언어 및 음성/비음성을 축으로 커뮤니케이션 행위를 메시지 종류별로 분류한 것이다.

이 표에서도 확인할 수 있듯이 비언어 메시지는 그 형태가 다양하다. 비언어 메시지는 커뮤니케이션 과정에서 오고가는 "언어 이외의 심벌·기호의 조합이나 연속체"(이시이, 2013, p.289)이다. 극히 애매한 면이 있으나, 이 정의에 대해 검토하면서 언어 메시지와 비언어 메시지를 비교해 보겠다. 이를 위해서는 언어의 기본적인 특성을 알아볼 필요가 있다.

| 표 3-1 | 메시지 종류

메시지 종류	구체적인 예	명칭
언어 음성 메시지	음성 언어	
언어 비음성 메시지	문자 언어, 수화	
비언어 음성 메시지	음성의 긴장, 높이, 발화 속도 등	운율요소·준언어
비언어 비음성 메시지	머리 스타일, 체격·체형 등	외견상의 특징
	포옹, 머리를 쓰다듬는 것 등	신체 접촉
	손짓, 발짓, 시선, 자세 등	신체 동작
	향수·소취제의 사용 등	냄새, 향
	대인 거리 등	공간
	시간을 받아들이는 방식 등	시간
	복장, 소지품 등	인공물
	가구 배치, 벽 색깔 등	환경요인

(스에다·후쿠다, 2011, p.20을 참고로 일부 변경함.)

② 언어 커뮤니케이션과 비언어 커뮤니케이션

언어의 기본적 성질

이 세계에 존재하는 언어의 수에 대해서는 여러 설이 있으나,[1] 언

---

1 비정주 사회 또는 치안이 좋지 않은 사회가 있어서 모든 지역을 조사할 수
  없다는 점, 언어가 '존속하기' 위해서는 몇 명의 화자가 있어야 하는가에 대
  해 학자들 간에 의견이 다르다는 점, '언어'와 '방언'의 구별이 대단히 정치
  적·자의적으로 이루어지기 때문에 무엇을 '언어'로 규정할 것인가라는 관점
  에 따라 달라진다는 점 등을 주요 이유로 들 수 있는데, 2014년 2월 4일 기준,

어의 공통적 성질로서 스에다와 후쿠다(2011)는 "(1)초월성, (2)자의성, (3)생산성, (4)문화적 전승성,[2] (5)비연속성, (6)이중성"을 들었다.

'초월성'이란, 시간·공간을 초월하여 지금 이곳에 존재하지 않는 사항까지 언급할 수 있는 언어의 성질을 말한다. 우리가 내일 일정에 대해 말할 수 있는 것은 현재와 미래를 구별하는 시간의 개념을 인식하고 있음과 함께, '내일'이라는 말이 있어서 지금부터 하루 뒤의 일을 표현할 수 있기 때문이다.

'자의성'이란, 어떤 말이 어떤 대상을 지칭할 때 말과 대상의 관계는 자의적(恣意的)이고 특정한 언어 규칙에 따른 것일 뿐이라는 것이다. 즉 어떤 말과 그것이 가리키는 대상은 필연적으로 연결된 관계가 아니다. 예를 들어 지금부터 24시간 이내의 미래를 '아시타(アシタ)'라는 말로 지칭하지 않으면 안 되는 필연적인 이유는 없으며, 일본어의 규칙에 그렇게 정해져 있기 때문에 '아시타'라고 쓴다는 것이다(그렇기에 다른 언어 규칙에 준거하면 동일한 대상을 다른 말—tomorrow나 demain—로 나타낼 수 있다).

그런데 언어는 각양각색의 '부품'으로 구성된다고 할 수 있다. 음성적인 부분을 구성하는 '부품'으로는 '음소'가 있고, 의미를 담당하는 부품으로는 '단어'와 '형태소' 등이 있다. 이들 '부품'은 각각 나뉘어 있어 일부를 교체하는 것이 가능하다. '생산성'이란 이런 '부품'의 교환을 통해 자유자재로 새로운 것을 말할 수 있는 성질을 말한다. 이 성질을 이용해서 처음으로 접하는 상황을 표현할 수도 있고,

---

이 분야의 주요 학술지 *Ethnologue*는 지구상에 현존하는 언어는 7,105개라고 기술하고 있다(http://www.ethnologue.com/world, 2014년 2월 4일 참조).

2 스에다와 후쿠다(2011)에서는 '문화적 전승'이라 하나 여기서는 타 용어와 맞추기 위해 '문화적 전승성'으로 표기한다.

사실과는 다른 상황을 표현할 수도 있다.

그리고 언어는 반드시 문화의 일부로서 사회화 과정을 통해 학습하는 것이다. 태어날 때부터 언어를 구사할 수 있는 인간은 없다. 우리는 주변 타인과의 교류를 통해 언어를 획득해 간다. 또 언어는 다음 세대로 전해지지 않으면 '사멸'해 버린다. 이처럼 언어가 문화 속에서 습득될 필요가 있고, 문화 속에서 전승되어 갈 필요가 있다는 것이 언어의 '문화적 전승성'이다.

언어를 구성하는 '부품'과 '부품' 사이에는 '경계'가 있다. 그래서 부품의 교체가 가능하고 '언어의 생산성'이 담보되는데, 이 경계의 존재가 언어의 '비연속성'이라 하는 성질이다. 예를 들어 동물의 우는 소리와 비교했을 때, 인간이 사용하는 언어가 훨씬 각각의 부품 사이의 경계('부품'의 크기에 따라 단어 사이의 경계 또는 문장 간의 경계일 수 있음)가 명확하다. 또 인간의 언어는 소리와 의미가 일대일로 대응하지 않는다. 즉 한정된 소리들을 조합함으로써 다른 단어(동음이의어를 포함해서)를 생성해 낸다(만약 소리와 의미가 일대일로 대응 관계에 있다면 코지엔 사전에 실려 있는 24만 개나 되는 단어 수만큼 소리를 구별해야 하는 셈이 된다). 이것이 언어의 '이중성', 다시 말하면 언어에는 소리 레벨과 의미 레벨이 층위를 달리해 병존한다는 성질이다.

언어 커뮤니케이션과 비언어 커뮤니케이션의 비교

언어를 사용해 이루어지는 것이 언어 커뮤니케이션이고 그렇지 않은 것이 비언어 커뮤니케이션이다. 이 둘을 언어의 본질에 비추어 비교해 보자.

먼저 '초월성'에 대해 검토해 보자. 우리는 현재 눈앞에 없는 것을 비언어 메시지만으로 표현할 수 있을까? 예를 들어 '어제'나 '내일'은 개념을 표현하는 동작이 없는 한 표현하기 어려울 것으로 예상되는데, 일본어 문화권에서 사용되는 비언어 기호에는 아쉽게도 이 개념을 표현하는 동작이 없다. 이로 비추어 볼 때 언어 커뮤니케이션과 비교해 비언어 커뮤니케이션은 초월성이 떨어지는 것으로 생각된다.

다음으로 '자의성'에 대해 살펴보기로 한다. 만약 우리가 사물의 형태를 묘사하기 위해 손을 움직여 사물의 형태를 본뜨거나 한다면 비언어 커뮤니케이션의 경우에는 대상과의 관계를 자의적이라고 할 수 없다. 한편 일본어 문화권에서 헤어짐의 인사로 사용하는 손을 흔드는 동작이 헤어짐의 아쉬움 표현과 필연적인 관계가 있는지 묻는다면 앞선 예보다는 대답하기 곤란할 것이다(실제로 일본어 문화권이 아닌 곳에서는 헤어짐의 아쉬움을 표현하는 데 다른 동작을 사용한다). 이처럼 비언어 커뮤니케이션은 언어 커뮤니케이션에 비해 자의성의 정도가 낮지만 완전히 자의성이 없다고는 할 수 없을 것이다.

일본에서는 긍정의 의도를 나타내는 동작으로 머리를 끄덕이는데 이 행위는 세계적으로 공통된 움직임이 아니다. 긍정의 의도를 나타내는 동작으로 고개를 가로젓는 문화권도 있다(인도의 예―마스모토, 2000; 불가리아의 예―이케다 · 크레이머, 2000). 또 일본어 문화권에서는 엄지와 집게손가락으로 동그라미를 만드는 동작이나 집게손가락과 가운뎃손가락을 세우는 동작을 하는데, 다른 문화권에서는 같은 동작이 전혀 다른 의미를 나타낸다(마스모토, 2000). 이런 점에서 비언어 커뮤니케이션도 언어 커뮤니케이션과 마찬가지로 극히 '문화적 전승성'이 강하다고 할 수 있다.

　우리가 신체 동작을 써서 비언어 커뮤니케이션을 할 때 그 동작에는 일정한 시작과 끝이 있을 것이다. 그러나 1장에서 살펴본 대로 비언어 커뮤니케이션에 사용되는 것에는 복장이나 체격·체형 등 꽤 장시간 변하지 않는 것도 있음을 생각하면, 비언어 커뮤니케이션은 언어 커뮤니케이션보다 '비연속성'이 낮다고 할 수 있다. 오히려 다양한 비언어 메시지를 연속적으로 송·수신한다고 보는 것이 적절할 것이다.

　'이중성'의 관점에서 보면, 소리와 의미를 일대일 대응시킬 수 없다는 언어 커뮤니케이션의 이중성보다, 비언어 커뮤니케이션에도 의미 있는 부분과 없는 부분이 있다는 점을 생각하는 것이 보다 흥미로울 것이다. 비언어 메시지에는 의도적으로 발신하는 것(무엇인가를 전달하려고 행하는 동작 등)과 의도적인 발신이 아님에도 메시지로 받아들이는 것(복장 때문에 유행에 둔감하다고 받아들여지거나 흐트러진 머리 모양에서 지각 직전에 도착했음이 전달되는 경우 등)이 있다. 이런 의미의 이중성은 언어의 이중성과는 다르지만, 비언어 커뮤니케이션에서의 '이면성'으로 고려해도 될 것이다.

　여기서 한 가지 덧붙이고 싶은 것은, 언어 메시지는 반드시 사람의 머릿속에서 창조된다는 것이다(엄밀히 말하면, 뜨거운 것을 만졌을 때 척추 반사로 손을 오므림과 동시에 "앗, 뜨거!" 하고 소리 내는 경우를 제외할 필요가 있다). 요컨대 기본적으로 언어 메시지는 의도적으로 송신되는 것이다. 이에 비해 비언어 메시지는 반드시 의도적으로 송신된다고 할 수 없는 경우도 많다. 스스로 의식하지 못하는 행동거지가 자신의 태도를 나타내는 메시지로서 기능하거나, 스스로 알아채지 못하는 목소리 탄력의 강약이 자신의 건강 상태를 나타내는 메시지로서 기능해 버리는 경우가 있다. 이런 점에서 언어 커뮤니케이션과 비언어 커뮤니케이션을 비교했을 때, 언어 커뮤니케이션이 의식적인 제어가 쉽고 비언어 커뮤니케이션은 제어가 어렵다는 것을 알 수 있다.

이상의 비교를 통해 언어 커뮤니케이션과 비언어 커뮤니케이션은 다른 부분도 있고 공통적인 부분도 있음을 알았다. 다음 절에서는 비언어 커뮤니케이션 자체에 대해 더 깊게 고찰해 본다.

③ 비언어 메시지의 역할

이 절에서는 언어 메시지와의 관련성을 통해 본 비언어 메시지의 역할에 대해 다이호와 이소(2009)의 분류에 따라 정리해 보기로 한다.[3]

1. 반복

언어 메시지로 전달한 내용을 비언어 메시지로도 전하는 것을 말한다. 예를 들어 "안녕"이라고 말하면서 손을 흔드는 경우가 이에 해당한다.

---

3 이 분류법도 통일된 견해는 아니다. 프리블(2006)은 '확인', '수식', '대용', '커뮤니케이션 관리', '모순'의 5분류로, 사쿠라기(2013)는 '보완 · 대용 작용', '반복 · 강조 작용', '상반 작용', '조절 작용'의 4분류로 제시했다. 스에다 · 후쿠다(2011)는 '대용', '보강', '부정', '조절', '인간관계의 제시', '말로 표현할 수 없는 것의 전달'이라는 6기능을 제시하고 있다.

2. 모순

언어 메시지의 내용과 모순된 내용의 비언어 메시지를 사용하는 것을 말한다. 예를 들어 "긴장 같은 거 안 해요"라고 말하면서 식은땀을 흘리거나 손이나 목소리가 떨리는 경우이다. 언어 메시지와 비언어 메시지가 모순되는 경우에는 비언어 메시지가 진실을 나타낸다고 알려져 있다. 이는 앞서 언급했듯이 언어 커뮤니케이션보다 비언어 커뮤니케이션이 제어하기 어렵다는 성질에 기인한다.

3. 보완

언어 메시지로 전달한 내용을 비언어 메시지로 보완하는 것이다. 예를 들어 "힘내"라고 말하면서 상대의 어깨를 가볍게 두드리는 경우가 이에 해당한다.

4. 치환

언어 메시지 대신에 비언어 메시지를 사용하여 커뮤니케이션하는 것을 말한다. 예를 들어 "안녕"이라 말하지 않고 손을 흔드는 동작만 하는 경우이다.

5. 강조·완화

메시지의 특정 부분을 강조하거나 부드럽게 말하기 위해 비언어 메시지를 사용하는 것이다. 예를 들어 강조하고 싶은 부분을 일부러 끊어서 말하거나, 부드럽게 말하고 싶은 곳에서 온화한 목소리 톤을 쓰는 경우를 말한다.

6. 조절

비언어 메시지를 사용하여 커뮤니케이션 흐름을 조절하는 것이다. 예를 들어 이야기를 들으며 시계에 시선을 줌으로써 상대방이 말을 멈춰 줄 것을 의도적으로 나타내는 경우가 이에 해당한다.

여기서 하나 더 지적하고 싶은 것은, 비언어 메시지에도 그 자체로 의미를 알 수 있는 것이 있고 상황에 따라서 해석이 바뀌는 것이 있다는 것이다. 전자의 예로, 헤어짐의 인사를 할 때 손을 흔드는 동작을 들 수 있다. 한편 허리를 굽혀 절하는 행위는 문맥에 따라서는 '잘 부탁합니다'라는 의미를 나타내기도 하고, '죄송합니다'라는 의미를 나타내기도 한다. '반복'이나 '보완'으로 쓰이는 비언어 메시지는 그 자체로 의미를 이해할 수 없어도 되지만, '대용'으로 쓰이는 비언어 메시지가 그 자체로 의미를 알 수 없다면 메시지로서의 기능을 상실하게 된다. 결국 비언어 메시지 중에도 언어와 마찬가지로 '상징'의 기능을 강하게 가진 메시지와 그렇지 못한 메시지가 있음을 알 수 있다. 이에 관해서는 신체 동작에 국한해 더 자세히 살펴보기로 한다.

④ 신체 동작

1절에서 언급한 다양한 비언어 메시지 중 신체 일부를 움직여 메시지로 삼는 것을 신체 동작이라고 한다. 구체적으로 몸짓(제스처), 시선 맞춤(아이콘택트), 얼굴 표정, 자세 등이 포함된다. '비언어 커뮤니케이션'이라 하면 특히 제스처를 가장 먼저 떠올릴 것이다 (하지만 실제로는 다른 많은 비언어 커뮤니케이션 수단이 있음을 기억하기 바란다).

신체 동작의 기능

신체 동작은 어떤 목적으로 사용할까? 앞에서 제시한 비언어 메시지의 분류에 비추어 보면서 어떤 신체 동작이 각각의 분류에 해당할지를 생각해 볼까 한다. 이 경우 신체 동작 자체를 몇 가지 기능으로 나누어 생각하면 편리할 것이다(리치먼드·매크러스키, 2003=2006; 스에다·후쿠다, 2011).[4]

A. 표상 기호(엠블럼)

신체 동작 자체와 나타내려는 사항의 관계에 필연성이 없고, 어떤 기호로 사용되는 신체 동작을 말한다. 긍정적인 의도로 고개를 끄덕인다든지, 헤어짐을 아쉬워하며 손을 가로로 흔든다든지 하는 움직임이 해당된다.

B. 예시적 동작

신체 동작이 나타내는 대상과 그 동작 사이에 필연적 관계가 성립하는 동작을 말한다. 사물의 외관이나 크기를 나타내는 동작 등이 해당된다.

---

4 번역어는 리치먼드·매크러스키(2003=2006)와 스에다·후쿠다(2011)를 비교해 이해가 쉬운 쪽을 선택했다.

C. 감정 표시

다양한 감정을 표출하는 동작을 말한다. 의도적인 경우도 있고 의도하지 않는 경우도 있다. 예를 들어 기쁨을 나타내기 위해 웃는 얼굴을 하는 경우나 더러운 것을 보고 무의식적으로 시선을 피하게 되는 것 등이 있다.

D. 조정적 동작

대화를 계속하거나 멈추기 위해 하는 동작이다. 상대의 발화를 촉진하기 위해 고개를 끄덕이는 동작이나 상대의 발화를 멈추게 하기 위해 펜으로 책상을 두드리는 동작 따위가 해당된다.

E. 적응적 동작

현재의 상황에 자신을 적응시키기 위해 하는 동작이며 무의식적으로 행하는 동작이 많다. 테스트 중에 펜을 돌리는 행위나 긴장될 때 머리를 긁는 동작 같은 것을 말한다.

표상 기호로 사용되는 신체 동작은 동작이 의미하는 내용을 알 수 없으면 메시지로 기능하지 못한다. 그 점으로 인해 표상 기호는 언어에 매우 가까운 성질을 가지고 있어서 '대용'의 기능을 할 수 있는 것이다. 반대로 예시적 기능은 그 자체로 확실한 메시지 내용이 될 수 없기 때문에 '보완'의 기능을 하는 경우가 많다. 감정 표시는 인간의 생물학적 측면에 기반한다고 할 수 있는데, 어느 장면에서 어떤 감정의 표출이 허용되는지에 대해서는 문화적인 제약이 강하다고 알려져 있다. 조정적 동작에서도 어떤 신체 동작이 조정적 동작으로 기능하는지에 대해서는 문화적인 차이가 크다고 한다. 적응적 동작은 무의식적으로 행하는 경우가 많기에 무의도적인 커뮤니케이션이 되기 쉽다. 또 어떤 동작이 무의도적인 동작인가는 공통 이해를 기반으로 해석된다고도 할 수 있다.

이렇게 생각하면, 일본어 문화권에서는 어떤 신체 동작이 어떻게 이해되는지 생각할 필요가 있다. 이에 관해서는 이 장의 마지막에서 검토해 볼 것이다.

⑤ 신체 접촉

사람들은 타인과의 신체 접촉 행위를 통해 메시지를 전하기도 한다. 포옹하기, 손잡기, 어깨 두드리기와 같은 우호적인 메시지가 있는가 하면, 때리기, 차기, 두드리기와 같이 상대에게 고통을 줌으로써 비우호적인 메시지를 전하는 커뮤니케이션도 있다. 또 서로 인사를 주고받을 때 신체 접촉을 동반하는 메시지를 보내는 문화도 많다(악수, 허그, 볼 키스 등). 이들 신체 접촉은 그 문화에서도 '인사'라는 기호로서 사용되며, 이런 신체 접촉을 '의례적 신체 접촉'이라 한다. 이와 다르게 애정 표현으로 행해지는 키스나 허그 등 메시지를 보내는 사람의 기분을 (기호로서가 아니라) 그대로 표현한 신체 접촉을 '본능적 신체 접촉'으로 구별한다(스에다·후쿠다, 2011).

신체 접촉은 기본적으로 입장이 위인 사람이 아랫사람을 향해 하거나 대등한 입장의 인간관계에서 일어나는 것이지, 손아랫사람이 손윗사람에게 하는 것은 아니다(리치먼드·매크러스키, 2003=2006). 스에다와 후쿠다(2011)는 비언어 커뮤니케이션 기능의 하나로 "커뮤니케이션 당사자 사이의 인간관계를 제시한다"(p.144)는 점을 들고 있는데, 이것을 가장 잘 표현한 것 중 하나가 신체 접촉이라 할 수 있다.

⑥ 대인 거리

사람들은 자신의 주변에 타인에게 방해받고 싶지 않은 공간을 갖고 있고 이 공간을 '퍼스널 스페이스(personal space)'라 부른다. 또 사람이 타인과의 사이에 확보하는 거리를 대인 거리(물리적 대인 거리[5])라 하는데, 이것은 상대와의 관계에 따라 달라진다. 기본적으로 친한 사이라면 가까이 다가와도 거리낌 없이 느낄 것이고, 전혀 모르는 사람이라면 가능한 한 거리를 확보하려고 할 것이다. 다만 상대와 앞으로 어떤 형태로든 왕래가 예상될 때는 일생에 한번 만날까 말까 한 사람보다는 간격을 줄여 두고 싶을 것이고, 친구 사이라면 좀 더 가까이 있고 싶을 것이다(다이호, 1998).

마스모토(2000)는 Hall(1966)이 조사한 미국 동부 거주자의 대인 거리 구분에 대해 다음과 같이 소개하고 있다.

---

5 이문화 간 커뮤니케이션 분야에서는 E. T. Hall이 제창한 'proxemics'를 번역하여 '대인 거리'라고 한다. 일반적으로 물리적 거리의 의미로 사용되는 단어인데, 이 책에서는 사회적·심리적으로 느끼는 상대와의 거리를 가리키는 경우에도 '대인 거리'라고 사용하고 있으므로, 이와 구분하기 위해 '물리적 대인 거리'라 한다. 물론 양자 간에는 관련성이 깊은데, 사회적·심리적 거리가 먼 상대와는 보다 먼 물리적 대인 거리를 확보하려 할 것이고 사회적·심리적 대인 거리가 가까운 상대에 대해서는 물리적 대인 거리가 어느 정도 가까워도 불쾌함을 느끼지 않는다.

- 밀접 거리(0~45cm): 상대의 존재가 명확하고 밀도 높은 접촉이 가능. 비밀스러운 이야기나 매우 사적인 화제가 중심.
- 개인적 거리(45~120cm): 상대의 표정을 잘 읽을 수 있고 비교적 쉽게 접촉이 가능. 사적·개인적 화제가 중심.
- 사회적 거리(120~360cm): 공적·형식적이며 노력하지 않으면 접촉이 불가능. 반(半)개인적·반(半)공적인 성격을 띤다. 업무상의 화제가 중심.
- 공적 거리(360~750cm): 상대와의 사적인 관계는 희박하고 대중에 호소하는 유형의 접촉. 공적 화제, 강의, 연설.

또한 마스모토(2000)는 상기한 대인 거리가 문화마다 다름을 소개하고, 일본인은 위에서 예시한 것보다는 대인 거리가 길다고 주장한다.

⑦ 일본어 문화권에서 사용되는 비언어 메시지

이상으로 비언어 메시지를 몇 가지 다루어 보았는데, 1절에서 서술한 비언어 메시지 중에서 일본어 문화권에서 자주 사용되는 비언어 메시지에 대해 정리해 보기로 한다.

준(準)언어

'무엇을'이 아닌 '어떻게'와 관련된 목소리의 높낮이와 탄력의 강약, 발화 속도나 틈(pause)을 두는 방식과 같은 비언어 음성 메시지를 '준언어(paralanguage)'라고 하는데, 준언어의 하나인 '침묵'도 일본어 문화권에서는 메시지로서 기능한다. 예를 들어 타인의 권유를 거절하고 싶거나 손윗사람에게 노골적으로 반대하고 싶지는 않지만 찬성하는 것도 아님을 표시하고 싶을 때 의도적으로 침묵을 사용하는 경우가 있다. 또 타인에게 어떤 일을 의뢰할 때 의뢰 내용을 도중까지만 말하고 핵심적인 부분을 침묵으로 전하려고 하는 경우도 있다. 침묵의 형태로 기호화된 메시지는 그 자리의 문맥에 비추어 정확히 해석할 필요성이 요구되기 때문에 일본어 문화권을 문맥 의존형 커뮤니케이션 스타일이라 부른다. 이와 관련해서는 10장에서 다시 다루도록 한다.

신체 동작

지금까지 살펴본 대로, 일본어 문화권의 경우 격식 있는 자리에서는 기본적으로 상대와 자신이 상하관계에 놓여 있는 상태라고 인식하여 언어 메시지로도 이를 표출하는 어투를 사용하는 경우가 많다. 이 점에 관해서는 비언어 메시지도 당연히 같은 방향성을 가지므로('모순' 기능의 경우에는 예외적이나), 격식을 갖춘 자리에서는 상대를 높이고 자신을 낮추는 비언어 메시지를 많이 사용한다. 예를 들어 '(허리를 굽혀 하는) 절'이라는 신체 동작을 통해 상하관계를 표현하려고 하면 자신이 상대보다 위치가 낮다고 생각하는 쪽이 더 깊숙이, 그리고 길게 절을 하게 된다. 예를 들어 〈그림 3-1〉의 사진을 보면 두 사람 중 누가 윗사람인지 일목요연하게 알 수 있을 것이다.

일본어 문화권에서는 자신보다 윗사람이라고 인식되는 상대 앞

| 그림 3-1 | 절의 깊이와 상대적 입장의 관계

에서 대체로 편안한 자세를 취하지 않는다. 그리고 윗사람의 이야기는 경청해야 한다는 의식 때문인지 아랫사람이 상대 쪽을 주시하는 경향이 있다고 한다. 또 전통적으로 아랫사람이 직접 윗사람의 눈을 보는 것은 불손한 행위라고 알려져 있다. 한편, 시선에는 세력을 표시하는 기능이 있기 때문에 윗사람이 아랫사람에 대해 자신의 우위성을 나타내는 시선을 보내는 일이 있을 수 있다(리치먼드·매크러스키, 2003=2006).

이 밖에도 표상 기호로 사용되는 몸짓(제스처)이 다양하게 존재하는데, 기본적으로 일본어 문화권에서만 통하고 다른 문화권에서는 통하지 않을 것이라고 생각하는 것이 좋다. 일본어 문화권 특유의 몸짓으로 특히 유명한 것은, 자신을 가리킬 때 자신의 코를 가리키는 동작이나 웃을 때 입에 손을 대는 동작, 술자리에 간다는 표시를 할 때 술잔을 꺾는 시늉을 하는 것 등이 있다.

신체 접촉

일본어 문화권에서 의례적인 신체 접촉은 거의 일어나지 않는다고 해도 될 정도이므로 신체 접촉의 대부분은 본능적 신체 접촉이라 할 수 있다. 또 본능적 접촉이라 해도 타 문화권보다 횟수가 적다는 연구도 있다(리치먼드·매크러스키, 2003=2006). 일본어 문화권에도 신체 접촉은 윗사람이 아랫사람에게 할 수 있거나 대등한 관계의 사람들 사이에서 할 수 있다는 사회규범이 있어서, 신체 접촉은 대인관계의 상대적 상하를 표현하는 메시지로서 기능한다.

대인 거리

앞서 언급한 대로 Hall(1996)이 제창한 물리적 대인 거리의 구분에 문화차가 존재함은 알려져 있지만, 일본어 문화권에서 물리적 대인 거리가 Hall의 분류보다 더 멀거나 가까운지에 대해서는 선행연구의 결과가 나뉜다. 일본이 비접촉 문화라는 것을 생각하면 물리적 대인 거리는 대체로 멀다고 생각되지만, 전철의 좌석 폭이 매우 좁게 정해져 있고, 대학 강의실의 좁은 자리를 생각하면 일률적으로 물리적인 대인 거리가 먼 사회라고도 할 수 없을 것이다. 실제로 누구와 어떤 커뮤니케이션을 하는가(예를 들어 전철의 좌석도, 대학 강의실 책상도 기본적으로 서로 사이좋게 수다 떠는 걸 주목적으로 설치하지는 않았으므로)에 따라 같은 일본어 문화권에서도 차이가 있다고 생각하는 것이 좋을 것이다.

인용문헌

池田理知子・クレーマー, E. M.(2000).『異文化コミュニケーション・入門』. 有斐閣アルマ.

石井敏(2013).「非言語メッセージ」〈石井敏・久米昭元 編集代表〉.『異文化コミュニケーション事典』. 春風社.

桜木俊行(2013).「非言語コミュニケーション」〈石井敏・久米昭元・長谷川典子・桜木俊行・石黒武人〉.『はじめて学ぶ異文化コミュニケーション：多文化共生と平和構築に向けて』第6章(pp.135-157). 有斐閣.

末田清子・福田浩子(2011).『コミュニケーション学：その展望と視点』. 増補版松柏社.

大坊郁夫(1998).『しぐさのコミュニケーション：人は親しみをどう伝えあうか』. サイエンス社.

大坊郁夫・磯友輝子(2009).「対人コミュニケーション研究への科学的アプローチ」〈大坊郁夫・氷瀬治郎 編〉.『関係とコミュニケーション』第1章(pp.2-35). ひつじ書房.

プルブル, C. B.(2006).『科学としての異文化コミュニケーション』. ナカニシヤ出版.

桝本智子(2000).「非言語」〈西田ひろ子編〉.『異文化コミュニケーション入門』第2章(pp.75-100). 創元社.

リッチモンド, V. P.・マクロスキー, J. C.〈善本淳 訳〉(2003=2006).「ジェスチャーと動作」. V. P. リッチモンド・J. C. マクロスキー〈山下耕二 編訳〉.『非言語行動の心理学』第3章(pp.50-74). 北大路書房.

Hall, E. T.(1996). *The Hidden Dimension*. NY: Doubleday.

04

인사 커뮤니케이션

:

다키우라 마사토(滝浦真人)

● 인사는 언어 커뮤니케이션과 비언어 커뮤니케이션의 경계에 있다.

● 여러 형태의 인사는 상이한 심리적 · 사회적 대인 거리를 나타낸다.

● 인사말의 의미에서 다양한 인사가 표출하는 심리적 거리를 생각한다.

● 커뮤니케이션에서 인사의 본질적 기능에 대해 생각한다.

① 언어와 비언어의 경계

커뮤니케이션은 언어와 비언어라는 두 영역에 걸쳐 있는데, 양쪽 요소 모두가 가장 잘 나타나는 것이 '인사'이다.

일상을 되돌아보자. "안녕" 하고 누군가에게 인사할 때 손을 흔들거나 "안녕하세요"라고 하면서 고개를 숙여 인사하거나 한다. 이와 같이 인사는 동작을 수반하는 경우가 많다. 인사할 때 명확한 몸짓은 아니더라도 얼굴 표정이나 눈 맞춤을 동반하지 않는 경우는 드물거나 인사성의 정도가 낮을 것이다.

언어적 표현은 분석적이고 이지적이며 비언어적 표현은 종합적이고 정서적인 것이라고 크게 나눈다면, 양쪽에 똑같이 걸쳐 있는 인사라는 행위가 언어적 측면에서는 '가장 언어적이지 않은' 것이 된다. 이런 의미에서 인사는 언어와 비언어의 경계에 위치한다고 할 수 있다.

그래서 이 장에서는 이런 특이한 위치에 있음에도 아마도 전 세계 언어에 존재할 보편적인 현상에 대하여,

(인사를 통해서) 인간은 무엇을 하고 있는가?

를 생각해 보려 한다. 애초에 인사란 무엇인가? 말은 의미를 전달한다고 하는데, 인사는 어떤 '의미'를 전하는 것일까? 나아가서 "안녕" 또는 "잘 지내?" 하고 인간이 말할 때 거기에 '의미'가 있다고 할 수 있는가? 있다고 한다면 어떤 의미가 있는지에 대해 생각해 볼 것이다.

그럼 먼저 사례부터 열거해 보자. 비언어 행동은 눈에 보이므로 차이도 알기 쉽다. 현대 일본의 인사 행동으로 앞서 예로 든 '상체를 굽혀 하는 인사',[1] '손 흔들기'가 대표적이라 할 수 있다. 전자(前者) 계열에는 고개를 끄덕이는 인사나 좌례(座礼)[2]를 포함시킬 수 있고 [도게자(土下座)[3]도 포함], 후자(後者)의 계열로는 손을 들어 올리는 행위나 경례와 같은 행동을 포함시킬 수 있다. 평소 생각할 일이 없겠지만, 이런 두 가지 인사 형태를 비교하는 것만으로도 이들 사이에는 상당히 차이가 있음을 발견할 수 있다. 상체를 굽혀 인사를 하면 상대가 보이지 않는다. 반대로 손을 흔드는 행위는 상대방이 알아채기를 바라는 신호이다.

일본에서는 일반적이지 않으나 세계적으로 널리 행해지는 인사로 '악수'가 있다. 악수는 쌍방이 손을 맞잡는 동작인데, 신체를 서로 껴안는 모습이 되면 '허그(hug, 포옹)'가 된다. 세상에는 다양한 인사 동작이 있어서 허그에 더해 얼굴의 일부가 맞닿는 변종이 있는데, 장소와 정도가 다양한 키스 말고도 서로의 코가 맞닿는 동작(뉴질랜드의 마오리족)이나 서로의 체취를 맡는 동작(몽골)도 있다.

---

1   일본에서는 '오지기(お辞儀)'라 한다.
2   일본에서는 고개를 끄덕이는 인사를 '에샤쿠(会釈)', 앉아서 상체를 굽히는
     인사를 '자레이(座礼, ざれい)'라 한다.
3   일본어로, 무릎을 꿇고 머리가 땅에 닿을 정도로 숙이는 인사를 말한다.

이것이 모두 신체 접촉으로 이루어지는 인사이다.

　두 유형의 일본 인사를 비교하면서 우리는 두 유형 간에 차이가 크다고 생각했다. 그러나 이들을 다른 문화권의 신체 접촉이 동반되는 계열과 비교하면, 일본의 경우는 신체 접촉을 동반하지 않으므로 양자의 차이는 절대적이라고 볼 수 있다. 이렇게 각양각색의 인사 유형을 나열해 보며 비교 관점을 탐색함으로써 인사를 파악하기 위한 척도를 얻을 수 있다.

인사를 파악하기 위한 척도 '대인 거리'

　먼저, 신체 접촉 유무가 중요한 관점이 될 것이다. 접촉에는 정도가 있음을 알 수 있다. 또 물리적 접촉은 아니더라도 시선을 맞추는 등 상대를 보는 동작과 상대를 보지 않는 동작은 그 의미가 다를 것이다. 그래서 이들을 포괄하는 내용으로서 앞 장에서 소개한 '대인 거리'는 유효한 척도가 될 것이다.

　지금까지의 모든 예를 대인 거리라는 척도 위에 배치하여 도식화하면 〈그림 4-1〉과 같다. ( ) 안은 보충 설명이다.

　주의할 점은, 비언어 커뮤니케이션에서 '대인 거리'는 물리적 거리를 말하지만, 이 장에서는 언어적인 인사도 포함하므로 상대와 직접·간접적으로 접촉하는 정도나 가능성의 크기로서 '대인 거리'를 사용한다는 점이다. 예를 들어 눈을 맞추는 두 사람의 실제 거리는 때에 따라 다르지만 간접적이어도 시선을 '주고받는' 접촉이 생긴다. 이에 대해 일본식 의례에서는 허리를 깊숙이 숙이는 인사든 고개를 가볍게 끄덕이는 인사든, 상대의 얼굴이나 눈을 보는 것은 거북하므로 한순간이라도 시선을 피하는 것이 중요하다. 미국과 같

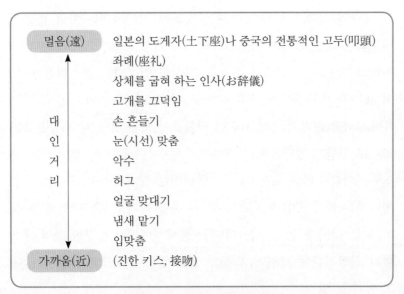

| 그림 4-1 | 인사 동작과 대인 거리

이 눈 맞춤이 빠질 수 없는 문화에서 자란 사람은 일본식 의례를 행할 때도 시선을 피하지 않아서 기묘한 모습으로 비춰지기 쉽다. 반대로, 시선을 피한다는 의식이 강한 일본인이 악수 등을 할 때 시선을 피하면 무례한 인상을 주게 된다.

이러한 거리의 관점에서 '도게자(土下座)'는 무엇을 의미하는 것일까? 실제 거리는 가까워도 상관없지만, '도게자'나 '고두(叩頭: 머리가 지면에 닿을 정도로 낮추는 행위)'를 했을 때 지면에서의 시선 높이가 결정적으로 달라진다. 상대방과 시선의 높이가 비슷하면 시선이 마주칠 우려가 있지만 높이를 완전히 달리하는 것으로 이런 우려를 불식시킬 수 있다(도게자를 한 자세에서는 상대방의 얼굴을 보기가 매우 어렵다). 그렇게 생각하면 도게자류의 기능은 상대를 보지 않는 것을 보증하는 데 있다고 할 수 있다.

상대와 접촉은 물론이고 보는 것조차 기피하려는 이런 관습은 성스러운 대상에 대한 터부(taboo, 금기)에서 유래한다고 보는 것이 이해하기 쉽다. 종교적으로 높은 가치를 인정받는 성스러운 대상이 제사와 같은 특수한 경우에만 볼 수 있도록 허용되는 경우나['고카이조(御開帳)'[4]] 대단히 고귀한 인물로서 보는 것이 허락되지 않는 경우도 드물지 않다(덧붙여, 유대교의 신이나 중국 황제처럼 '부르는' 것조차 허락되지 않는 경우도 있다). 현대에는 길거리에서 트집을 잡고 협박하는 불량배가 "이 ○○, 어디서 눈을 똑바로 봐?"라고 하는 경우가 있다. 이때 '눈을 보는 행위'는 불량배에게는 부당한 영역 침범이라 건방지다는 것인데, 터부의 관점에서 전혀 조리에 맞지 않다고 할 수는 없다.

이에 비하여 〈그림 4-1〉 중간 아래의 인사는 물리적으로도 상대와 접촉이 있고 대인 거리도 가까운 인사이다. 아래로 내려갈수록 접촉 강도가 세지는 것은 설명할 필요도 없겠지만, 가장 강도가 센 입맞춤 중 '진한 키스(接吻)'나 코를 서로 맞대거나 냄새를 맡는 동작은 어떻게 해석해야 할까? 이러한 동작들은 기본적으로 친밀함을 전하는 행위이다. 입맞춤은 알다시피 한정된 사이에서만 행해지고 관계나 상황에 따라 범죄가 될 수 있음을 생각하면, 이런 동작들은 (비록 초면일지라도) 그정도 친밀함을 자랑하는 오랜 지기임을 생각하고 대해 주길 바란다는 '행동으로서의 친밀함'의 표명으로 받아들일 수 있을 것이다.

이렇게 대인 거리의 척도로 커뮤니케이션을 파악하는 방법은 하

---

4 일본에서 절의 감실을 열어 본존이나 비불을 대중에서 배례할 수 있도록 공개하는 의식.

나의 명쾌한 전망을 제공해 준다. 이에 대한 이론적 접근 방식에 대해서는 다음 장에서 다루기로 하고, 이어서 인사의 언어적 측면을 살펴보기로 한다.

② 인사는 무엇을 말하는가?

인사란 본디 무엇을 하는 것일까? 이러한 물음은 실제로 깊이가 있어서 대답하기 쉽지 않으나, 일단은 상당히 보편적으로 관찰되는 각 언어의 '인사말(인사 전용의 정해진 표현)'에 초점을 맞춰 그 자의(字義)적 의미를 통해 인사가 무엇을 나타내는가 살펴볼까 한다.

일반적으로 인사에는 이렇다 할 뚜렷한 의미가 없다고들 생각하고 있고 실제로 그렇다고 해서 문제가 되는 것도 아니다. 그러나 인사 표현도 언어의 일부이고 인사말도 말인 이상 그 안에서 언어적 의미를 찾아내는 것도 정당한 작업이다. 그렇다면 몇 개의 언어에서 만났을 때와 헤어질 때의 인사말을 골라내 보자. 이때 각 인사말의 의미(해당되는 일본어 표현)에 더하여, 자의로 해석했을 때 그 말의 의미를 직역하여 [ ] 안에 나타내면 다음과 같다.

(1) 인사말의 의미
　a ≪일본어≫
　　만남　「おはよう」［早いね］
　　　　　「こんにちは」［今日は…］
　　　　　「やあ」［やあ］

헤어짐 「さようなら」[そういうことなら]

「じゃあね」[では…]

「またね」[またね]

b ≪한국어≫ (예시가 한국식 어투이므로 아래와 같이 표기함)

만남 "안녕하세요." (アンニョンハセヨ)「こんにちは」

[安寧になさっていますか]

헤어짐 "안녕히 가세요." (アンニョンヒ ガセヨ)「さようなら」

[安寧に行ってください]

"또 만나." (ッド マンナ)「またね」[また会おう]

c ≪중국어≫ (한자는 편의상 일본에서 쓰는 한자를 우선으로 함)

만남 "你好." (ニーハオ)「こんにちは」[あなたは具合がいい]

"你早." (ニーザオ)「おはよう」[あなたは早い]

"晩上好." (ワンシャンハオ)「こんばんは」[よい夕べ]

헤어짐 "再見." (ザイチェン!)「さようなら」[再会を]

d ≪영어≫

만남 "Good morning / afternoon / evening!"

[よい朝/午後/夕べ]

"How are you?" [あなたはどんな具合?]

"Hello." [もしもし]

헤어짐 "See you again! / See you next!" [また/次に会おう]

e ≪프랑스어≫

만남 "Bonjour!" (ボンジュール)「こんにちは」[よい日]

"Salut!" (サリュ) 「こんにちは」 [あいさつ]
"Ça va?" (サヴァ) 「元気?」 [うまく行ってるか?]
헤어짐　"Au revoir" (オルヴォワール) 「さようなら」
[再会のために]

　　인사라는 건 어디든 비슷하다고 생각하기 쉽지만 의외로 다양
함을 알 수 있다. 그렇지만 담긴 의미를 몇 가지로 정리할 수 있을
것 같다. 먼저 가장 눈에 띄는 것은 상대에 대한 염려를 담은 말로,
영어의 "How are you?"나 프랑스어의 "Ça va?"가 그렇고, 중국어
의 "你好" 또한 마찬가지다. 한국어의 "안녕……"은 이를 가장 충
실히 담은 인사말로서 명시적인 염려 표현이다. 이들을 '염려 계열'
의 인사말이라 하자. 다음으로 눈에 띄는 것은 '날/아침/저녁'에 대
해 '좋다'고 말하는 것으로, 영어의 "Good morning"이나 프랑스어
의 "Bonjour!"를 비롯해 유럽의 언어에서는 이런 종류의 인사가 눈
에 띈다(독일어 "Guten Tag"도 대표적이다). 아시어 언어에도 중국어
"晩上好" 등이 이에 속한다. 이들을 '날씨 계열'이라 하자. 이와는
달리 상대와 만나는 시간(의 빠름)에 대해 언급하는 인사가 있다. 중
국어 "你早"가 그렇고 일본어 「おはよう」도 포함된다. '시간 계열'
이라 할 수 있을까. 헤어질 때의 인사말은 비슷하다. 한국어, 중국
어, 영어, 프랑스어 모두 다시 만날 것을 언급한다. '재회 계열'이라
부를 수 있겠다. 일본어 「またね」도 여기에 들어간다. 이 밖에 영어
"Hello"는 '말 걸기 계열'이라 할 수 있고("Hi"도 같은 류임), 일본어
「やあ」도 이에 속한다. 변종으로 프랑스어 "Salut!"가 있는데 이것
은 '인사'란 뜻의 인사말이다.

인사말의 심리적 거리

인사말을 염려, 날씨, 시간, 재회, 말 걸기 계열로 정리해 보니 새로운 사실을 알게 되었다. 여기에 일본어 인사말이 거의 포함되지 않는다는 것이다. 일본어의「こんにちは」,「さようなら」,「じゃあ」에는 공통점이 있다. 어느 인사말이나 중도 종료형 발화의 형태를 취한다는 점으로, 원래는 뒤에 이어져야 할 본제(本題)에 해당하는 부분이 생략되어 있다는 것이다. 언급할 내용의 첫머리에서 말을 끊기에 '중도 종료 계열'이라고 해야 할 것 같은데, 결과적으로 일본어는 중도 종료 계열을 선호하는 경향이 두드러져 보인다고 할 수 있다.

인사의 범위를 어디까지 인정할 것인가 하는 문제와도 관계가 있지만, 인사 전용이라 할 수는 없지만 인사말로서도 사용되는 말이 있다. 일본어의「元気?」라는 말은 인사 장면에서 잘 쓰인다.「おはよう」에 덧붙여 사용하는 느낌인데 친한 친구 사이라면 이 말 단독으로도 인사가 될 것이다. 또 한국어나 중국어에서는 "밥 먹었어?"란 물음이 인사가 된다.

(2) '탐색 계열' 인사
"밥 먹었어?" (パン モゴッソ?) 「ご飯食べた?」
"吃飯了吗?" (チーファンラマ?) 「ご飯食べた?」

이런 질문을 받으면 "먹었어"라든가 "아직"이란 대답을 해도 좋고, 대답하지 않고 "그쪽은?"이라고 되물어도 된다고 한다. 일본에서는 이런 식으로 상대방이 물으면 같이 식사하자고 권유하는 것

| 그림 4-2 | 인사 내용과 심리적 거리

으로 해석해서 '어쩌지?' 하고 생각하는 것이 보통이나, 여기에 권유하는 의도는 없다. 이를 염려 계열로 볼 수도 있지만 상대방에게 탐색의 의도로 질문한다는 점에서 상대 영역을 적극적으로 살피는 '탐색 계열'로 분류할 수 있을 것이다.

한편, 이런 분류를 통해 무엇을 알 수 있을까? 마지막 부분에서 선명한 대비가 이루어짐을 알 수 있다. 비언어적 인사 동작이 그런 것처럼 언어적 인사 내용도 상대 영역에 천착하고 있는 정도에 따라 비유적인 의미로서 대인 거리의 척도 위에 나열할 수 있는데, 멀고 가까움(遠近)의 정도가 인사의 심리적 거리가 된다.

여기서 눈에 띄는 점은 '중도 종료 계열' 인사의 심리적 거리가 두드러지게 멀다는 것이다. 사람이 아닌 대상을 언급하는 날씨 계열도 상대적으로 거리가 멀지만, 중도 종료 계열이라는 것은 사항의 본질에 대해 언급하지 않기에 더더욱 심리적 거리가 멀다. 반대로 염려 계열이나 탐색 계열의 인사말은 상대의 영역에 적극적으로 접촉하려는 것이므로 심리적 거리가 짧다. 거리가 짧은 이런 유형이 한국어나 중국어라는 이웃 나라의 언어에 특징적으로 나타나는 점은 흥미롭다.

③ 인사의 커뮤니케이션론적 기능

이상에서 살펴본 바와 같이, 인사는 언어적·비언어적으로 일정한 대인 거리를 나타낸다. 대인 거리가 멀다는 것은 (물리적/심리·사회적으로) 상대방과 신체 접촉을 하지 않고 '실례되지 않게' 행동하는 것과 통하고, 반대로 대인 거리가 가깝다는 것은 상대방과 서로 접촉해서 '허물없는 사이'로 행동하는 것과 통한다. 이 차이는 확실히 서로 반대 방향을 향하고 있다.

그러면 이렇게 반대 방향을 향하면서도 인사가 하나의 행위로서 달성하는 커뮤니케이션상의 기능은 어디에 있을까? 벌써 반세기나 지난 이론인데, 러시아 태생의 언어학자 R. 야콥슨의 '언어의 6기능설'이 커뮤니케이션이 가진 재미있는 기능적 제상(諸相)을 파악하기 좋은 설계도를 제공한다. 야콥슨은 커뮤니케이션을 구성하는 여섯 가지 요소를 제시하고 각각의 요소에 초점을 맞춘 작용이 커뮤니케이션에 있다고 했다(Jakobson, 1960). 먼저, 커뮤니케이션 구성 요소를 나타내면 〈그림 4-3〉과 같으며, 그림 ①~⑥의 번호를 부여하여 각 요소를 초점화하는 작용으로 다음과 같은 기능을 제시했다.

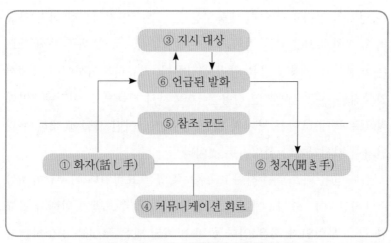

| 그림 4-3 | **커뮤니케이션의 6가지 구성 요소**

① 화자가 초점이 되는 '표정적 기능'

  예: (의외성에 놀라서)「えっ? そんな!」

② 청자가 초점이 되는 '말 걸기 기능'

  예: (상대를 부르며)「あの、すみません!」

③ 지시 대상이 초점이 되는 '지시 기능'

  예: (장소를 묻는 질문에)「あの建物です」

④ 커뮤니케이션 회로가 초점이 되는 '교감적 기능'

  예: (전화로)「もしもし? 聞こえてる?」

⑤ 언어의 참조 코드가 초점이 되는 '메타언어적 기능'

  예: (반문하며)「え? 病院? 美容院?」

⑥ 언급된 발화 자체가 초점이 되는 '시적(詩的) 기능'

  예: (표어의)「注意一秒、怪我一生」

이후의 내용과도 연관되므로 간단히 설명을 덧붙이자면, ①~③

은 언어의 인칭과 정확히 대응하는데, ①은 1인칭적으로 화자 자신의 표정처럼 표출되는 말이고 ②는 2인칭적으로 청자를 향해 부르는 호칭이나 명령과 같은 말이 해당한다. 커뮤니케이션이란 말에서 연상되는 가장 일반적인 작용은 ③의 지시 기능으로, 이것은 3인칭적으로 눈에 보이든 보이지 않든 상관없이 어떤 사물에 대해 무엇인가를 지시하거나 설명하는 것이다.

④~⑥은 다소 특수하다고도 할 수 있는 표현인데(이 부분이 야콥슨의 착안점이기도 함), 애초에 '일반적인' 말을 주고받기 위해서 필요한 것은 무엇인가 혹은 일단 한번 발화된 말은 무엇을 창출하는가와 관련이 있다. 예를 들어 ④에 대해 이해하려면 거꾸로 만원 전철 안에서 누군가가 혼잣말을 하는 상황을 그려 보면 이해하기 쉬울 것이다. 전철 안에는 수많은 사람이 있고, 그중 한 사람이 어떤 말을 하지만 주변 사람들은 아무도 그 말에 반응하지 않는다. 결국 여기서는 말만이 (어떤 부유물처럼) 공중에 떠도는 셈이 된다. 이것은 화자와 말을 받아 주는 청자 사이의 커뮤니케이션 회로가 없기 때문에 발화된 말이 받아들여지지 않는 상태를 의미한다.

물론 이것은 일상적인 커뮤니케이션에서는 있을 수 없는 상태이다. 우리가 무엇인가를 말하면 상대방은 이를 반드시 받아들여 준다. 이런 상황이라면 거기에는 ③과 같이 말이 발화되기 전에 이미 커뮤니케이션 회로가 만들어져 있을 것이라고 야콥슨은 생각하고 이를 '교감적 기능'[5]이라 불렀다. 정보전달이 원활하게 이루어질 때

5　영어로 'phatic function'이라고 하는데, 인류학자 마리노프스키의 용어 'phatic communication'에서 유래한다. 직역하면 '영적 교감'이란 의미로 'communication'은 기독교에서 '성체배령(聖體拜領)'이란 의미도 있다.

는 거의 표면에 드러나지 않지만, 어떤 원인에 의해 커뮤니케이션이 제대로 되지 않거나 전화 등으로 글자 그대로 회로를 만들려고 할 때 표면에 드러나는 것이 이 기능이다.

커뮤니케이션이 성립하기 위해서는 화자와 청자의 말소리나 단어의 종류, 문법 등이 동일한 구조에 기반을 두고 있다는 점이 전제되어야 한다. 갑자기 일본어와 영어로는 커뮤니케이션을 할 수 없고 일본어에도 상이한 방언 간에는 원만한 커뮤니케이션이 이루어지기 어렵다. 이런 경우에 서로 참조하는 코드를 확인하려는 움직임이 ⑤이고 언어'에 관한' 말이란 의미로 '메타언어'적이라 한다. ⑥은 말장난이나 수사법과 관계가 깊은 작용인데, 발화된 말은 반드시 음과 형태를 갖추고 있기 때문에 유사한 음이나 형태가 이어져 리듬과 같은 시적인 요인이 만들어진다. 요컨대 말은 언제나 "시가 될 가능성을 지니고 있다"는 것이고 야콥슨은 이를 '시적 기능'이라 불렀다.

서두가 길어졌는데, 이 장의 주제인 '인사'는 ①~⑥ 중 어디에 해당될까? 어렵지 않게 ④'교감적 기능'이 답임을 알 수 있을 것이다. 인사를 통해 말의 형태로 된 내용을 지각하기 어려운 이유도 여기에 있다. 통상적인 내용을 수반하여 주고받는 대화는 ③(이나 ①, ②)의 작용으로 성립되지만, 대화가 처음부터 가능하려면 화자와 청자 간에 서로 말을 주고받을 준비가 되어 있어야 한다. '인사'란 자신과 상대방이 말을 주고받을 준비가 되어 있음을 상호 확인하기 위한 수단인 것이다.

지금까지 살펴본 내용을 다음과 같이 정리할 수 있을 것이다. 인사는 커뮤니케이션 회로를 설정하거나 확인하는 기능이 있고, 인사

를 하는 장면에서 구체적으로 표출되는 언어적·비언어적인 동작
과 말에 따라 커뮤니케이션이라는 회로상에서 화자가 청자를 어떤
식으로 대면하는지가 나타난다. 대인 거리가 먼 경우에는 화자가
정중하게(깍듯이) 청자를 대함을 의미하고, 대인 거리가 가까운 경
우는 화자가 친밀하게(스스럼없이) 청자를 대한다는 것을 의미한다.
평소 당연하다고 여겨 온 커뮤니케이션이 실은 꽤 공들인 사전 준
비를 통해 유지되어 왔음을 알 수 있으리라. 비언어적 측면까지 고
려하면 인사는 인간의 행위 중에서 상당히 '정치적'인 행위라 말할
수 있을 것이다.

정형(定型)과 비정형(非定型)

위의 글에 대한 이해를 토대로 무척 중요한 한 가지 변종(바리에
이션)에 관해 마지막으로 기술하려고 한다. 인사의 '의식성(儀式性)'
에 관한 것으로, 언어의 다름이나 인간관계의 다름에 따라 나타나
는 정도의 차이에 관한 것이다.

한마디로 말하면, 일본어의 인사말은 정형성(定型性)이 매우 강
하다. 아침에 일어나서 밤에 잠자리에 들 때까지, 타인과 관계된 어
떤 정해진 행위를 할 때는 대개 인사가 정해져 있고 그것은 정형적
인(상투어로) 인사말로 행해진다. 더불어 이들 인사말은 시작과 끝
으로 짝을 이루고 있다. 「おはよう」는 「おやすみ」와 짝을 이루고,
「こんにちは」와 「さようなら」가 짝을 이루며, 「いただきます」는
「ごちそうさま」와, 「行ってきます」는 「ただいま」와 각각 짝을 이
룬다. 이런 식의 인사가 세계 어디든 비슷할 것이라 생각하기 쉽지
만 전혀 그렇지 않다. 일본어의 인사 습관은 메이지시대 말기부터

'표준어'와 '예법 교육'에 따라 상당히 인위적으로 형성된 측면이 강하다(2장). 다른 언어에서는 그렇지 않은데, 예를 들어 영어 인사의 경우, 학교에서 지독하게 반복 학습을 해야만 했던 용법은 결코 고정된 패턴으로 사용되지 않는다.

(3) 영어의 만남 장면에서의 인사
"How are you?"
"I'm fine, thank you. And you?"
"Fine, thank you."

실제로 그때그때의 상황이나 기분에 따라서 묻는 방식이나 대답하는 방식이 매우 다양하지만 일본적 사고에서는 다양성을 받아들이기보다 정해진 어투를 알고 싶어 하는 방향으로 흘러가 버리는데, 참으로 '일본적'이라 할 수 있다.

일본적인 관점에서는 특히 인사의 정형성/비정형성이라는 관점을 간과하기 쉽지만, 인사가 이렇다 할 정해진 정형구로 이루어지지 않는 언어문화 등 다양한 습관이 존재할 수 있다. 하나의 예로 중국의 인사 습관을 들 수 있다. 중국어 인사의 다양성을 지적한 연구에서 다음과 같은 표현이 인사로서 기능한다는 보고가 있다.

(4) 비정형의 인사
완료형 : "我吃饱了" [お腹が一杯になったよ]
확인형 : "你走了" [出かけるのだね]
보고형 : "我回来了" [帰ったよ]
명령형 : "早点睡" [早く休みなさい]

희망형 : "早点回来呀" [早く帰っていらっしゃい]

응답형 : "好的" [うん、わかった]

위로형 : "路上当心, 注意安全" [道に気をつけて]

고별형 : "我走了" [行くよ]

의문형 : "睡得好吗" [よく眠れましたか]

　　　 "去哪里" [どちらへ]

　　　 "干什么去" [何をしに行くの]

친족어휘형 : "叔叔" [おじさん]

　　　 "妈妈" [お母さん]　　　　　　　　　　　　　　　　(세, 2007)

　이 인사말을 일본어로도 표현할 수 있다고 생각할지도 모르겠다. 하지만 일본어에서는 이 표현만으로는 인사말로 인정받을 수 없을 가능성이 높다. 「ごちそうさま、お腹一杯」는 가능하지만 「お腹一杯」라고만 하고 자리에서 일어난다면 '잘 먹었다'는 인사조차 안 한다고 혼날 가능성이 높다. 중국어에서는 이 표현만으로 인사가 된다는 점에서 차이가 있다.

　또 다른 큰 차이로, 중국어에서는 상대에게 어울리는 호칭으로 상대를 부르는 것만으로 인사가 된다는 점을 들 수 있다[(4)의 '친족어휘형']. 실제로 중국어를 모어로 하는 화자에게 「こんにちは」만의 인사는 별로 들어 보지 못했다. 「先生, こんにちは」나, 가끔은 그저 「先生」라고만 한다. 이것은 어떤 용건이 있어서 '불러 세우는' 것이 아니고 인사로 '부르는' 것이라 생각할 수 있다.

　인사에 대해 살펴본 결과, 일본어의 인사는 전체적으로 대인 거리가 멀다는 것과 인사말도 정형적, 다시 말해 인간관계에 따른 변화가 적고 의식성(儀式性)이 강한 특징을 가지고 있음을 이해할 수 있을 것이다. 주변 나라들과 비교했을 때 이러한 점에서는 일본이 예외적이라고까지 할 수 있는데, 이는 전통의 차이에 의한 것이라기보다는 오히려 메이지시대 이후 '예법 교육'의 산물로 봐야 할 것이다.

인용문헌

Jakobson, R.(1963[1960]). *Linguistics and poetics.* in Essais de linguistique générale. Paris: Éditions de Minuit.[ヤーコブソン, R. 〈川本茂雄 監修〉(1973).「言語学と詩学」.『一般言語学』. みすず書房.]

施暉(2007).「日中両国におけるあいさつ言語行動についての比較研究」〈彭飛 編〉.『日中対照言語学論文集』. 和泉書院.

대인관계 언어

다키우라 마사토(滝浦真人)

학습 포인트

● 언어는 심리적 · 사회적인 대인 거리감을 표현하는 수단이다.
● 대인배려의 기본적 형태로서 '공손'이라는 사고를 이해한다.
● 심리적 · 사회적 대인 거리의 관점에서 공손의 유형을 생각한다.
● 대화 이론의 기본 원리를 이해한다.
● 대화에서 함축의 커뮤니케이션이 어떤 것인가를 이해한다.

① 언어와 대인 거리

매우 복잡하고 미묘해 쉽게 파악하기 어렵다고 생각했던 대상이, 다른 관점을 설정해 보니 거기에서 보이는 단면은 의외로 단순한 원리로 지배되고 있었던 경우가 간혹 있다. 말과 대인관계도 그렇다. 누군가와 맺고 있는 관계 그 자체를 통째로 드러내는 것은 생각할 수 없지만, 관계를 구축하거나 유지하거나 변화시키기 위해 사람이 말로 하는 것은 어느 관점에서 보면 오히려 단순하다. 그 관점이란 앞서 몇 차례 살펴본 '대인 거리(對人距離)'이다.

앞으로도 가끔 언급하겠지만, 언어에는 심리적·사회적인 대인 거리를 조절하는 기능을 갖는 많은 요소가 있으며, 사람들은 그것을 구사해 자신이 상대와 어떤 관계에 있는지, 어떤 관계가 되고 싶은지와 같은 정보를 빈번하게 서로 전달한다. 관계는 복잡해도 '거리'라는 척도는 원근 두 방향밖에 없으므로 그 점에 주목하면 표현된 거리감을 파악하는 일은 어렵지 않다. 인사 행위에서 거리의 원근도 물론 그 하나였다. 이것도 '교감적 기능'의 한 예가 되는데, 사람은 다른 사람을 빈번하게 부른다. 앞 장의 말미 부분에서 언급한 케이스가 아니더라도, 사람들은 무언가를 말하기 전이나 말하는 중간중간 혹은 말이 끝난 후에 상대를 부른다. 자신의 하루를 되돌아보자. 생활 속에서 접점이 있는 누군가가 당신을 어떻게 부르고 있는가.

가공의 인물을 설정해 시뮬레이션을 해 보겠다. 일본 수도권에 사는 '오야 도모미(大屋ともみ)'라는 이름의 스무 살 여대생(3학년)이 있다고 가정해 보자. 일상생활 속에서 누군가 그녀를 부르는 호칭에는 어떤 것이 있을 수 있을까. 그녀는 부모와 두 살 위의 언니, 다섯 살 아래의 남동생이 있으며, 대학교에서는 동아리에 가입해 있고, 아르바이트로 과외도 하고 있다(별명 등은 적당히 지어 보았다).

가족은 이름인 '도모미'나 가족 내의 별명, 예를 들어 '도모(とも)' 등으로 부를 것이다. 부모나 연장자 가족은 '아나타(あなた)·안타(あんた)'나 가끔 '오마에(おまえ)'와 같은 대명사적인 호칭도 사용할 수 있다. 나이 차이가 나는 남동생은 '누나'라 부를 가능성도 있다(그 경우 부모도 그 호칭을 사용할 가능성이 높다). 친구들은 이름이나 이름을 변형한 '도모친(ともちん)·도모민(ともみん)·도모'라는 별명, 혹은 성이나 그것을 변형한 '오야(大屋)·오얏치(大屋っち)·오찬(おおちゃん)'으로 부를 것이다.

동아리 후배는 어떨까. '도모미 선배'는 친근해 보이는데 '도모 선배' 역시 친밀하게 들린다. 반대로 단지 '선배'나 '오야 선배'는 그다지 친밀하지 않거나 약간 거리감을 두고 조심스러워하는 인상을 준다. '선배'를 사용하지 않는 중립적인 '도모미 씨(ともみさん)'도 있을 수 있다. 대학교에서 선생님은 성을 기본으로 한 '오야 씨(大屋さん)·오야 군(大屋君)'이나 대명사적인 '아나타·기미(きみ)' 등으로 부를 수 있다. 과외 교사를 하면 대학생도 선생님으로 변신하기 때문에 거기에서는 '선생님, 도모미 선생님, 오야 선생님' 등 직함인

'선생님'이 붙은 형태로 부를 것이다. 번외편으로 모르는 사람이 길을 물어보는 상황을 생각해 보자. 어떻게 부를까를 생각해 보면 '저~, 실례합니다'이다. 정확하게 이것은 호칭이 아니라 말을 거는 것이며 사과의 말이므로, 이 경우는 제대로 된 호칭이 없다고 보아야 한다.

이상의 내용을 이번에는 말의 종류에 주목해 나누어 정리해 보겠다.

(1) '오야 도모미'를 부를 수 있는 호칭의 예

a 도모미, 도모찬, 도모친, 도모민, 도모

  (ともみ, ともちゃん, ともちん, ともみん, とも)

b 아나타, 안타, 오마에(あなた, あんた, おまえ)

c 누나(おねえちゃん)

d 오야, 오얏치, 오찬(大屋, 大屋っち, おおちゃん)

e 도모미 씨, 도모미 선배, 도모 선배, 도모미 선생님

  (ともみさん, ともみ先輩, とも先輩, ともみ先生)

f 오야 씨, 오야 군, 오야 선배, 오야 선생님

  (大屋さん, 大屋君, 大屋先輩, 大屋先生)

g 선배, 선생님(先輩, 先生)

h 저~, 실례합니다(あのう, すみません)

어떠한가. 인간관계가 들여다보이지 않는가. 우선 직함의 유무로 크게 나뉜다. (e)~(g)는 직함이 붙은 것(직함만)의 예인데, '선배'나 '선생님'은 물론이고 '씨'나 '군'일지라도 뭔가 사회적인 관계 속의 호칭인 점이 드러난다. 흥미로운 것은 (e)로 '선배'나 '선생님' 등

| 그림 5-1 | 호칭의 거리감

의 직함에 의해 사회적 역할성이 명확하게 의식되는 한편, 친밀함의 감각을 표현하고 싶기 때문에 '도모미'라는 이름과 조합하고 있다.

이와는 달리 (a)~(d)는 직함이 없다. (a)의 명사류는 명백하게 가족이나 친구 같은 친한 관계와 연결된다. (b)는 대명사류로 상하관계가 있으며 부르는 측이 윗사람이라는 공통성이 있는데, 가까운 관계라고 한정할 수는 없다. (c)는 가족 내 친족호칭으로, 관계는 가깝지만 상하의 역할성이 의식되고 있다. (d)의 성(姓)을 사용한 부류는 성이라는 점에서 사회적인 의식이 느껴지지만 직함과는 다르며, 역할이 아니라 사람을 부르는 한에서는 직함보다 거리감이 크지 않다. 번외의 (h)에서는 자신과 '상호 관계가 있는' 범위 밖일 때, 일본어에는 그 경우를 위한 호칭이 없음을 알 수 있다.

어휘의 종류에 주목해 호칭의 거리감을 원근의 척도 위에 나타낼 수 있다. 그것이 초래하는 거리감이라는 의미에서 원근 각각을 원격적, 근접적이라고 부르겠다.

호칭의 거리감이라는 말을 들으면 당연한 것이라고 느낄지도 모르지만, 자신이 어떻게 이를 섬세하게 의식하고 있는지는 '평소와 다른' 호칭으로 불렸을 때 느꼈던 위화감이나 당혹감을 떠올려 보면 알 수 있다. 예를 들어 평소에는 '도모'라 부르는 어머니가 '도모미 씨'라 불렀을 때, 혹은 평소에는 '도모친'이라 부르는 친구가 '오야 씨'라 불렀을 때, 사람들은 그 호칭이 무언가 이상 사태의 신호라고 바로 이해한다.

② 말로 접촉하는 것과 대인관계 – '공손'의 사고방식

호칭과 대인 거리 이야기는 인사의 거리감과도 비슷한, 대인관계의 기본이 되는 거리감 문제였다. 이 경우 대인 거리는 연결되어 있는 사회적 관계의 종류에 따라 비교적 안정적이며, 빈번하게 변동하는 것이 아니다.[1] 그에 반해 구체적인 커뮤니케이션 속에서는 그때그때 이야기의 내용이나 서로의 기분 등에 따라 말의 거리감이 미묘하게 변동한다. 이번에는 그러한 거리감을 알아보자.

매우 단순하지만 아주 작은 요인에 따라 거리감이 크게 변하는 좋은 예는 다른 사람에게 사소한 부탁을 하는 경우이다. 예를 들어 다른 사람에게 펜을 빌릴 때 어떻게 말하는지를 생각하면, "빌릴게"라는 한마디만으로 빌리는 경우부터, "저~, 대단히 죄송합니다만, 펜을 갖고 오지 않아서……. 하나 빌릴 수 있을까요"와 같은 몸을 낮추고 머리를 조아리며 부탁하는 것까지 많은 방법이 있다. 우선 그 예를 들어 보겠다.

---

1 '사회적 관계의 종류에 따라서'라는 점에 주의하길 바란다. 부모/자식, 선배/후배, 상사/부하, 선생님/학생 등이 사회적 관계인데, 같은 두 사람이 복수의 사회적 관계를 갖는 경우가 있다. 그러한 경우 사회관계가 변하면 호칭도 변한다. 호칭은 인물이 아니라 관계와 대응한다.

(2) 펜을 빌리는 방법

a "빌릴게." (借りるよ。)

b "펜 빌려줘." (ペン貸してね。)

c "빌려도 돼?" (借りてもいい?)

d "펜 빌려주세요." (ペン貸してください。)

e "펜 빌릴 수 있을까요." (ペンお借りできますか。)

f "미안합니다, 펜을 빌리고 싶은데요."

　(すみません、ペンをお借りしたいのですが。)

g "펜을 안 갖고 왔습니다만, 빌려주실 수 없을까요."

　(ペンを忘れちゃったんですが、貸していただけないでしょうか。)

h "저~, 대단히 죄송합니다만, 펜을 갖고 오지 않아서……. 하나 빌릴 수 있

　을까요." (あのう、大変申し訳ないのですが、ペンを忘れてきて

　しまって…。1本お借りするなど、できますでしょうか。)

I "(혼잣말로) 아, 큰일났다! 펜을 안 갖고 왔어……." (あ、しまった! ペン

　忘れてきちゃった。)

　가장 가까운 인간관계의 보통 상황에서 펜을 빌린다면 (a)나 (b) 정도가 될 것이다. 가장 간단하고 거리낌 없이 말하는 것은 (a)로, 이는 '빌리겠다'는 일방적인 선언이다. 배려 없이 그대로 말한다는 의미에서 '직언(直言)'이라 부르겠다. 비슷해 보이지만 (b)는 미묘하게 차이가 있다. '펜'이라는 대상이 명시되고, '빌려줘'라는 것은 일단 의뢰형이다. 더욱이 종조사 「ね」가 붙으면 미리 상대의 양해를 구하는 뉘앙스가 된다. 그렇게 생각하면 (a)는 사실상 무배려라 해도 되는데, (b)는 '빌려도 괜찮지'라는 확인과 같은 배려의 성질을 띤 표현으로 구별할 수 있다. 예로 들지 않았지만, 실은 '궁극의 무

배려'라는 것이 있다. 그것은 사전 양해를 구하지 않고 아무 말도 없이 상대의 펜을 사용하는 것이다. 중국이나 한국인에게 물으면 가족이나 친한 친구 등 정말로 가까운 관계에 있는 사람이라면 오히려 일일이 양해를 구하는 편이 남 같고 정이 없다는 반응이 돌아온다. 일본에도 없지는 않지만, 친구 간에 아무 말도 하지 않고 빌리는 경우는 많지 않다. 일본인의 커뮤니케이션에서 보이는 대인 거리의 크기를 시사하는 예이다.

(d)나 (e)는 "주세요(ください)"나 '빌리는 행위를 낮춰 표현하는 형태(お借り)'와 같은 경어가 사용되고 있다. 경어는 상대에 대해 조심스러운 기분을 나타내는 하나의 전형적인 수단이다. 또 "주세요"와 같은 의뢰의 형태, "할 수 있을까요(できますか)?"라는 질문 형태를 취함으로써 빌리는 행위에 대해 상대의 허락을 얻고 싶다는 뉘앙스가 느껴진다. 그렇다고 해서 의뢰형이나 질문형을 사용해 경어를 만들면 충분한가 하면 결코 그렇지는 않다. 예를 들어 모르는 사람에게 갑자기 "펜 빌려주세요"라는 말만을 들으면 당돌하고 실례라고 느낄 가능성이 높다. 상대에 대해 조심한다는 뉘앙스가 충분히 느껴지는 것은 (f)~(h)처럼 사과의 "미안합니다"나 주저함을 나타내는 "저~"와 같은 요소나, "펜을 갖고 오지 않았습니다만"과 같은 이유를 설명하는 말을 먼저 한 후에, 주뼛주뼛 "빌려주실 수 없을까요"라고 공손하게 말을 꺼내는 경우이다.

마지막 (i)는 말하자면 번외편인데, 현실에서는 (거의 무의식인 경우도 포함해) 의외로 자주 이용되고 있다. '펜을 안 갖고 왔다'는 사정을 혼잣말처럼 이야기할 뿐이다. 그런데 그것이 실제로 음성을 통해 발화된 이상 옆 사람에게 제대로 들리게 되고, 들린 이상 빌려주지 않는 것도 속 좁은 일이라고 생각해 옆 사람이 '자발적으로' 펜을 빌려줄지도 모른다. 1장에서 언급한 '무의도 커뮤니케이션'을 가장한 커뮤니케이션이라는 치밀한 수법이라 할 수 있다[정말로 무의식적이었다면 무의도적 커뮤니케이션(1장 3절)의 예가 된다].

대인배려의 종류

(a)~(i)를 이런 식으로 보면, 거기에 담긴 대인배려가 한 종류가 아닌 성질이 다른 몇 종류가 있음을 알 수 있다. (a)는 무배려라는 것이고 (b), (c)는 '빌려줄 거지?'라는 대인관계에 대한 선취적 언급이 이루어져 있다. 그것을 예컨대 '공감적 배려'라 부를 수 있다. '공감적'이라는 점을 더욱 적극적으로 표현해, 예를 들어 "그거 쓰기 편하겠다"와 같은 운을 떼는 말을 하는 것도 가능하다. "그거 쓰기 편하겠다, 좀 빌려줄래?"라는 식이다. (d)는 상황에 따라 친밀하게도 정중하게도 될 수 있는 경계적인 성격을 지닌 것으로 분류한다. (e)~(h)에는 상대의 허락을 얻고자 하거나 사과하거나 주저하는 이유를 설명하는 등 어떤 정성을 들인 배려가 들어간다. 그것은 '본래 이와 같은 부탁을 할 만하지 않다는 것을 알고 있다' 혹은 '방해해서 죄송함을 느끼고 있다'라는, 상대와 관계를 갖는 것 자체에 대한 조심스러움의 뉘앙스이다. 이를 예컨대 '경피(敬避)적 배려'라 부를 수 있다. 그리고 마지막 (i)는 '빌리고 싶다'는 내용을 말로 하지 않았다는 점에서 이질적인 예이다. (i)만큼의 특수한 설정은 아니지만, 예를 들어 (h)의 전반부만을 말하고 후반부를 우물거리는 식으로 하면 아직 용건을 말하지 않은 것이 되므로 그 점에서는 동일하다. 이들은 용건에 대한 직접적인 언급을 피하고 있다는 의미에서 '언급

회피의 암시'라 부를 수 있다.

　다음 장에서 조금 더 자세히 살펴보겠지만, '무배려'에서 '언급회피'에 이르는 대인배려의 단계적인 파악 방식은, 언어적인 대인배려를 '공손(politeness)'이라 명명하고, 공손의 커뮤니케이션이 어떤 요인에 의해 좌우되며, 어떤 구체적인 수단에 의해 이루어지는지에 관한 이론을 세운 브라운과 레빈슨(Brown & Levinson)의 사고체계에 따른다. 그들은 커뮤니케이션에서 화자가 존중하고자 하는 상대의 자존심과 같은 것을 '페이스(face)'라 부르며(다음 장에서 정식으로 설명하겠지만, '체면'이나 '면목'의 이미지와도 통한다), 상대의 페이스에 대해 공감적으로 접촉하려는(approach-based) 배려와, 경피적으로 존중하려는(avoidance-based) 배려를 중심으로 하는 대인배려의 전체상을 그려 냈다.

　〈그림 5-2〉에 제시했듯이, '무배려'에서 '언급회피'에 걸친 단계에 세 개의 척도를 중첩시켜 나타낼 수 있다. 즉 상대에 대한 조심스러움의 정도, (그것과 반비례 관계가 되는데) 상대의 영역에 들어가는 정도, 그리고 정보전달의 효율성이다[滝浦(2008)에서 제시한 파악 방식이다]. '긍정 공손(positive politeness)'과 '부정 공손(negative politeness)'이라는 용어는 여기서 사용하고 있는 '공감적 배려', '경피적 배려'와 각각 동일한데, 이 장에서는 설명하지 않겠다.

　표에서 왼쪽으로 갈수록 사항을 직접적으로 표현하고, 상대와 접촉하는 것을 꺼리지 않는다. 반대로 오른쪽으로 갈수록 사항을 완곡하게 표현하며, 상대와의 접촉을 삼가려 한다. 왼쪽일수록 근접적, 오른쪽일수록 원격적이라 할 수 있다. 그리고 세 개의 척도에 관해 오른쪽으로 갈수록 상대 영역에 대한 관여가 커지며, 정보전

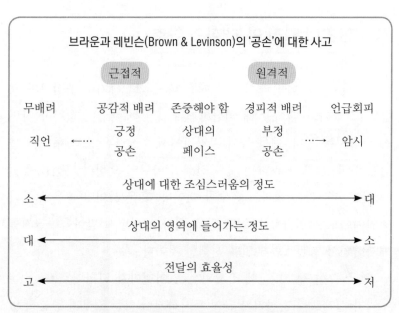

| 그림 5-2 | 커뮤니케이션에서의 언어적 대인배려

달의 효율성은 왼쪽 끝으로 갈수록 커지고 오른쪽으로 갈수록 작아진다. 즉 오른쪽으로 갈수록 전달 효율을 희생하고 상대에 대한 조심스러움을 전달하게 된다. 실제로 운을 떼는 말이 길어지거나 경어가 많아지면, 그 사람이 무엇을 말하고 싶은지가 불명료해지는 사실을 우리는 경험상 잘 알고 있다.

표에 포함되어 있듯이, 무배려라는 점을 최대 효율성과 겹쳐 놓고 거기에서 이른바 일탈의 정도로 대인배려의 단계를 생각한 것은 브라운과 레빈슨 연구의 특기 사항이다. 이 점에 관해서는 커뮤니케이션의 논리와, 언어학에서 용어론이라 불리는 방법론의 원점의 위치에 있는 '협조의 원리'가 관련 있다. 다음 절에서 살펴보자.

③ '협조의 원리'와 '대화의 함축'

　우리는 평소 타인과 대화할 때 그다지 의심하거나 조심하지 않는다. 그렇다고 대화할 때 의심하거나 조심하는 일이 없냐고 하면 꼭 그렇지는 않다. 예를 들어 길거리에서 수상쩍은 호객 행위에 붙잡혔을 때, 상대가 말하는 것은 진실이 아니라 오히려 자신을 속이려 하는 것이라 상정하고 응수할 터이다. 혹은 사이가 좋은 부부나 연인이어도 무언가로 다투고 있을 때라면 어떻게 받아들여질지를 예측하면서 조심스럽게 말을 선택할 것이다.

　영국 출신으로 미국에서 활약한 언어철학자 그라이스(Grice)는 우리가 실제로 위반하거나 굳이 무시하거나 하는 경우가 충분히 있음을 알면서 커뮤니케이션에 관한 어떤 기본직인 조건을 상성하여 커뮤니케이션을 하고 있다고 주장했다. 또 그는 언어에서 '의미'란 무엇인가라는 문제를 깊이 생각했는데, 그중에서도 실제로 상대에게 전달되는 의미가 반드시 발화된 말에 그대로 포함되어 있지는 않다는 점을 둘러싼 논의의 중요성을 강조했다.

　왜 사람들은 위반하거나 혹은 무시당하거나 하는 경우가 있는데도 커뮤니케이션의 기본적인 조건에 따르는 것일까. 그것은 그렇게 정하지 않으면 인간은 대화에 참여할 수 없게 되기 때문이다. 앞에서 보았듯이 상대가 나를 속이려는 의도가 분명하면 대화를 해도 아무 소용이 없다. 혹은 평소에는 친밀한 상대라 해도 관계가 삐걱거리게 되면 말은 부유하게 될 뿐이다. 그렇게 되면 대화가 되지 않으므로, 특별히 어떤 사정도 없는 통상적인 경우에는 상대가 대화에 대해 '협조적'일 것으로 상정하고, 자신 또한 대화에 '협조적'일 것이라고 생각한다. 그라이스는 그러한 사고를 바탕으로 이를 '협조의 원리'라 하고 커뮤니케이션의 최상위에 두었다.

협조의 원리(cooperative principle)
자신이 참여하고 있는 대화의 일치된 목적이나 방향성에 비추어 그때그때의 국면에서 요구되는 것으로 대화에 대한 공헌을 하는 것[Grice, 1989, p.26(グライス, 1998, p.37)].

대화의 목적이나 그때그때의 방향성에 협조적이라는 점은 지극히 당연한 것처럼 여겨지지만, 자타공히 그렇게 상정해야 우리는 비로소 안심하고 대화에 참여할 수 있다. 계속해서 그라이스는 이 원리하에서 '협조적이란 어떻게 하는 것인가'를 구체화한 '실천 원칙[maxims, 격률(格率, 格律) 등으로도 번역된다]'을 세운다. 18세기 독일의 철학자 칸트가 인식판단에 관해 '양·질·관계·양태'의 네 가지 카테고리를 세운 것을 모방해, 그라이스는 대화에도 이 네 가지를 두었다(양과 질의 순서를 바꾸어 제시한다).

대화의 실천 원칙(maxims)
• 질(quality) : 발언은 진실하게 하며, 허위라고 생각되거나 근거가 없는 것은 말하지 않는다.
• 양(quantity) : 발언에는 필요한 만큼 정보를 담으며, 필요 이상의 정보를 담지 않는다.
• 관계(relation) : 관계성이 있게 한다.

• 양태(manner) : 명료하게 이야기한다. 즉 애매함이나 다의(多義)를 피하고 간결하게 순서를 세워 말한다.

　마치 '능숙하게 이야기하는 방법'에 관한 기초 해설서에 쓰여 있을 법한 원칙으로 보인다. 그러나 그라이스는 이렇게 하라고 권하기 위해 이 원칙을 세운 것이 아님을 기억하길 바란다. '실천 원칙'이라고 번역한 'maxim'은 일본어로 바꾸기 까다로운 말인데, 그 이유는 이것이 '규범적으로 바르다'거나 '보편 진리'를 의미하는 것이 아니기 때문이다. 나름의 논리는 있지만, 어디까지나 주관적으로 따를 뿐인 지침인 것이다. 그러므로 실제로 일상 대화에는 실천 원칙에서 벗어난 고의적 일탈이 매우 많이 포함되어 있다.

　예를 들어 사람은 글자의 의미와는 정반대라는 것을 알면서 '비꼬는 말'을 하고, 직접적인 관계가 없는 이야기로 바꾸는 '비유'를 이용해 이야기를 하거나, 핵심 정보를 숨긴 채 상대가 알아차리기를 기다리는 '암시'를 사용한다. 대화에서 화자는 일부러 실천 원칙을 위반하고, 그렇게 함으로써 발생한 도랑을 메우고자 청자는 언급되지 않은 '행간의 의미'를 해석한다. 즉 청자는 화자가 전체적으로 협조적일 것이라는 상정에 따라 이 원칙 위반이 표면적이며, 화자가 대화의 행간의 의미로 전달하고자 한 의도를 추론할 수 있다고 그라이스는 생각했다. 이러한 추론에 의해 청자가 획득하게 되는 의미를 가리켜 그라이스는 '대화의 함축[conversation implication, 대화적 추의(推意)라고도 번역된다]'이라 명명했다.

함축의 전달과 추론

대화 함축의 예를 들어 보겠다.

(3) 대화 함축의 예

a "빵하고 치즈 사 왔어?" "빵 샀어."

　(함축 : 언급되지 않은 치즈는 잊어버리고 못 샀다.)

b (과자를 사 달라고 조르는 아이에게) "다음에 치과에 가야 해."

　(함축 : 과자를 먹으면 충치가 생겨 치과에 가게 된다.)

　이러한 말을 하는 사람은 자신이 이때 실천 원칙에 따르고 있지 않다는 점을 인식하고 있다. (a)에서는 떳떳하지 못해서, (b)에서는 간접적인 '위협'을 하기 위해 실천 원칙을 일부러 무시하고(flout) 있다. 그래서 청자는 발생한 해석상의 간극을 추론해서 각각 상기와 같은 함축에 도달한다. 우리가 나누는 대화에서 이러한 일은 결코 드물지 않다. 오히려 여기저기에서 이러한 고의적 일탈을 하며 진행해 가는 것이 '자연스러운' 대화라 해야 한다.

　'협조의 원리'라는 명칭이 오해를 부르기도 하지만, 이 원리와 실천 원칙이 전혀 대화의 이상형이나 규범이 아니라는 점은, 역으로 이것을 완전히 실행하면 어떻게 될지를 상상해 보면 더 잘 이해할 수 있다. '협조적'이란 어떤 상황에서 문맥상 기대되는 정보를 그대로 제공한다는 것이므로, 그 가정하에서 사람은 결코 거짓말을 하지 않고(질), 항상 필요충분한 만큼 정보를 제시하고(양), 이야기와 관계가 없는 쓸데없는 것은 말하지 않으며(관계), 간결명료함을 으뜸으로 삼는 발화법을 취한다(양태). 그와 같은 사람을 다른 이들이 좋아할까. 예를 들어 권유를 거절할 때는 "안 가"라고만 대답하고, 이유를 물어보면 주저 없이 "당신을 싫어하니까"라고 답하는 사람이다. 이 사람은 또 비유적인 이야기를 하지도 않고, 몇 년을 사귀어도 농담 하나 하지 않는다.

이 인물은 협조의 원리와 대화의 실천 원칙을 완전히 지키고 있다. 그럼에도 그 커뮤니케이션은 자연스러움과는 동떨어졌다고 느껴질 것이다. 즉 이들 원리와 원칙은 대화의 자연스러움에 관한 것이 아니다. 그것이 무엇인가 하면 정보의 '정확함', 바꿔 말하면 정보전달의 '효율성'이다. 따라서 '협조의 원리'란 '효율성의 원리'라 불러도 상관이 없는 원리인 것이다. 일상의 커뮤니케이션에도 효율성이 우선되는 케이스가 가끔 있다. 가장 전형적인 것은 소위 긴급사태이다. "불이야! 도망가!"라는 말은 '노골적인 명령형'으로, 이야기되는 정도가 긴박감을 전달하기에 알맞다. 일반인의 일상은 아니지만, 군대나 경찰 등 지휘계통이 가장 중요시되는 곳에서도 연락이나 전달은 일체의 군더더기를 생략한 말로 이루어진다.

그러나 보통의 커뮤니케이션은 그렇지 않다. 즉 일상의 커뮤니케이션에서는 효율성의 원리에서의 일탈이 종종 일어난다. 그렇다면 그러한 일탈의 직접 원인이 되는 동기는 무엇일까. 브라운과 레빈슨은 두 개의 큰 원인이 비유나 비꼬는 말 등의 수사 표현의 효과와 대인적인 배려인 공손의 전달이라고 생각했다(수사 표현에 관해서는 11장에서 자세하게 살펴보겠다). 앞의 〈그림 5-2〉를 다시 한번 보길 바란다. 무배려와 최대의 효율성을 중첩시키고, 거기에서 일탈의 정도로 대인배려의 단계를 생각한 점이 브라운과 레빈슨의 특이점이라고 기술한 것의 의미가 여기에서 명확해질 것이다. 표의 왼쪽 끝, 무배려라는 것은 싸서 감출 수 없으므로 '협조의 원리' 그대로의 화법이라고 볼 수 있고, 그때 효율성은 최대가 된다. 표의 오른쪽으로 갈수록 무언가 여분의 요소가 더해진다. '공감적 배려'는 말하지 않아도 아는 것을 새삼스레 말해 공유를 확인한다는 의미를 갖는다. '경피적 배려'는 사과나 운을 떼는 말 등 본류에서 보면 여분의 요소를 많이 포함하는 것이다. '언급회피'도 이미 기술한 대로이다.

브라운과 레빈슨은 대화의 함축으로 공손이 전달된다고 생각했다. 예를 들어 "잘 써질 것 같네"라고 펜에 대한 코멘트를 들은 사람은 그다지 필요하다고 생각되지 않는 그 코멘트가 이루어진 이유를 추론해, (그 펜이 좋다고 생각해서 산 사람과 마찬가지로) 자신도 그 펜이 좋다고 생각하는 가치관의 공유를 표명함으로써 어떤 종류의 연대감을 일으키려고 하는 것이 아닌가라는 함축의 해석에 이른다. 고작 펜 한 자루 빌리는 데 사과를 하거나 이유를 말하거나 경어를 집어넣어 말하는 것을 듣는 사람은, 강하게 조심스러움을 표명해야 할 정도의 떳떳지 못함이나 부끄러움이 있는 것은 아닐까(예를 들어 시험인데 펜을 가져오지 않았다!)라는 함축의 해석을 얻는다.

사람들은 이러한 여러 가지 대인배려를 여기저기에 넣으며 말을 주고받는다. 공감적 배려를 통해 심리적인 대인 거리를 좁혀 친밀함의 기분을 전하려 하기도 하고, 한편 경피적 배려를 통해 대인 거리를 넓혀 조심스러운 기분을 전하려 하기도 한다. 이들 배려는 막연한 기분을 반영하기보다는 친소나 상하라는 상대와의 인간관계나 전하려고 하는 사항(용건)의 경중 등에 따라 미세하게 조정된다. 사람들이 구체적으로 어떻게 공손의 커뮤니케이션을 하고 있는

가에 대해서는 구체적인 언어적 행위를 다루면서 다음 장 이후에서
살펴보겠다.

📖 인용문헌

Brown. P. & Levinson. S.(1987). *politeness : Some Universal in Language Usage.* Cambridge University Press. [ペネロピ・ブラウン, スティーヴン・C・レヴィンスン〈田中典子 監訳〉(2011).『ポライトネス 言語使用における, ある普遍現象』.研究社.]

Grice. P.(1989). *Studies in the Way of Words.* Harvard University Press. [P・グライ ス〈清塚邦彦 訳〉(1998).『論理と会話』.勁草書房].

滝浦真人(2008).『ポライトネス入門』.研究社.

의뢰·권유와 응낙·거절
- 언어행위와 공손 ① -

다키우라 마사토(滝浦真人)

학습 포인트

● 브라운과 레빈슨의 공손 이론의 주안점을 이해한다.

● '페이스'의 침해와 유지라는 관점에서 언어행위를 생각한다.

● 언어행위로서의 '의뢰'와 '권유'의 특징을 살펴본다.

● '거절한다'는 언어행위에도 알아차리기 힘든 문화 차이가 존재한다.

① 공손 이론

5장에서 브라운과 레빈슨의 '공손'의 사고방식을 소개하면서, 언어적 대인배려에는 몇 가지 종류가 있고, 이는 최대 효율성으로부터의 일탈과 대응시켜 파악할 수 있음을 살펴보았다. 이 장에서는 대인배려의 틀을 좀 더 검토하고, 그러한 이론을 세움으로써 커뮤니케이션의 어떤 측면을 파악할 수 있는지 생각한다.

커뮤니케이션에서 화자와 청자 쌍방이 상호 존중하는 자존심 같은 것을 브라운과 레빈슨은 '페이스(face)'라 불렀다. 그들은 '페이스'에 '자존심'이라는 뜻이 아니라 독자적인 정의를 부여했다. 페이스는 사회적 존재인 인간이 반드시 갖고 있는 기본적 욕구로 여겨지며, 또한 그 욕구는 양면적이라고 한다. 기본적인 욕구는 '~하고 싶지 않다'는 욕구와 '~하고 싶다'는 욕구로, 브라운과 레빈슨은 이를 각각 '네거티브', '포지티브'라는 용어로 나타냈다.

페이스의 2가지
- 네거티브 페이스(negative face) : 방해받고 싶지 않은, 개인적인 일에 대해 간섭을 받고 싶지 않은 욕구

- 포지티브 페이스(positive face) : 인정받고 싶은, 잘 보이고 싶은 욕구

3장에서 '개인적 공간(personal space)'에 관해 기술했는데, '네거티브 페이스'는 개인적 공간을 심리적·사회적으로 확장해 생각한 것이라고 파악할 수 있다. 무언가를 할 때 이것저것 지시를 받는 것은 성가시다. 지시에 의해 자기결정권이 침해되기 때문이다. 그런데 한편으로 네거티브 페이스를 최대한으로 충족시키면 될 것이라고 생각하지만, 그것은 그것대로 곤란해지게 된다. 왜냐하면 타인이 물질적·정신적으로 그 사람의 영역에 들어가지 못하게 되고, 그렇게 되면 그 사람은 사회적으로 고립되기 때문이다. 이는 즉 사람이 반대 방향성의 욕구도 동시에 갖고 있음을 나타낸다. 사람은 사람과 교류하며 받아들여짐으로써 사회적 존재로서 자신을 긍정적으로 수용할 수 있다. 그것이 '포지티브 페이스'이다. 이 욕구 역시 최대한으로 충족시키면 곤란해진다. 자신의 존재가 모든 타자를 위한 것처럼 되어 확고한 '자기'의 여지가 없어져 버리기 때문이다.

공손의 커뮤니케이션이 필요한 가장 큰 이유는 누구나 갖는 두 가지 페이스가 이처럼 경합적이기 때문이다. 즉 사람은 모두 두 가지 페이스를 한편으로는 어느 정도 단념하고, 또 한편으로는 어느 정도 충족하면서 주고받고 있다. 자신에게만 이득이 되면 상대가 좋게 여기지 않을 테니 결국 이득이 되지 않는다. 그래서 사람들은 상대와 교류함으로써 침해할 수밖에 없는 페이스를 보상하거나, 단념하지 않을 수 없는 페이스에 대해 상대로부터 보상받기를 기대하면서 상호 공손을 전하는 것이다.

브라운과 레빈슨은 페이스를 두 가지로 설정한 것에 대응시키는 형태로 공손도 두 가지를 제시했다. 그것이 앞의 장에서 설명한 경피적인 배려와 공감적인 배려인데, 전자가 네거티브 페이스에 대한 공손이 된다.

공손의 2가지
- 부정 공손(negative politeness) : 네거티브 페이스를 보상하는 공손 (경피적 배려)
- 긍정 공손(positive politeness) : 포지티브 페이스를 보상하는 공손 (공감적 배려)

이후부터는 '공손'이라는 용어를 사용하겠다. 앞의 장에서도 설명한 것처럼 공손에는 이러한 종류가 있으며, 그것은 무배려와의 거리가 다른 것으로 파악되었다. 그러면 화자는 무엇을 단서로 정도가 다른 공손을 선택하는 것일까. 브라운과 레빈슨은 그 직접적인 요인을 페이스를 침해하는 위험성의 정도라고 생각했다. 따라서 5장의 〈그림 5-2〉에 페이스 침해 위험성의 대소라는 또 하나의 척도를 적용할 수 있다(〈그림 6-1〉 참조). 브라운과 레빈슨은 사실 4단계가 아니라 5단계를 생각하고 있는데, 위험성이 최대일 때는 그 행위 자체를 포기한다는 것을 포함하고 있다. 화자가 선택하는 방책이라는 의미에서 '전략'이라 부른다.

페이스 침해의 위험성이 적은 경우 페이스에 대한 보상, 즉 공손을 전할 필요도 적어지므로 의도 전달 효율성을 올려 (1)'직언'을 하면 된다. 위험성이 올라감에 따라 상대와 접촉해 공감에 호소하면

```
┌─────────────────────────────────────────────────┐
│   페이스 침해의 위험성 소(小)                        │
│                                                 │
│   ▲      [의도 전달을 명시적으로 행한다]              │
│   │      페이스 침해의 경감을 하지 않는다             │
│   │        (1) 직언(bald on record)               │
│   │      페이스 침해의 경감을 명시적으로 행한다        │
│   │        (2) 긍정 공손(positive politeness)       │
│   │        (3) 부정 공손(negative politeness)       │
│   │      [의도 전달을 비명시적으로 행한다]             │
│   │        (4) 암시(off record)                    │
│   │      [의도 전달을 행하지 않는다]                  │
│   ▼        (5) 행위 회피(don't do the act)          │
│                                                 │
│   페이스 침해의 위험성 대(大)                        │
└─────────────────────────────────────────────────┘
```

| 그림 6-1 | 페이스 침해 위험성의 크기와 전략의 선택

서 페이스 보상을 하는 (2)'긍정 공손', 상대에 접촉하지 않도록 경피적으로 자세를 유지하면서 페이스를 보상하는 (3)'부정 공손'으로 조심스러움의 정도가 더해 간다. 또한 위험성이 증가하면 의도 전달 자체가 표면으로 표출되지 않도록 (4)'암시'가 선택되며, 마침내 위험성이 크다고 판단하면 행위 자체를 단념해 (5)'행위 회피'가 된다는 것이 브라운과 레빈슨이 제시한 시뮬레이션이다. 암시는 공손 이외의 동기부여(예를 들어 책임 회피)도 크므로 위화감이 남지만, 화자가 무언가를 참고 기준으로 삼아 공손의 종류와 정도를 선택하는 셈이라는 사고방식은 타당한 것으로 보인다.

그러면 다음은 페이스 침해 위험성의 대소가 어떤 요인에 따라

결정되는지의 문제이다. 여기에는 크게 두 가지가 관계한다. 하나는 무엇을 하든지 반드시 관계하는 세 개의 요인에 의한 예상이고, 다른 하나는 하려는 행위의 종류에 의해 바뀌는 페이스의 침해와 유지의 양상에 관한 것이다. 다음 절에서 살펴보겠다.

② 언어행위와 페이스

앞의 장에서 다룬 '펜을 빌린다'는 행위를 다시 보자. 이는 사실 이 장의 테마인 '의뢰'의 한 예이다. 사항으로서는 사소하지만 빌리는 사람이 말할 수 있는 표현에는 매우 다양한 방법이 있다. 생각해 보자. "빌려도 돼?"와 "미안합니다, 펜을 빌리고 싶은데요"를 구분 짓는 차이는 무엇일까.

대부분의 사람이 생각하는 것은 이 부탁을 하는 상대와의 인간관계와 장면이리라. "빌려도 돼?"는 필시 그 나름 친한 친구 이상의 관계를 생각하게 하며, 장면은 그다지 가리지 않는다. "미안합니다, 펜을 빌리고 싶은데요"는 어떨까. 이 표현을 그대로 사용할 수 있는 장면은 의외로 생각나지 않을 수도 있다. 가장 전형적인 것은 창구에서 기입해야 할 서류가 있는데 펜이 없는 상황에서 창구에 있는 사람에게 말하는 경우일 것이다. 부탁이 틀림없지만 사무적으로 필요한 행위를 하고 있을 뿐이므로, 실은 부탁의 정도는 그리 높지 않다고 할 수 있다. 그러면 정말로 부탁해야 할 때는 어떤 경우일까. 그것은 시험장 같은 곳에서 모르는 상대에게 부탁하는 경우이다. 이때 펜을 빌리는 것 자체가 일종의 '비상식'이라고도 할 수 있으므로, 같은 사항으로 보여도 그 경중은 크게 달라진다. 게다가 상대와의 인간관계가 다른 점도 더해진다.

　브라운과 레빈슨은 사람이 말로 하는 행위의 이러한 측면에 주목했고, 관여하는 요인으로 세 가지를 제시했다. 두 가지는 인간관계 요인, 하나는 사항 요인이라 부를 수 있다. 여기서 인간관계 요인을 다시 두 가지로 나눈 것은 관계의 깊이에 해당하는 '친소'의 요인과, 권력관계와 관련된 '상하' 요인을 별도로 다루기 때문이다. 예를 들어 친구라면 "빌려도 돼?"라는 말로 끝날 텐데, 한 살 위의 선배에게 말하는 순간 "미안합니다, 선배님, 펜을 깜빡 잊어버려서……"라는 전혀 다른 부탁 방식으로 바뀐다. 브라운과 레빈슨은 이 세 가지 요인을 '사회적 거리', '힘', '부하도(負荷度)'라 이름하고, 그것들이 어우러진 것이 페이스 침해 위험성의 크기('페이스 침해도'라 부른다)가 된다는 예상 도식을 제안했다.

페이스 침해도의 예상 방식

$Wx = D + P + Rx$

　Wx (weightiness) : 어느 행위 x의 페이스 침해도

　D (distance) : 화자와 청자 사이의 사회적 거리

　P (power) : 청자가 화자에 대해 갖는 힘

　Rx (rating of imposition) : 어느 문화 내에서 행위 x의 부하도

　어느 행위 x의 페이스 침해도(Wx)는 인간관계에서의 횡적 거리와 수직적 역학관계, 그리고 x라는 행위가 그 문화 속에서 어느 정도의 부하로 간주되고 있는가를 나타내는 부하도를 합한 것이라고 해석할 수 있다. 실제로 계산하는 것은 불가능하다 해도 페이스를

침해할 위험성이 인간관계 요인과 사항 요인에 따라 변동한다는 파악 방식은 이해 가능하다. '펜을 빌린다'는 예에서 확인하면 페이스 침해도가 가장 낮게 예상되는 장면은 형제나 친한 친구 등 가까운 관계에서 필기구를 갖고 있는 것이 기대되지 않는 장면일 것이고, 이때 세 요인 모두가 침해도가 낮다. 이에 비해 모르는 데다가 자신보다 연장자가 당연히 갖고 있으리라 상정되는 장면에서 펜을 빌리고 싶으면 세 요인은 모두 침해도가 높아진다. 따라서 이 경우 조심스러움이 들어간 공들인 긴 의뢰 표현이 이루어진다.

언어행위

공손의 선택에 영향을 미치는 요인으로 하나 더 생각할 수 있는 것이, 화자가 하려는 행위의 종류에 따라 침해받거나 충족되는 페이스의 종류가 바뀌는 점이다. 말을 하는 것이 어떤 행위로 기능하는 경우가 있는데, 그것을 '언어행위(speech act)'라 한다. 예를 들어 "약속하지"라고 말했다면 그 말을 함으로써 당신은 '약속'이라는 행위를 한 것이 된다. "미안합니다"라고 말하는 것은 '사죄'라는 언어행위를 하는 것이다. 여기에서 상세하게 기술할 여유는 없지만, 오스틴(Austin)과 설(Searle)이라는 언어철학자에 의해 전개되었다 (Austin, 1962; Searle, 1969).

언어행위 중에는 화자가 청자에 대해 무엇을 하거나, 청자에게서 무언가를 끌어내는 경우가 있다. 또 자신이나 상대와 관계된 어떤 평가와 관련되는 것도 있다. 그렇게 사람을 연루시키는 점에서 언어행위는 상대나 자신의 페이스를 침해하기 쉽다(상대만이 아니라 자신의 페이스도 문제가 된다). 이것을 브라운과 레빈슨은 '페이스 침해행위(face threatening act, FTA)'라 불렀다. 예를 들어 상대에게 무언가 '명령'하는 것은 상대의 미래 행위의 자유를 일부 제한하게 되므로(명령받은 사람은 자신의 의사와 무관하게 그것을 실행해야 한다), 상대의 네거티브 페이스에 대한 전형적인 침해가 된다. 그러면 '약속'은 어떨까. 약속하는 것은 화자이므로 그것을 실행하는 것도 화자이다. 왜냐하면 화자는 약속이라는 언어행위에 의해 자신의 미래 행위의 자유를 스스로 제한하게 된다. 그것은 화자 자신의 네거티브 페이스의 침해를 의미한다.

포지티브 페이스 침해에는 어떤 경우가 있을까. 예를 들어 누군가에게 무엇을 사과했다고 치자. 그때 화자는 자신이 상대에게 폐를 끼치는 무언가를 한(하고 있는 또는 하게 될) 것을 표명한다. 그것은 자신이 좋지 않은 것을 인정한 것이므로 자신의 포지티브 페이스를 침해하는 행위이다. 그렇게 생각하면 상대의 포지티브 페이스에 대한 침해는 바로 떠오를 것이다. 전형적으로는 '비판', 즉 상대의 좋지 않은 점을 직접 말하는 행위이다. 이를 〈표 6-1〉에 제시하겠다.

단순한 표이지만, 우리가 커뮤니케이션에서 갖는 인상을 잘 나타내고 있다. '명령'은 상대의 네거티브 페이스를 드러내 놓고 침해하는데, 상대에게는 선택권이 없으므로 노골적인 힘으로 느껴진다. '약속'이란 자신의 행동의 자유를 일부 상대에게 양도하는 것이다. 그리고 이 페이스 침해에 관해 단순히 침해만 하는 것이 되지 않도록 자신이 보상을 하거나 상대에게서 보상을 기대한다는 우리의 경험적인 사실과도 잘 합치한다.

예를 들어 '비판'하는 사람은 비판받는 측의 포지티브 페이스가

| 표 6-1 |　침해받는 페이스의 종류와 언어행위의 예

	네거티브 페이스	포지티브 페이스
상대 측	명령	비판
자신 측	약속	사죄

상처받으리라는 것을 안다. 그래서 종종 목적은 좋았다, 좋은 점도 있다는 등 상대의 포지티브 페이스를 유지함으로써 데미지를 줄이고자 한다. 혹은 "친구니까 일부러 말하는 거야"라는 등의 인간관계의 가까움에 호소하는 긍정 공손을 동시에 나타내기도 한다. '명령'은 명시적인 힘의 행사인데, 그래도 "이것은 명령이니까 어쩔 수 없어"라며 화자가 바라지 않는 것을 말하는 경우도 있을 터이다. '사죄'하는 사람은 사죄하는 결백함이 상대에게 호감을 주면 상대가 자신을 받아들여 줄 것이라는 포지티브 페이스와의 '거래'를 생각하기도 한다. 그와 같이 미묘한 밸런스가 있다.

③ '의뢰'와 '권유'

행위라 말하는 이상 사람을 움직이는 힘이 관여하기 쉬운데, 그 중에서도 언어로 상대를 움직이는 언어행위는 반드시 상대의 자기결정권을 일부 제약하게 된다. '명령', '요구', '의뢰', '비판'이라는 행위 중, 상대 측에 거절할 자유가 있는 경우일수록 공손의 커뮤니케이션이 불가결해진다. 그런 의미에서 '의뢰'와 '권유'는 하는 측과 받는 측 쌍방이 공손에 고심하는 전형적인 언어행위라고 할 수 있다. 화자 측에 권력이나 정당성이 있는 '명령'이나 '요구'조차 실질적인 명령이나 요구가 표현으로는 '해 주세요'나 '부탁합니다'라는 의뢰 형태로 이루어지는 경우도 많고, 이는 (앞서 언급한 것을 포함해) 흥미로운 공손의 현상으로 볼 수 있다.

일상의 커뮤니케이션을 떠올리면서 생각해 보길 바란다. 다른 사람에게 무언가 부탁이나 권유를 받으면 받아들일지 거절할지를 자주 고민한다. 나아가 받아들이는 경우는 그렇다 치고, 거절하기로 마음먹은 경우에 어떻게 거절할지 고심하는 것은 누구나 마찬가지이다. 부탁하거나 권유하는 측도 이 점을 잘 알고 있다. 상대가 거절할 수밖에 없는 부탁을 하는 사람은 '상식이 부족하다'고 평가되기 쉽다. 권유에서는 더욱이 상대방이 거절하기 어려운 방식으로 권유하는 사람도 "억지로 밀어붙이고 매너가 없다"는 소리를 듣기 십상이다. 왜 그렇게 되는 것일까. 일상의 언어로 설명하는 것도 가능하지만, 공손 현상으로 페이스나 부하도라는 개념을 사용하면 명쾌하게 설명할 수 있다. 다음의 사례별로 살펴보자.

약식기호를 사용하여, 처음으로 부탁이나 권유를 하는 측을 'S'라 표기하고(speaker), 처음으로 부탁이나 권유를 받는 측을 'H'로 표기한다(hearer). 대화 중에 입장이 교체되면 혼란이 오므로 이렇게 고정하도록 하겠다. 우선 기본적인 확인으로 의뢰든 권유든 S가 기대하는 사항이 S 자신에 의해서가 아니라 H에 의해 이루어진다는 점에서도 공통된다(S 자신이 한다면 '약속'이나 '신청'이 된다). 페이스라는 관점에서 보면 모두 H의 네거티브 페이스에 대한 침해이다.

이는 기묘하게도 보인다. 왜냐하면 단순한 페이스의 침해라면 누구나 응하고 싶지 않을 터이기 때문이다. 역으로 말하면 H가 응하고 싶게 하는 유인이 있다고 보아야 한다. 그것은 무언가를 부탁받거나 특히 권유받는 것 자체, S가 H라는 인물을 신뢰하거나 동료로 간주하는 것을 반영했다는 점이다. 모르는 사람에게 무언가를 부탁하는 경우는 긴급성이 우선한다고 할 수 있는데, 그 경우라 해도 부탁받았다는 의미는 남는다. 즉 의뢰나 특히 권유는 그 자체가 H의 포지티브 페이스를 충족시키는 측면을 지니고 있다. 이상은 다음과 같이 정리 할 수 있다. 여기에도 약식기호를 사용하는 것에 대해 양해를 바란다(네거티브 페이스를 NF, 포지티브 페이스를 PF라 하고, 침해를 −, 유지를 ＋로 표시한다).

'의뢰·권유' → H의 NF(−) H의 PF(＋)

이대로라면 균형이 잡혔다고 말하고 싶어지는데, 실은 그것은 S가 보았을 때이다. H의 입장에서 보면 약간 귀찮아진다. H가 항상 응낙 가능하면 H의 입장은 S의 판단대로 되지만, 실제는 응낙이 불가능한 경우도 다수 있다. 즉 의뢰나 권유라는 언어행위는 하는 측인 S보다 받는 측인 H의 입장에서 부담이 크다는 특징이 있다. 페이스를 '감정(勘定)'해 보면 분명하다. H가 응낙하는 경우, H는 S의 요구를 받아들일 수 있으므로 S의 포지티브 페이스를 충족시키고 동시에 타인의 요구에 응할 수 있는 인간으로서 H 자신의 포지티브 페이스도 유지할 수 있다. 그런데 H가 거절해야 하는 경우, H는 S의 요구를 거부하는 것으로 S의 포지티브 페이스를 침해하고 또 타인의 요구에 응할 수 없는 인간으로서 H 자신의 포지티브 페이스를 상실하게 된다. 정리하면 다음과 같다.

'응낙' → S의 PF (+) H의 PF (+)
'거절' → S의 PF (−) H의 PF (+)

이를 보고 알 수 있는 점은, 응낙이냐 거절이냐에 따라 페이스의 '득실'이 크게 바뀌는 점이다. 예스와 노로 페이스 한 개분이 바뀌는 정도인가 생각하지만, 사실 여기서는 +2와 −2라는 커다란 간극이 발생한다. 이것이 상대가 거절할 수밖에 없는 부탁이나 권유를 해서는 안 되는 이유이다.

지금까지의 이야기에서는 의뢰와 권유를 동일하게 다루어 왔다. 그러나 양자는 다른 행위이다. 의뢰와 권유를 나누는 기준은 하나이다. 그것은 행해지는 사항이 의뢰에서는 S만의 이익이 되는 데 반해, 권유에서는 그것이 H의 이익이기도 하다(라고 S가 판단하고 있다)는 차이이다. 이 차이를 페이스와 관련해 말하면, 앞의 절에서 본 DPR의 3요인 중 R, 즉 '부하도'에 반영된다. 의뢰에서는 그 내용이 H의 이익이 되지 않으므로 H의 입장에서는 상대적으로 부하도가 높다. 그에 비해 권유의 경우, 그 내용이 H의 이익이 되기도 하는 것으로 제시되므로 H로서는 의뢰보다 받아들이기 쉬운 것이라고 간주된다. 결과적으로 H가 거절하는 것의 용이함과 어려움은 다음과 같다.

'의뢰' = H의 부하도 (고) → H의 거절 (용이함)
'권유' = H의 부하도 (저) → H의 거절 (어려움)

여기에서 도출되는 것은 권유의 성가심이라는 결론이다. 권유는 표면적으로 H의 이익도 된다고 여겨지므로 H는 거절하기 어렵다. 그러나 현실은 H 나름의 취향이나 사정도 있으므로 언제나 응할 수 있는 것이 아니다. 그 점이 H의 고민이며, 그런 연유로 권유에서는 상대방이 거절할 수 있는 공손이 기대된다. 그다지 가깝지 않은 상대방을 거절할 수 없는 방식으로 권유하는 것이 '매너에서 벗어난 것'으로 간주되는 것은 그 때문이다.

또한 브라운과 레빈슨은 앞의 절에서 살펴본 세 요인에 의한 사고방식으로 이론을 전개했기 때문에, 이러한 언어행위의 종류에 의한 페이스의 '득실'과 같은 파악 방식은 발전시키지 않았다. 그러나 역시 우리가 하는 커뮤니케이션에서는 페이스의 침해와 더불어 페이스의 유지라는 동기도 크다고 해야 하며, 이러한 방향에서 기초적인 고찰도 빠뜨릴 수 없다.

거절의 문화 차이

앞에서 보았듯이 의뢰나 권유라는 언어행위에서는 응낙할지 거절할지에 따라 H의 부담감이 크게 변한다. 대화라는 것은 전반적으로 상대의 기대에 따른 형식을 상정한 구조가 되는 경향이 있다. 그 때문에 예를 들어 권유의 경우, 응한다면 간단한 대답으로 끝나는데(그것을 '우선선호 형식'이라 한다), 거절하는 경우에는 비우선적인 대답을 해야 하므로 우선 형식보다 훨씬 많은 것을 말해야 하는 경우가 많다. 의뢰나 권유를 거절할 때, 보통 자신이 어떤 것을 말하는지 떠올려 보길 바란다.

일본어 화자의 경우, 대부분의 사람은 사과의 말을 떠올릴 것이다. 타이밍이야 어쨌든, "미안(합니다)"과 유사한 말을 하지 않고 거절하는 것이 어렵다고 느끼지 않는가. 달리 할 수 있는 말이 물론 있고, 응낙하고 싶은 마음을 나타내는 (권유에 대해 '아, 즐거울 것 같네' 등) 혹은 응할 수 없는 이유를 말하거나 대안을 제시하는 것 등이 있다. 이를 전부 모으면 사람들이 어떻게 공들여 거절의 담화를 구성하는지가 보이는데, 그것이 보편적인지 개별 문화적인지에 따라 상당한 변이가 있는 점도 이해했다.

일본어 화자와 중국어 화자 간의 거절의 담화를 비교 검토한 연구를 소개하겠다(李, 2013). 이 연구에서 리하이옌(李海燕)은 실제로 의뢰와 권유에 대한 거절 방법을, 인간관계를 다양하게 바꾸면서 일본어 화자와 중국어 화자를 대상으로 조사했다. 그 결과 두 언어 간에는 현저한 차이가 있었다. 거절의 담화에서 최초로 무엇을 말하는가에 주목했더니, 일본어 화자는 인간관계와 상관없이 우선 사과를 하는 데 반해, 중국어 화자는 인간관계에 따라 사용되는 전략이 달랐다. 윗사람에게 의뢰받는 장면에만 사과가 이용되는 한편, 그 외에서는 공감을 나타내거나 이유에 대한 설명을 한다.

양자의 특징에 관해 리하이옌은 다음과 같이 설명한다.

일본어 모어화자는 …… 우선 사과를 하는 경우가 많고, 사죄를 우선하는 것이 일반적으로 일본어 사회의 언어 사용론적인 룰임을 다시금 확인할 수 있었다. 즉 아무리 친한 상대여도 우선 사과를 함으로써 정중함을 잃지 않으려는 태도와, 청자와 일정한 '심리적 거리'를 두고 싶어 하는 화자의 기분을 엿볼 수 있다.

한편, 중국어 모어화자는 …… 친한 상대에게는 상대와 한층 좋은 인간관계를 유지하고, 청자와의 '심리적 거리'를 축소하려는 화자의 기분이 반영되어 있다고도 할 수 있다(李, 2013, p.71).

담화 전체를 보면 의뢰와 권유에서 차이도 관찰되었다. 일본어 화자는 친밀한 윗사람과의 권유 장면에서는 상대에 대해 '이유 설명'이 많았다. 그것은 권유는 의뢰보다 부담도가 상대적으로 낮기 때문에 부득이한 사정 설명을 우선하는 것은 청자와의 '심리적 거리'를 줄이려는 기분의 반영이라고 추론되었다.

이러한 담화연구에서는 일본과 중국의 대조와 더불어 일본과 한국의 대조연구도 많다. 거절에서 공감적인 긍정 공손의 표출 방식을 조사한 연구를 소개한다(任, 2004). 이 연구에서 임현수(任炫樹)는 일본어와 한국어 모어화자를 대상으로 해서 세 개의 권유 장면에서 인간관계를 다양하게 설정해 데이터를 수집했다. 전략이 드러나는 방식은 일본과 한국에서 커다른 차이를 보였다. 우선 대답의 전체량은 거의 변하지 않았음에도, 대답 중에 나타난 긍정 공손 전략의 총수는 일본이 53례, 한국이 194례로, 한국이 4배 가까운 빈도였다. 이는 한국 쪽이 상호의 공동성에 호소하는 전략을 많이 사용한다는 점을 강하게 시사한다. 상대적으로 일본어에서는 부정 공손 전략이 많다고 보이며, 그 전형은 위에서도 나온 사과이다.

이용된 전략의 내용도 큰 차이가 있었다. 대답에 나타난 긍정 공손 전략은 '대안 제시', '친한 사이에서 사용하는 말', '공통 화제', '농담'이라는 네 유형으로 나뉘었는데, 일본어는 80% 정도가 대안 제시였는데, 한국어에서는 친한 사이에서 사용하는 말이 40%를 약간 넘었고 공통 화제도 10% 정도 있었다(일본에서는 거의 없음).

친한 사이에서 사용하는 말 : (부르는 말로) 엄마, 이봐
　　　　　　　　　　　(속어로) 할복해
공통 화제 : 내 실력 알고 있겠지? 작문 실력 엄청나다는 것.

　이러한 예는 한국어가 보다 적극적으로 상대와의 공동성에 호소하려는 성격을 지닌 것으로 볼 수 있다. 한국어에서 '선생님'과 같은 '외부'적인 인물에 대한 친한 사이에서 사용하는 말이 전체의 10%를 웃도는 점도 상징적이다. 이러한 문화적 차이를 인식하지 않으면 이문화 마찰이 생길 수 있다.

📖 인용문헌

Austin. J. L.(1975[1962]). *How to Do Things with Words*. 2nd ed., Harvard University Press. [J. L. オースティン〈坂本百大 訳〉(1978).『言語と行為』. 大修館書店.]

Searle. J. R.(1969). *Speach Acts : An Essay in the Philosophy of Language*. Cambridge University Press. [J. L. サール〈坂本百大・土屋俊 訳〉(1986).『言語行為ー言語哲学への試論ー』. 勁草書房.]

任炫樹(2004).「日韓断り談話におけるポジティブ・ポライトネス・ストラテジー」『社会言語科学』6(2). pp.27-43.

李海燕(2013).『「断り」表現の日中対照研究』. 博士学位論文[東北大学, 博士(国際文化).]

감사·사죄·칭찬

- 언어행위와 공손 ② -

다키우라 마사토(滝浦真人)

학습
포인트

- 공손 관점에서 '감사'와 '사죄'의 의미를 파악한다.
- '감사'와 '사죄'의 문화적 의미를 일본어와 영어의 비교대조를 통해 생각한다.
- '사죄'를 예로 일본에서 선호되는 패턴의 존재와 문화 차이의 존재를 안다.
- '칭찬'에 얽힌 문제를 공손 관점에서 정리하여 이해한다.

① 감사와 사죄의 공손

6장에서 본 의뢰와 권유는 하는 측과 받는 측 모두 자타의 페이스 밸런스를 취하면서 미묘한 판단이 요구되는 매우 복잡한 언어행위였다. 이 장에서는 반대로 실질적인 의미 내용을 전하는 언어행위 중 가장 기본 행위에 초점을 맞추고자 한다. 구체적으로는 '감사'와 '사죄', 그리고 '칭찬'이다. 가장 단순해 보이는 언어행위이지만, 어디에 기준선을 긋고 무엇을 어떻게 전할지는 언어마다 상당한 차이가 있으며, 그 점에서 각 언어문화가 무엇을 중요하게 간주하고 있는지가 드러난다. 우선 감사와 사죄에 관해 생각해 보자.

공손의 기본적인 두 방향인 원격화와 근접화의 관점에서 보면, 원격화는 접촉해서는 안 되는, 가능하면 접촉하지 않는, 어쩔 수 없이 접촉해야 할 때는 유감의 뜻을 표명한다는 것이 기본적인 사고방식이다. 유감의 뜻을 표명하는 전형적인 행위가 '사죄'(또는 '사과')이다. 반대로 근접화는 접촉하고 싶은, 상통하고 싶은, 통해서 다행이라는 사고방식이며, 통해서 다행이라는 기분의 표명이 '감사'(또는 '감사의 말')이다. 이처럼 사죄와 감사가 부정 공손과 긍정 공손을 나타내는 기본 쌍이 된다. 일본어에서 이를 나타내는 표현으로는

사죄가 「すみません(죄송합니다)」, 「ごめんなさい(미안합니다)」, 「申し訳ありません(면목 없습니다)」과 이것의 변형된 표현으로 「ありがとうございます(고맙습니다)」, 「お礼(感謝)申し上げます(감사 말씀 드립니다)」가 대표적이다.

바로 이의를 제기하는 목소리가 들리는 듯하다. 일본어에서 「すみません」, 「申し訳ありません」은 사죄만이 아니라 감사 인사말로도 사용된다. 그것을 어떻게 설명하면 좋은가라고 말이다. 감사와 사죄를 일부러 하나의 장으로 만든 큰 이유가 실은 거기에 있다. 일본어의 사과 표현은 '경피적'인 공손이라는 발상을 잘 이해할 수 있으며, 감사·사죄라는 구분과 공손적인 구분의 흥미로운 어긋남을 보여 준다. 이 점은 영어 등과의 비교검토도 유효하리라 생각한다.

그러면 우선 사죄의 뜻이 아닌 다른 의미로 사용되는 일본어의 사과 표현을 들어 보겠다.

(1) 사죄가 아닌 사과 표현
a "늘 신경 써 주셔서 감사합니다."
　(いつもお気づかいいただいて、すみません。)
b "저, 실례합니다, 손수건 떨어뜨렸어요."
　(あの、すみません、ハンカチ落としましたよ。)

(a)에서는 감사의 말로 「すみません」이 사용되고 있다. 「申し訳ありません」도 윗사람에 대한 감사의 말로 사용된다. 「ごめんなさい」는 위화감이 있지만, 허물없는 관계에서 「いつもごめんなさい(늘 고마워요)」라 말하는 장면이라면 자연스러울 것이다. (b)는 위화감이 있다는 사람이 있을지도 모르겠다. 손수건을 떨어뜨렸다고 알

려줄 때 「すみません」은 묘하다는 지적이 당연하지만, 일본어에는 실제로 모르는 사람에 대한 호칭이 없기 때문에 「あの(저)」, 「ちょっと(잠시)」와 같이 말을 걸 때 사용하는 말과 함께 「すみません」도 간간이 들린다.

공손적인 해석을 하면 「すみません」은 상대의 영역에 접촉한(접촉하는) 것, 상대를 방해했다는(방해하는) 것에 대한 네거티브 페이스의 보상이라는 의미를 갖는다. (a)처럼 상대가 나를 위해서 무언가를 해 준 경우에도 상대는 자기결정의 자유를 희생하여 노력이나 소유물을 나에게 돌려준 것이므로, 상대가 지불한 페이스의 희생에 대해 사과하는 것이 그 페이스 침해에 대한 보상이 되며, 사실상 감사 표명이 된다. (b) 역시 상대를 불러 세워 나를 향하게 하는 것은 그 자체로 상대의 네거티브 페이스의 침해이므로, 「すみません」을 통해 그것을 보상한다고 해석할 수 있다. 그러한 의미에서 (a), (b) 모두 사과하고 있다고 해도 무방하다. 일본어는 네거티브 페이스의 침해 전반을 사과하는 언어라고 볼 수 있다.

감사와 사죄의 일·영 대조

공손 개념에 따른 것은 아니지만, '신세를 졌다는 부채감·은혜에 대한 부채감(indebtedness)'이라는 개념을 사용해 일본어와 영어를 비교한 연구가 있다(Coulmas, 1981). 쿨마스는 화자의 의도로 감사 표명과 유감(regret) 표명을 나눈 다음, 그것에 '부채감'이 관계하고 있는지의 여부로 다시 나누었다. 부채감이라는 감각에서 감사와 유감은 연속적이 된다. 그 구분에 영어나 일본어의 표현을 대입하면 흥미로운 대응관계가 보이는데, 〈표 7−1〉에 제시한다.

| 표 7-1 | 감사와 사죄의 일·영 비교

의 도	감사 표명		유감 표명
부채감	무	유	무
일본어	ありがとう	すみません	残念です
영어	Thank you	…	I'm sorry
언어행위	감사	사죄	후회

(Coulmas, 1981.)

수행되는 언어행위의 종류가 가장 아래에 있는데, 일본어의「すみません」은 확실히 '감사'와 '사죄' 양쪽에 걸친다. 위로 올라가면 그 이유가 보인다. '부채감' 항목을 보면「すみません」은 '부채감'이 '유'의 형식이다. 부채감이 '무'인 감사 표명과 유감 표명도 있는데, 그 감사 표명 형식이「ありがとう」이며, 영어의 'Thank you'이다. 확실히 필자의 어감으로도 상대가 기대한 바대로 무언가를 해 주었을 때는「ありがとう」로 괜찮지만, 기대하지 않았던 무언가를 여분으로 더 해 주거나 하면「すみません」이 나오기 쉬운 것으로 느껴진다. 영어에서는 부채감이 '유'인 감사 형식은 공백이다.[1]

이 표는 영어에 대해서도 흥미로운 점을 시사한다. 영어에서는 'I'm sorry'가 '사죄'와 '후회'라는 두 언어행위에 걸쳐 있다. 그리고 보니 학교에서 이 표현을 사죄의 표현으로 가르치는데, 그중 사과를 하는 장면이 아닐 때 사용되는 예가 나와 당혹하기도 한다.

---

1 'I'm obliged to you'는 직역하면 '당신에게 은혜를 입었다고 느낀다'는 것으로, 부채감이 있는 표현이라 해도 될 것 같다.

(2) "I am (/I feel) sorry for you." (안타깝습니다.)

　[お気の毒です。]

즉 영어에서 'sorry'는 부채 감각을 수반해 사용하면 사죄의 말이 되지만, 타인의 불행 등 화자에게 부채 감각이 없는 경우에는 안타깝다는 유감의 뜻을 공감적으로 나타내는 말이 되는 것이다. 공손 관점에서 보면 영어 'sorry'를 단순히 (사죄를 위한) 부정 공손의 말이라 할 수 없으며, 부채 감각의 유무에 따라 각각 네거티브/포지티브로 다르게 기능한다고 보아야 한다.

표에서도 보이듯이 일본어「すみません」의 수비 범위는 넓으며, 그러한 의미에서 감사보다 사죄에 강하게 치우쳐 있다고 볼 수 있다. 한편 영어는 부채 감각이 없는 표현이 우세이며, 감사든 유감이든 상대와 공감 표현으로 치우침이 강하다 할 수 있다. 그러한 의미에서 영어다운 표현의 하나로,

(3) "Thank you in advance for your help."

　(직역: 협력해 주신 것에 미리 감사드립니다.)

일본어로 번역하면「どうぞよろしくお願いします(부디 잘 부탁드립니다)」정도가 가장 가까울 테지만, 이는 의뢰 표현이다. (3)처럼 협력 요청의 문맥이라면 일본어에서는「お忙しいところ申し訳ございません(바쁘신 중에 송구합니다)」이나「大変ご面倒をおかけいたしますが……(귀찮게 해 드려 면목 없습니다만……)」라는 사과 표현 쪽이 안정감이 있다.

그러한 일본어에도 약간 변화가 느껴진다. 영어의 영향이라는

가능성도 충분히 있을 것이다. 일본어에 영어적인 발상의 표현이 섞이게 되어 사죄에서 감사로 이동하는 움직임이 보인다.

(4) (화장실에서)
「いつもきれいにお使いいただき、ありがとうございます。」
"항상 청결하게 사용해 주셔서 감사합니다."
(5) (긴 메일의 말미에)
「最後までお読みくださり、ありがとうございました。」
"마지막까지 읽어 주셔서 감사합니다."

(4)는 종래대로라면 '화장실을 청결하게 사용합시다'라는 호소였을 것이다. 요청의 실현을 미리 취해 감사 표현을 사용하는 것은 자못 영어적 감각이다(예를 들어 영어권의 테니스 대회에서 관객이 시끄럽게 하면 주심이 'Thank you'라고 하는 것 등). (5)도 종래라면 '이상, 장문이어서 대단히 실례했습니다'라고 사과하는 것이 보통이었다. 앞으로 일본어의 변화 양상과 관계된 문제이다.

②　일본인의 사과

일본어 커뮤니케이션을 살펴볼 때 일본적인 사과 방식의 '버릇'을 알아두는 것도 나쁘지 않다. 6장 말미에도 나왔지만, 일본어에서는 사과의 말을 빈번하게 사용한다. 위에서 본 것처럼 감사도 사과가 된다면 더욱 그렇다. 그러나 우리가 당연한 것처럼 느끼고, 자칫

하면 보편적이라고까지 생각하기 쉬운 사과 방식은 최근 100년 정도 사이에 만들어진 일본어 커뮤니케이션의 '형태'이다.

시험 삼아 전형적인 사과 장면을 상상하고, 자신이 그 장면에서 어떤 식으로 사과하는지를 생각해 보길 바란다. 예를 들어 영화를 보러 가기로 약속을 하고 친구와 만나기로 했는데 늦잠을 자거나 착각을 해서 매우 늦어 버렸고, 어째서인지 연락도 닿지 않아 상대는 매우 화를 내고 있는 상황이라고 상정해 보자. 예로 20세 정도된 대학생의 대답을 제시한다.

(6) 사과의 담화
"정말 미안! 완전 늦잠을 자 버려서 시간에 맞출 수 없을 것 같아 바로 전화했는데 연결이 안 돼서, 서둘러 왔지만 시간이 이렇게 돼 버렸어. 정말 미안해. 어떻게 하면 용서해 줄래?"

이렇게 어느 정도 정리된 (이 경우는 목적에 관한) 말이 모인 것을 담화라 부른다. 그것을 내용과 형식에 주목해 패턴화해 보면, 사람에 따라 제각각으로 보인 담화가 실은 꽤 공통된 구조를 갖고 있음이 보인다. (6)의 구조는 예를 들어

[정형적 사과] + [이유 설명] + [보충 정보] + [정형적 사과] + [의향 타진]

과 같이 패턴화할 수 있다. '정형적 사과'의 '정형'이란 사죄용의 정해진 표현이 있어 그것을 사용한다는 의미인데, (6)에서는 그것이 한 번이 아니라 재차 나온다. 마찬가지로 몇 번이나 다른 대학생이

쓴 것을 보아도, 전반은 그다지 변하지 않고 또한 이유 설명이나 보충 정보는 짧았다. 이유 설명이 많아지면 변명하는 것처럼 들린다는 일본어적 감각이 있는 것으로 보인다. 뒷부분에서 별충을 위한 제안이나 상대의 의향을 묻는 '의향 타진'이 많이 나타나는데 ('벌써 영화 시작됐지', '내가 살 테니까 식사하러 갈까?' 등), '정형적 사과'가 다시 나타나는 경우에 그 순서는 위와 반대가 되는 경우도 많았다.

이러한 담화의 구조에 주목한 연구는 비교적 새로운데, 모어화자와 학습자의 사죄 전략이 어떻게 다른지를 조사한 연구가 나오기 시작했다(内山, 2006). 우치야마(内山)는 일본어 모어화자와 대만의 일본어 학습자를 비교하면서 사과 장면의 역할극으로 조사했다. 그 결과 모어화자에게서는 '재사과'가 80%에 달한 데 반해, 학습자에게서는 20%에 그쳤다. 한편 학습자에게서는 사죄의 수용에 대한 감사(전형적으로는 「ありがとう」)를 사용하는 경향이 있고, 레벨이 낮은(일본어능력시험 2급) 학습자에게서는 40%에 달했다.

앞에서 살펴본 인사에 관해서도(2장, 4장), 일본어에서는 처음과 마지막을 정형적인 인사로 마무리하는 경향이 매우 강하다. 재차 사죄하는 것에 관해서도 마찬가지라 생각된다. 즉 사과 담화의 처음과 마지막에 정형적인 사과의 말을 배치해, 여기에서 여기까지가 사과의 담화라고 경계선을 그어 구분하고 있다고 보는 것이다. 그러한 사고방식의 틀에서 다른 언어행위를 생각해 보면, 실은 감사 등도 전형적으로 그러함을 알 수 있다. 예를 들어 타인에게 무언가 감사의 메일을 쓰려고 하면, 그 담화구조는

라는 의사(擬似) 기승전결 구조로 했을 때 뭔가 안정감 있게 느껴진다. '~고맙습니다'로 시작해 구체적인 감사의 내용을 쓴 후, 관계가 있는 것 같기도 하고 없는 것 같기도 한 이야기를 집어넣고, 마지막에 다시 '고맙습니다'로 마무리하는 담화 형식은 일본인에게는 상당히 체화되어 있다고 할 수 있다.

정형적인 표현은 모두 언어행위 전용이므로, 그것을 말하면 그 언어행위를 한 것이 되는 편리성이 매우 높다. 그래서 정형적인 표현을 처음과 마지막에 넣는 형식을 보고 있자면, 언어행위의 종류에 따른 '스탬프'가 몇 가지 준비되어 있고 그것을 처음과 마지막에 찍는 것처럼 보인다. 이러한 '커뮤니케이션의 스탬프'는 편리성이 높은 반면, 실질이 결여되기 쉽다는 측면도 크다. 이 점을 이해해 둘 필요가 있다.

사죄의 문화 차이

인사에서든 언어행위에서든 일본어의 정형적 표현의 선호는 명확하다. 이와 대조적인 것이 인사를 다룬 장에서도 언급한 중국어이다. 조사 결과를 하나 소개하겠다(張, 2008). 몇 개의 사과 장면에서 나온 사과의 담화를 일본과 중국의 대학생과 사회인을 대상으로 설문지 형식으로 조사한 결과, 일본어에서는 인간관계와 상관없이 「ごめん(なさい)」,「すみません」,「申し訳ありません」 등의 정형적인 표현이 거의 언제나 사용되었다. 중국어에도 「ごめん(なさい)」,

| 표 7-2 | 사과 장면에서 전형적 표현의 사용 상황

친소관계(대학생 조사)				
상대	모르는 사람	동급생·소(疎)	친우	어머니
일본	100%	98%	97%	97%
중국	100%	97%	10%	2%

상하관계 (사회인 조사)		
상대	상위자	하위자
일본	100%	100%
중국	100%	18%

(張, 2008.)

「すみません」에 상당하는 '対不起', '不好意思', '抱歉'라는 정형적인 표현이 있는데, 이 표현들은 인간관계에 따라 사용되기도 하고 사용되지 않기도 한다. 조사 결과는 상대와의 친소관계와 상하관계의 관점에서 고찰한 것이다. 정형적 표현의 사용 상황은 〈표 7-2〉에 자세히 나타냈다.

일본어는 상대에 따라 변화가 거의 없는 '이리 하나 저리 하나 별 차이가 없는' 양상을 나타낸 데 반해, 중국은 정형적 표현의 사용에 관한 명확한 경계선이 있었다. 친소관계에서 친하다고 간주되는 '친우'나 '어머니'에게는 정형적 사과 표현이 극히 조금밖에 사용되지 않았다. 또 상하관계에서 '하위자'에게도 정형적 사과 표현이 조금밖에 사용되지 않았다(표에서 밑줄 친 부분). 이러한 사실에서 장취(張群)는 중국어 커뮤니케이션에서는 인간관계 자체가 '소 또는 상' 그룹과 '친 또는 하' 그룹으로 나뉘며, 전자는 정형적 표현을 사용하는 격식을 차리는 관계이고, 후자는 정형적 표현을 선호하지 않는 격식을 차리지 않는 관계임을 시사한다고 결론지었다. 또 비격식적 관계 그룹에서는 사정 설명이나 보상의 신청 등에 더해 친밀함의 표현이나 농담의 성격을 띤 낙관적 예상 표현이 적지 않게 사용되었다. 이 연구결과는 언어행위의 정형적 표현 자체가 경피적인 성격을 띤다는 점도 시사하고 있다.

③ 칭찬하다·칭찬받다

이 장에서 다루고자 하는 언어행위가 하나 더 있다. 특별히 '일본어의 커뮤니케이션'이라는 관점에서 일본어적인 특징의 표출이며 또한 변하고 있는 점을 나타내는 언어행위로, 구체적으로는 '칭찬'이다. 지금 이 교과서를 읽고 있는 사람은 칭찬에 관해 두 개의 그룹으로 나눌 수 있다. 그것은 바로 '윗사람을 칭찬하는' 것에 대해 '칭찬하면 안 된다'라고 교육받으며 자란 사람과 그렇지 않은 사람이다.

'윗사람을 칭찬하면 안 된다'는 논리를 생각해 보자. 칭찬한다는 것은 어떤 행위인가. 상대의 기호나 사고 혹은 행위에 관해 높은 평가 수준에 있음을 명시적으로 나타내는 것이다. 그것만이라면 아무 문제도 없을 것 같지만 실제로 미묘한 문제를 발생시키는 것은, 칭찬하는 주체가 화자이므로 칭찬하는 내용을 높은 수준에 있다고 평가하는 것도 다름 아닌 화자 자신이기 때문이다. 즉 칭찬이란 화자의 가치관에 합치한 것의 표명이라는 측면을 지닌다. 이 점이 상하의 인간관계와 관련되면 성가신 문제가 된다.

아랫사람이 윗사람을 칭찬한다고 하면 윗사람의 행위나 사고를 아랫사람의 가치관에 따라 재단하는 것이 되고, 상하의 전도나 적어도 아랫사람이 윗사람과 대등한 위치에까지 올라간다는 의미를 갖게 된다. '윗사람을 칭찬하면 안 된다'는 논리의 핵심은 여기에 있다. 그리고 2장에서도 기술한 듯이, 일본어에서는 윗사람의 사적 영역에 접촉하지 않는다는 암묵의 룰이 있다(있었다). 설령 좋은 내용일지라도 상대의 영역을 침범하게 되면 오히려 상대를 깎아내리는 것이라고 해석되기 쉽다.

말하는 내용이나 표현 방법에 따라서는 상대의 사적인 영역에 접촉해 버리기 때문에, 그것을 피하는 전략이 활발하게 사용되었다. 대표적인 것은 청자에게 접촉하지 않고 화자에만 관련되는 사항으로 기술하는 것이다.

(7) 윗사람에 대한 칭찬법 (종래형)
a "(이야기가 재미있었다는 것을) 많이 배웠습니다."
b "(세련됐다는 것을) 저로서는 도저히 흉내 낼 수 없습니다."

이러한 부정 공손적인 암묵의 룰은 윗사람을 향한 발화에서만 적용되며, 반대로 아랫사람을 향한 발화에서는 적용되지 않는다. 혹은 일본어의 커뮤니케이션에서 상위자인 증거를 상대의 사적 영역에 대한 접촉을 기피하지 않아도 된다는 점에서 구하는 것도 가능하다고 생각된다. 윗사람이 말하는 것이라면 (7)과 같은 영역 회피를 할 필요가 없으며,

(8) 아랫사람에 대한 칭찬법

　a "이야기, 굉장히 재밌었어."

　b "늘 세련됐구나."

와 같이 직접 말할 수 있다.

　이를 종래의 일본어 커뮤니케이션에서 상하의 비대칭성으로 본다면, 윗사람을 칭찬해도 된다(칭찬하는 것에 저항이 없다)는 세대는 상대의 네거티브 페이스를 존중하기보다는 상대의 포지티브 페이스를 충족시키는 쪽이 우선되어도 좋다고 느끼는 것이다. 실제로 종래의 상하질서에서 대화는 항상 윗사람이 주도하며, 기본적으로 아랫사람의 주도로 이루어지기 어려웠다. 일본사회 자체가 상하가 기본인 '수직'관계에서 친소를 기본으로 하는 '횡적'관계로 비중이 옮아감에 따라, 이러한 관계의 모습은 일종의 숨막힘으로 느껴지게 되었다. 그러한 심리가 지금 일본어에 긍정 공손적인 표현, 특히 아랫사람이 윗사람에 대해 거리를 좁히려는 표현을 늘려 가고 있다. 이 점도 마지막 장에서 다시 다루겠다.

칭찬에 대한 응답

　칭찬의 성가심은 실은 칭찬받는 쪽의 고민이다. 앞선 이야기와는 반대인데, 윗사람에게 칭찬을 받았을 때 이를 그대로 받아들이면 자신이 존대화되기 때문에 필자도 윗사람에게서 칭찬을 받으면 "아닙니다, 저 따위가 도저히……"라고 부정하는 것이 정중하다고 배운 세대에 속한다.

　그러나 최근 연구결과는 이것도 이미 꽤 평준화되었음을 제시하고 있다. 칭찬에 대한 응답을 '긍정'과 '부정', 어느 쪽도 아닌 '회피'라는 세 가지 전략으로 분류했을 때, 긍정이 30% 전후, 부정이 10%를 약간 상회, 회피가 50~60% 정도라는 수치가 제시되었다(平田, 1999; 大野, 2010). 가장 많은 것이 수용 방식을 애매하게 하는 '회피'이며, 역으로 가장 적은 것이 이전에는 규범적이라고도 할 수 있었던 '부정'이다(부정적인 '회피'를 '부정'과 합하면 결과가 약간 달라지기도 한다). 칭찬받은 상대와의 상하관계에 관해서도 현저한 차는 없다고 상기 연구에서는 보고하고 있다. 일본어에서 상하의 비대칭성이 해소되는 방향으로 진행되고 있는 점은 확실한 것으로 보인다.

칭찬 전략 중에서 부정이 선호되지 않게 된 이유 또한 포지티브 페이스의 중시에 있다. 자신이 존대화되는 리스크가 있다고는 하지만 칭찬은 다름 아닌 상대가 한 말이다. 그 내용을 부정하는 것은 상대 발언의 부정이므로, 상대의 포지티브 페이스를 침해하는 효과를 낳는다. 그것이 싫다면 일단 "감사합니다" 등의 말을 통해 수용하고, 무언가 정보를 부가해서 칭찬을 '경감'하는 전략이 선택되기 쉬워진다.

부정 공손에서 긍정 공손으로 옮아가는 변화는 대인 거리감의 전반적인 변화를 나타낸다고 생각할 수 있는데, 한편으로 타 언어와 비교대조를 통해 보이는 일본어의 대인 거리감은 약간 다른 양상을 보인다. 일본어와 한국어에서 칭찬을 대조한 연구가 있다(金, 2012). 친한 동성 대학생 사이에서 이루어지는 대화에 나타난 칭찬의 담화를 수집했더니, 우선 칭찬의 출현 수는 한국어가 일본어의 1.5배 정도가 되었다. 또 한국어에서는 근거나 의견 등의 구체적인 설명을 수반해 이루어지는 경향이 있었다. 칭찬에 대한 응답을 '긍정/부정/회피/그것들의 복합'으로 나누면, 양 언어 모두 회피나 복합이 많았다(일본어에서 약 40%, 한국어에서 약 30%). 그러나 부정으로 경도되는 회피나 최초의 응답을 부정으로 전환하는 복합은 일본어에 많았으며, 긍정적인 응답은 한국어에 많았다. 나아가 한국어의 긍정에는 칭찬받은 사람이 자랑하는 대답이 많았다.

(9) 칭찬에 대한 적극적인 긍정(金, 2012)
D "너는 목소리가 예쁘니까 (응) 뭐든 잘될 거야."
I "당연하잖아."
D "어머."
I "당연하잖아." <웃음>
"있잖아, ○○대학, 이번에 정원미달이었대."

김경분(金庚芬)의 연구는 친구관계를 대상으로 하고 있으며, 본래 대인 거리감이 좁은 관계라 할 수 있다. 일본어의 예만으로 생각하면, 이 (9)와 같은 응답은 놓치기 쉽다. 상대에게 무언가를 칭찬받았을 때 응답에는 부정과 긍정의 범위만으로도 실은 다양한 변형이 있다. 예를 들어 입고 있는 스웨터를 친구에게 칭찬받았을 때 응답으로 다음과 같은 예를 생각할 수 있다.

(10) 칭찬에 대한 응답 패턴
"그 스웨터, 좋다. 멋져."
a "정말? 입어 보니 왠지 안 어울리는 느낌이 들어서……."
b "아, 이거, 유니클로에서 1980엔 주고 산 거야."
c "그래? 고마워."

d "응, 이런 느낌의 옷, 좋아하지."

e "헤헤, 나는 약간 스웨터에는 까다로워서."

(a)는 부정 응답, (b)는 잠재적인 부정 응답, (c)는 중립적인 수용, (d)는 긍정 응답, (e)는 적극적인 긍정 응답으로 나눌 수 있다. 이 진폭으로 생각했을 때, 앞의 일본어 커뮤이케이션의 변화는 (a)에서 (b), (c) 정도의 범위에 수렴되는 이야기이다. 친한 인간관계가 되면 (d)와 같은 응답도 나오겠지만, (e)의 '자랑' 같은 응답은 예컨대 표준어적인 커뮤니케이션에서는 다소 생각하기 어렵다. 그러한 의미에서 친한 인간관계에서의 심리적 대인 거리는 일본어가 한국어보다 크다. 한편으로 방언에 따른 커뮤니케이션을 생각하면 또 다른 거리감이 될 것이다. 다른 것과 비교해 보면 자신이 있는 위치를 잘 알 수 있다.

📖 인용문헌

Coulmas, F.(1981). *Poison to your soul: Thanks and apologies contrastively viewed*. In F. Coulmas (Ed.). Conversation Routine. Mouton.

内山和也(2006). 「台湾日本語学習者における『謝罪を申し出る表現』のテクストの構造について~日本語母語話者によるロールプレイとの比較~」. 『2006年「言語應用學術研討會」論文選』. 育達商業技術學院應用日語系.

大野敬代(2010). 『日本語談話における「働きかけ」と「わきまえ」の研究 —目上に対する「ほめ」と「謙遜」の分析を中心に—』. 博士学位論文[早稲田大学, 博士(教育学)].

金庚芬(2012).『日本語と韓国語の「ほめ」に関する対照研究』. ひつじ
　　書房.
張群(2008).「詫び表現の中日対対照研究 ―ポライトネスの観点か
　　ら―」. 修士論文(麗澤大学大学院言語教育研究科).

대인관계 관리

:

오하시 리에(大橋理枝)

학습 포인트

- 욕구를 충족하기 위한 커뮤니케이션의 필요성을 생각한다.
- 대인매력을 파악한다.
- 대인관계의 전개를 이해한다.
- 조하리의 창 이론과 자기공개를 이해한다.
- 일본의 대인관계 인식을 고찰한다.

① 커뮤니케이션의 필요성

지금까지 인사나 의뢰, 사죄 등 인간관계 유지를 위한 다양한 언어 시스템을 살펴보았다. 그런데 애초에 인간이 대인관계를 맺으려는 이유는 무엇일까. 이 장에서는 지금까지 살펴본 대인관계 커뮤니케이션의 배후에 있는 대인관계 구축 시스템을 고찰해 보도록 한다.

인간은 인간으로서 살아가는 한 주변 사람들과 커뮤니케이션을 해야만 한다는 의견이 있다. 스에다와 후쿠다(末田·福田, 2011)나 데라지마(寺島)는 매슬로(Abraham Harold Maslow)의 욕구단계설과 앨더퍼(Clayton P. Alderfer)의 E.R.G 이론을 소개하면서, 인간은 각 단계의 욕구를 충족시키기 위하여 커뮤니케이션을 필요로 한다고 주장한다.

〈그림 8-1〉에서 제일 아래에 있는 '생리적 욕구'나 '생존 욕구'는 "인간에게 가장 원초적이고 기본적인 욕구"(데라지마, 2009, p.23)이고, 위로 올라감에 따라 보다 고도의 욕구가 자리한다고 보았다. 매슬로의 이론에 따르면, 상위 욕구를 충족하기 위해서는 그보다 하위 욕구의 충족이 전제되어야 한다. 한편 앨더퍼는 인간은 생존·

매슬로의 욕구단계 이론		앨더퍼의 E.R.G 이론
자기표현 욕구 자신을 표현하고자 하는 욕구		성장 욕구
타인의 존경·승인을 받고자 하는 욕구 타인을 존중·존경하고 타인에게 존중·존경받고자 하는 욕구	자존심 충족 욕구	
	타인에게 존중받는 욕구	
애정과 소속 욕구 어딘가 또는 누군가에게 소속되고자 하는 욕구 타인를 사랑하고 타인에게 사랑받고자 하는 욕구		관계 욕구
안심·안전 욕구 물리적·정신적 안전이나 안정을 확보하고자 하는 욕구	인간관계적 측면	
	물질적 측면	
생리적 욕구 신체를 정상적인 상태로 유지할 수 있도록 물·공 기 등을 일정한 상태로 보유하고자 하는 욕구		생존 욕구

| 그림 8-1 | 매슬로의 욕구단계 이론과 앨더퍼의 E.R.G 이론

(스에다·후쿠다, 2011, p.24; 데라지마, 2009, p.26을 참고하여 작성.)

관계·성장 욕구의 균형을 맞추며 살아가고 있으며, 어느 한 욕구의
충족은 다른 욕구의 충족을 전제로 하지 않는다고 말한다.

　인간은 욕구를 충족시키기 위하여 커뮤니케이션 행동을 한다.
예를 들어 배가 고프거나 기저귀가 젖은 어린아이가 울음소리를 내
어 주변 어른의 대응을 요구하는 것은 생존 욕구를 충족시키기 위
한 커뮤니케이션 행동이라 할 수 있다. 울음은 훌륭한 비언어 메시

지이며, 이 어린아이를 돌보는 사람은 (일반적인 상황이라면) 울음이라는 형태로 기호화된 메시지를 이해하고 그에 상응하는 조치를 취한다. 또한 우리는 관계 욕구를 충족시키기 위하여 타인과 관계를 맺고자 하는데, 당연하게도 타인과 관계를 맺을 때도 커뮤니케이션이 필요하고 타인의 승인을 얻기 위해서도 커뮤니케이션이 필요하다. 이처럼 욕구 충족은 인간이 대인 커뮤니케이션을 유지하고자 하는 중요한 동기가 된다.

이야기를 더 이어 나가면, 5장과 7장에서 전술한 공손 개념은 '관계 욕구' 충족을 위한 커뮤니케이션을 설명하는 데 매우 유효한 개념이라 할 수 있다. 우리는 타인을 존경·존중하거나 타인에게 존경·존중받고자 하기 때문에 다양한 공손 전략을 이용하여 커뮤니케이션을 행하는 것이다. 달리 말하자면, 생존 욕구 충족을 위한 전형적인 커뮤니케이션에서는 소위 자신의 욕구를 충족시켜 줄 사람이라면 그 상대가 누구든 크게 상관이 없다. 그러나 관계 욕구 충족을 위한 커뮤니케이션은 자신의 관계 욕구를 충족시키기 위하여 누구와 커뮤니케이션을 취할 것인지, 누구와 대인관계를 유지할 것인지가 중요한 문제가 되는데, 이어서 특정한 타인와 대인관계를 맺고자 할 때의 과정을 고찰해 보도록 한다.

② 대인관계 구축의 동기

우리가 '누구라도 상관없는 타인'이 아닌 어느 특정한 상대와 커뮤니케이션을 시작하려는 이유는 무엇일까. 간단하게 말하자면 우리는 매력적이지 않은 상대와는 대인관계를 맺으려 하지 않는다. 즉 대인관계를 맺기 위하여 커뮤니케이션을 하는 상대란 매력적인 상대라고 말할 수 있다. 그렇다면 우리는 어떠한 상대에게 매력을 느끼게 되는 것일까.

사람을 끌어들이는 요인을 '대인매력'이라고 한다(스에다, 2013). 미야하라(宮原, 2006)는 그 종류로 (1)물리적 거리, (2)신체적 매력, (3)유사성, (4)보완성, (5)타인의 평가를 들고 있다.

'물리적 거리에 따른 대인매력'은 문자 그대로 물리적 거리가 가까운 상대와 인간관계를 맺을 가능성이 높다는 것이다. 물리적 거리가 가까운 예로는 우연히 옆자리에 앉는다거나, 통학로가 같다거나, 회사의 같은 부서에서 일을 하고 있는 것 등을 들 수 있다. 이는 인간이란 다양한 행동을 할 때 가능한 '비용'을 지불하지 않는 것을 선호하며, 물리적 거리가 가까운 상대와의 커뮤니케이션에는 '비용'이 적게 들기 때문이다. 반대로 구태여 반대편에 앉아 있는 사람과 커뮤니케이션하는 것은 옆 사람과 커뮤니케이션하는 것보다 큰 비용을 지불(일부러 반대편까지 이동해야 하거나 반대편까지 들릴 수 있도록 큰 목소리를 내야 하는 등)해야 하기 때문에 그다지 선호되지 않는다. 물론 물리적 거리에서 생겨나는 비용을 뛰어넘는 대인매력을 가진 상대라면 이야기는 달라지겠지만 말이다.

'신체적 매력에 따른 대인매력'은 상대를 멋지거나 근사하다고 생각하는 감정이다. 물론 무엇을 매력적이라 느끼는지는 사람마다 다르기 때문에 신체적 매력이란 무엇인가를 정의하기는 매우 곤란하다. 그렇지만 리치먼드와 매크러스키(Richmond & McCroskey, 2003=2006)의 연구에 따르면 "일반적으로 우리는 신체적으로 매력적인 사람을 선호"(p.17)하고, "인간은 신체적으로 매력을 느끼지 못한 사람의 접촉을 피하고자 시도하는 경우가 많으며"(p.17), "신체적으로 매력적이지 않은 사람은 사교적으로 사귀거나 함께 일하는 데 적합하지 않다고 판단하는 경향이 있다"(p.17)고 한다. 또한 신체적 매력은 대인관계 구축의 초기단계에서 타인에게 접근할 것인가를 결정하는 요인이 되며, 타인과 커뮤니케이션을 할 것인지의 여부에도 영향을 준다(리치먼드·매크러스키, 2003=2006).

'유사성에 따른 대인매력'이란 "외모, 행동패턴, 사고방식, 성격 등 상대가 자신과 같거나 비슷한 면이 있을 때 그것이 대인매력으로 발전"(미야하라, 2006, p.149)한다는 것을 의미한다. 이것 역시 인간은 비용이 적게 드는 선택을 한다는 점에서 설명할 수 있다. 우리는 자신과 전혀 다른 외모와 사고방식을 가진 사람과 대인관계를 맺고자 하더라도, 상대의 언행과 사고방식이 자신과 다르면 다를수록 많은 비용이 필요하기 때문에 관계 맺기를 꺼리는 경향이 있다. 소위 '닮은 사람끼리'의 친밀감이다. 그러나 이와 반대되는 원동력이 발동하는 경우도 있는데, 이를 '보완성에 따른 대인매력'이라 한다. 상대가 자신에게 없는 것을 가지고 있다는 점에서 대인매력을 느끼는 경우로, 상대에게 느끼는 동경 등이 대인관계 구축의 동기가 된다.

마지막으로 '타인의 평가에 따른 대인매력'은, 처음 만나는 상대라 하더라도 주변의 평가나 소문을 통해 좋은 평가를 받는 사람과는 대인관계를 맺고 싶고, 평가가 좋지 않은 사람과는 대인관계를 맺고 싶지 않음을 말한다. 하지만 때로는 나쁜 평가가 대인관계 구축의 동기로 작용하기도 한다.

여기에서 주의해야 할 점은, 이 같은 대인매력에는 비언어 메시지로 발신되는 것이 다수 포함되어 있다는 점이다. 타인의 평가는 언어 메시지로 수용될 가능성이 높지만, 물리적 근접성은 대인 거리의 문제이며, 유사성이나 보완성은 표정, 체격, 행동거지, 복장, 소지품 등 외관적 특징·신체 동작·인공적인 것과 관계된다. 이들 비언어 메시지는 의도적으로 송신된 것(교실 안에서 자신을 매력적으로 보이기 위해 의복에 신경 쓰는 경우 등)도 있고, 의도적이지 않게 송신된 것을 수신하는 경우(상대가 다른 사람에게 보인 미소를 보고 매력적이라 느끼는 경우 등)도 있다. 리치먼드와 매크러스키(2003=2006)는 인간의 외모와 대인관계 구축의 관계를 다음과 같이 정리했다.

1. 일반적으로 외관에 기인한 메시지가 가장 먼저 수용된다.
2. 외관 메시지는 우선 그 사람과 이야기를 나눌 것인가 하는 의욕에 지대한 영향을 미친다.
3. 외관 메시지는 관계를 어떻게 진전시킬 것인가에 지대한 영향을 미친다.
4. 외관 메시지는 타인에 대한 초기 판단을 내리는 데 사용되는 경우가 많다.
5. 타인에게 내린 초기 판단은 그 사람을 대표하기도 대표하지 않기도 한다.

(p.16)

이상의 동기를 통해 처음 만나는 상대와 인간관계를 구축하고자 판단한 경우, 그 이후의 대인관계는 어떠한 전개를 맞이하게 될까. 다음 절에서 이에 대해 자세히 검토해 보도록 한다.

③ 대인관계의 전개

이시이(石井, 2013)는 대인관계의 전개를 '양자 접촉', '양자의 관계 성립', '관계 발전', '관계 확립', '관계 쇠퇴', '관계 종말'이라는 6단계로 나타낸다. 또한 이 모든 단계를 거치지 않는 인간관계(예를 들어 '관계 확립'에 이르지 못한 채 '관계 쇠퇴'를 맞게 되는 경우 등)도 있다고 보았다. 미야하라(2006)는 '인간관계 발전 커뮤니케이션'은 (1)만남 단계, (2)탐색 단계, (3)관계 강화 단계, (4)통합 단계, (5)결속 단계 과정을 거치며, '인간관계 후퇴 커뮤니케이션'으로는 (1)어긋남 단계, (2)제한 단계, (3)침체 단계, (4)회피 단계, (5)관계 종결 단계 과정을 거친다고 정리했다. 여기에서는 '인간관계 발전 커뮤니케이션'에 집중하여 설명하기로 한다.

'만남 단계'에 진입할지의 여부는 앞서 언급한 대인매력 등에 기반하여 의도적으로 선택하는 경우도 있으며, 혹은 길에서 우연히 부딪치는 등 의도치 않은 형식으로 시작되는 경우도 있을 것이다. 그 시작이 어찌 되었든 '만남 단계'에서는 "앞으로 관계를 진전시켜 나갈 것인가, 아니면 단지 지인관계에 머물 것인가를 판단하기"(미야하라, 2006, p.152) 위하여, 자신과는 직접적인 관계가 없는 사교적이며 무난한 내용의 커뮤니케이션, 즉 스몰토크(small talk)를 행한다. 스몰토크의 대표적인 예로는 날씨 이야기를 들 수 있으며, 서로가 상황을 공유하고 있는 경우에 성립되는 대화 등(현재 대화가 이루어지는 장소에 관한 이야기 등)도 비교적 무난한 화제이다. 그리고 이 단계에서 더 이상 관계가 진전되지 않은 상대는 '만나면 인사하는 정도의 지인'이라고 할 수 있다. 앞 장에서 언급한 예를 다시 들자면, "펜을 잊어버렸습니다만, 빌려주실 수 있으신가요?" "죄송합니다만 펜을 빌릴 수 있을까요?" "펜 좀 빌릴 수 있을까요?"라는 부탁을 할 수 있는 정도의 사이인 것이다.

다음 '탐색 단계'에서는 "자신을 억압하지 않고 상대와 서로 교환할 수 있는 화제, 취미, 사고방식 등을 찾아내기"(미야하라, 2006, p.152) 위하여 보다 적극적인 커뮤니케이션을 행한다. 그 결과 이 대인관계를 더욱 심화시킬 것인가 말 것인가를 판단한다. 이 단계의 상대는 '무난한 대화를 하는 지인' 정도의 관계라 할 수 있다. "펜 좀 빌려주세요"라고 부탁할 수 있는 정도의 관계일 것이다.

세 번째 '관계 강화 단계'가 되면 상대와 신뢰가 깊어지며, 자신과 직접적으로 관련되어 타인에게는 말하지 않을 만한 내용의 비밀을 이야기하게 된다. 서로를 별명이나 애칭으로 부르거나 자신들을 일컬어 '우리'라는 결속체로 받아들이게 된다. 이 단계의 상대는 '친구'라고도 부를 수 있으며, "이거 빌려 가도 돼?"나 "펜 좀 빌려줘"라고 부탁해도 괜찮은 관계이다.

그 다음 단계인 '통합 단계'가 되면 주변에서도 두 사람 간의 친밀함을 명확하게 알 수 있다. 연애 감정을 갖고 있는 사이라면 '연인 사이'로서 자신과 타인들에게 인정받는 단계이다. 연애 감정을 갖는 사이가 아니라 하더라도 친밀한 사이라면 '친한 친구'라 부를 수 있는 사이이다. 상대를 대신하여 판단을 내리거나 물건을 공유하기도 한다. 물건을 빌릴 때도 "이거 빌려 갈게"라고 말하는 것으로 충분할 것이다.

최종 단계인 '결속 단계'는 연인 사이의 경우 약혼이나 결혼이라는 형식으로 두 사람의 관계를 사회적·법적으로 인정받는 단계이다. 자신의 편의만으로 상대와의 관계를 파기할 수 없게 되며, 상대뿐만 아니라 주변 사람들에게 서로에 대한 책임을 명시하는 관계라 할 수 있다. 이 단계에 이르면 일일이 허락을 구하지 않고도 물건을 빌릴 수 있을지도 모른다(그렇기는 하나, 일본어 문화권에서는 물건에 대한 소유권이 누군가에게 명백하게 귀속되어 있는 경우—예를 들어 당사자가 매우 소중하게 여기는 펜을 굳이 빌리는 경우 등—에는 상대에게 허락을 구할 필요가 있다).

이 같은 과정을 통한 인간관계의 발전과 그에 따른 커뮤니케이션의 변화 양상에 대해서는 여러 선행연구가 있다. 우선 "호감이 있는 상대를 대하는 경우, 발언 시간이나 단어의 수가 많고, 상대를 바라보며 서로 간의 거리를 좁히며, 신체는 상대를 향하여 기울인 자세를 취하고, 상대의 신체에 접촉(악수, 포옹 등)하기 쉬워진다"[다이보·이소(大坊·磯), 2009, p.24]고 알려져 있다. 그러나 통합 단계까지는 상대에게 갖는 호감이 증가할수록 이 같은 커뮤니케이션의 직접성 역시 상호 순환적으로 비례하여 증가하지만, 마지막 결속 단계에 이르면 오히려 커뮤니케이션의 직접성은 저하되는 모습을 보인다(다이보·이소, 2009). "친밀함이 일정 수준으로 고조되면, 역으로 커뮤니케이션의 직접성이 저하되어 대화가 줄어들고 시선을 교환하는 빈도가 감소하며 접촉 행동도 줄어들게 된다"[오가와·요시다(小川·吉田), 2009, pp.132-133]는 것이다. 이는 매우 친밀한 상대와는 아무 말을 하지 않고 있어도 함께 있는 것이 고통스럽지 않다고 느끼는 것과 부합한다. 상대와 더욱 친해지고자 하는 사이에서는 커뮤니케이션을 보다 활발하게 행하고자 하는 데 반해, 일정 수준 이상 친해지면 더 이상 활발한 커뮤니케이션의 필요성을 느끼지 않는다는 것이다. 한편 오가와(2007)는 지인과의 대화에서는 '잡담', '농담', '소문' 이야기를 많이 하는 데 비해, 친한 친구와의 대화에서는 '소문', '근황 보고', '농담'을 많이 하며, 연인 사이의 대화에서는 '오늘 있었던 일 보고', '아침에 하는 습관적인 대화', '농담', '소문' 이야기를 많이 한다는 골드스미스와 백스터(Goldsmiths & Baxter)의 연구를 소개하며, "이들 결과는 친밀한 관계라 할지라도 일상의 사소한 커뮤니케이션이 중요하다는 사실을 시사한다"(p.76)고 보았다.

생각해 보면 대인관계를 발전시켜 나가는 과정은, 다시 말해 물리적·사회적인 대인 거리를 줄여 나가는 방법을 찾아가는 것이라 할 수 있다. 즉 앞서 기술한 대인관계를 조절하는 말투가 각각의 단계와 대응하여 변하는 것이다. 또한 이는 어느 단계에서 어느 정도의 공손이 기대되는가와 관련이 있다. '만남 단계'나 '탐색 단계'에서는 사회적 거리가 멀기 때문에 귀띔이나 부정적 공손이 우선된다. 한편 '관계 강화 단계'에 이르면 긍정적 공손을 사용한 전략도 유효해진다. 통합 단계나 결속 단계에서는 공손 전략 자체가 불필요해지거나 일부러 공손 전략을 사용하지 않는 방법을 선택할 수도 있다.

단, 이는 일본어 문화권에서 이루어지는 대인관계를 상정한 경우이며, 여기에는 문화적 차이가 있음을 잊어서는 안 된다. 일본인과 미국인을 대상으로 '만남 단계'에서 '통합 단계'로 발전하는 속도의 추이를 살펴보면, 통상 일본인의 경우가 미국인에 비해 관계 발전에 더 오랜 시간이 소요되는 것으로 알려져 있다. 이처럼 같은 단계임에도 불구하고 일본인은 아직 '탐색 단계'라고 인식하는 데 반해 미국인 상대는 이를 '관계 강화 단계'로 인식하는 등의 불일치는 이문화(異文化) 간 커뮤니케이션에서 결코 드물지 않은 모습이다. 또한 6장에서 기술한 바와 같이 상대에게 갖는 친밀감에 따른 공손 전략 역시 문화적 차이가 존재한다.

④ 자기공개

우리는 인간관계의 발전 과정을 거치며 상대에게 자신의 취미, 과거의 경험, 자신의 성격, 무언가에 대한 자신의 의견 등을 이야기할 수밖에 없다. 오가와와 요시다(2009)는 "자기 자신에 관한 정보를 특정 타인에게 언어적으로 전달하는 것을 자기공개라 한다"(p.131)고 정의했다. 인간관계 발전 과정에서 처음 만난 사람과는 표면적이고 무난한 이야기를 하고 친밀해짐에 따라 보다 깊은 이야기를 나누는 것과 같이, 자기공개는 대인관계를 진전시키는 데 중요한 역할을 담당한다(오가와 · 요시다, 2009).

자기공개 개념을 검토할 때 조하리의 창은 좋은 참고 모델이 된다(〈그림 8-2〉 참고). 이 모델을 보면, 우리는 자기 자신이 알고 있는 부분과 모르는 부분을 가지고 있으며, 타인도 나에 대해 알고 있는 부분과 모르는 부분을 가지고 있다. 자신이 알고 있으며 타인도 알고 있는 부분을 '열린 창(개방 영역)', 자신은 알고 있으나 타인은 알지 못하는 부분을 '숨겨진 창(은폐 영역)', 자신은 모르지만 타인은 알고 있는 부분을 '보이지 않는 창(맹점 영역)', 자신도 타인도 알지 못하는 부분을 '미지의 창(미지 영역)'이라고 부른다. 이 모델을 근거

		자신이	
		알고 있는 나	모르는 나
타인이	알고 있는 나	열린 창 (개방 영역)	보이지 않는 창 (맹점 역역)
	모르는 나	숨겨진 창 (은폐 영역)	미지의 창 (미지 영역)

| 그림 8-2 | 조하리의 창

[오카베(岡部), 1996, p.108; 미야하라, 2006, p.159; 나카가와(中川), 2013, p.64 등을 기초하여 작성.]

로 설명하자면, 자기공개란 은폐 영역을 개방 영역으로 가져오는 것을 말한다. 또한 대인관계를 진전시킨다는 것은 자신과 상대 사이에 개방 영역을 넓혀 가는 것이라 할 수 있다.[1]

자기공개에는 다음과 같은 대략의 순서가 있다. 미야하라(2006)에 따르면 자기공개는 (1)이름·출신지·신분(학생/사회인 등)·대략의 연령, (2)취미·기호, (3)개인적 관심, (4)이상·신념, (5)금전관계·가치관, (6)신체(건강, 질병, 장애, 성적 관심 등) 순으로 이루어진다. 우리는 친밀하지 않은 상대에게 자신의 질병이나 성적 기호에 대해 이야기하지 않는다. 반대로 상대가 이러한 이야기를 해 주면 상대와의 심리적 대인 거리가 줄어들었다고 느끼게 된다.

그리고 자기공개에는 '보답성의 원칙(상대가 자기공개를 할 경우

---

1 개방 영역을 넓히는 방법으로는 은폐 영역을 개방 영역으로 가져오는 '자기공개' 이외에 맹점 영역을 개방 영역으로 가져오는 '피드백' 및 미지 영역을 개방 영역으로 가져오는 '발견'이 있다.

자신도 동일한 수준의 자기공개를 해야 한다)'이 작용(오가와·요시다, 2009)하는데, 이 보답성이란 대인관계가 친밀해짐에 따라 감소한다. 또한 자기공개를 내면적 내용과 비내면적 내용으로 나눌 경우, 비내면적 자기공개는 대인관계가 친밀해짐에 따라 반비례하여 감소하는 한편, 내면적 자기공개는 대인관계 진전의 중간 지점인 '관계 강화 단계'에서 가장 높으며 관계가 더욱 진전되면 다시 감소한다. 이는 매우 친밀한 관계에서는 보답성의 원칙을 신경 쓸 필요가 없기 때문이다(오가와·요시다, 2009). 이 역시 대인관계 진전에 따라 상대와의 심리적 대인 거리가 좁혀진 결과라 할 수 있다.

⑤ 일본의 대인관계 인식

마루야마(丸山, 2006)는 일본인 행동 패턴을 '오모테(オモテ)'와 '우라(ウラ)' 또는 '우치(ウチ)'와 '소토(ソト)'의 조합으로 설명할 수 있다고 보았다. '오모테'란 공적인 시선에 의해 겉치레와 형식을 중시하고 배려가 필요한 상황을 말한다. 한편 '우라'란 공적인 시선이 없으며 본심으로 상대를 솔직하게 대할 수 있고 배려가 불필요한 상황을 가리킨다. 또한 '우치'란 자신의 동료라고 인정할 수 있는 관계를 가리키며, '소토'란 자신의 동료로 여기지 않는 관계를 말한다. 마루야마는 '우치'와 '오모테'의 조합은 형성되기 어렵기 때문에, 나머지 세 개를 조합하여 (1)'우치'와 '우라'의 조합인 '친화적 상황', (2)'소토'와 '오모테'의 조합인 '의례적 상황', (3)'소토'와 '우라'의 조합인 '무질서 상황'이 있다고 말한다.

이 논의를 앞서 언급한 인간관계 발전 과정과 관련시켜 생각해 보자. 우선 '통합 단계'나 '결속 단계'까지 이른 상대는 '우치' 관계 이며, 또한 배려가 필요하지 않은 '우라' 상황이라 할 수 있다. 즉 이 같은 대인관계는 '친화적 상황'이라 말할 수 있으며, 지금까지 살펴 본 내용 중 심리적 대인 거리가 가까움을 느끼게 하는 어휘를 사용 하는 관계이다. 한편 대인매력을 느끼지 못하고 대인관계를 구축 할 동기가 없는 상대, 즉 '만남 단계'에 이르지 못한 상대는 '소토' 관 계에 있으며, 내 입장에서는 상대를 배려할 필요가 없기 때문에 '우 라' 상태에 있다고 볼 수 있다. 따라서 이러한 사람은 '무질서 상황' 에 있는 상대이며, 심리적인 대인 거리가 멂에도 불구하고 가장 배 려 없는 말투를 사용하는 상대라 할 수 있다. 또한 '관계 강화 단계' 는 '의례적 상황'에서 '친화적 상황'으로 가는 과도기로 여겨진다. 이 단계에서 다양한 내면적 자기공개가 이루어진 결과, 종래에 '의 례적 상황'에 있던 상대가 '친화적 상황'으로 들어올 수 있는 것이 아닐까. 이러한 생각으로 우리는 대인관계의 진전 상황에서 관계의 깊이와 상대에 따른 말투의 차이, 이 둘 사이의 관계를 알기 쉽게 정 리할 수 있다. 말투를 통해 심리적 거리를 조정함은 곧 대인관계의 진전 과정을 조정하는 것이기도 하다.

한편, 일본사회에서는 상하관계가 고정적인 경향이 강해서 대 인관계를 구축하는 초기 단계에서 상하의 차이가 존재하는 경우, 그 후 대인관계가 진전됨에 따라 그 차이가 다소 좁혀지기는 하지 만 차이가 완전히 사라지거나 역전되는 경우는 거의 없다. 이 같은 사회 전체의 양상은 개개인을 초월한 것이기 때문에, 각각의 대인 관계 상황에 구애받기보다는 이를 반영하는 규범에 따라야만 한다.

다음 장에서 다룰 경어 표현 역시 이와 관련된다. 이처럼 친소관계와 상하관계가 분리된 채 대인관계를 유지하는 것 역시 일본어 커뮤니케이션의 특징 중 하나라 할 수 있다.

인용문헌

石井敏・久米昭元(2013).「対人関係」〈石井敏・久米昭元 編集代表〉.『異文化コミュニケーション事典』(p.61). 春風社.

岡部朗一(1996).「個人と異文化コミュニケーション」〈古田暁 監修, 石井敏・岡部朗一・久米昭元 著〉.『異文化コミュニケーション：新・国際人への条件』第5章(pp.101-120). 有斐閣.

小川一美(2007).「親密化過程と会話」〈岡本真一郎 編〉.『ことばのコミュニケーション：対人関係のレトリック』第2章 第3節(pp.66-80). ナカニシヤ出版.

小川一美・吉田俊和(2009).「ダイナミックな対人関係」〈大坊郁夫・氷瀬治郎 編〉.『関係とコミュニケーション』第6章(pp.120-139). ひつじ書房.

末田清子(2013).「対人魅力」〈石井敏・久米昭元 編集代表〉.『異文化コミュニケーション事典』(pp.65-66). 春風社.

末田清子・福田浩子(2011).『コミュニケーション学：その展望と視点』. 増補版松柏社.

大坊郁夫・磯友輝子(2009).「対人コミュニケーション研究への科学的アプローチ」〈大坊郁夫・氷瀬治郎 編〉.『関係とコミュニケーション』第1章(pp. 2-35). ひつじ書房 講座社会言語科学第3巻 ― 関係とコミュニケーション.

寺島信義(2009).『情報新時代のコミュニケーション学』. 北大路書房.

中川典子(2013).「自己開示とジョハリの窓」〈石井敏・久米昭元 編集代表〉.『異文化コミュニケーション事典』(pp.63-64). 春風社.

丸山真純(2006).「異文化コミュニケーション：自己観からのアプロ
　　ーチ」〈橋本満弘・畠山均・丸山真純〉.『教養としてのコミュニケ
　　ーション』第3章(pp.88-147). 北樹出版.

宮原哲(2006).『入門 コミュニケーション論』. 新版 松柏社.

リッチモンド, V. P.・マクロスキー, J. C.〈山下耕二 訳〉(2003=2006).
　　「外見的特徴」. V. P. リッチモンド・J. C. マクロスキー〈山下耕二
　　編訳〉.『非言語行動の心理学』第2章(pp.15-49). 北大路書房.

09

경어의 커뮤니케이션

∙
∙
∙

다키우라 마사토(滝浦真人)

① 경어가 나타내는 것

경어는 커뮤니케이션에서 잘 드러난다. 문장이 전달하는 의미와 내용은 그대로 두고 인간관계에 관한 정보만을 나타내기 위해 일부러 사용되었기 때문이다. 바꿔 말하면 거기에 있는 언어는 사실 '있는 그대로'의 의미에 화자가 인식하는 인간관계의 상(像)이라는 '옷'을 입힌 것이다. 일본어·한국어·북한어처럼 커다란 경어 체계를 가진 언어는 이 '옷'이 잘 드러난다고 할 수 있다. 한편 유럽의 여러 언어 중에는 '너'라는 2인칭 단수대명사에 친칭(親稱)과 경칭(敬稱)의 두 계열을 가진 경우가 있다(프랑스어의 tu/vous, 독일어의 du/Sie 등). 경어 체계라고 하기는 그렇지만 어찌 되었든 경칭은 경어이며, 이 경우에는 이른바 '머리글자'가 화자가 청자와의 관계를 어떻게 파악하고 있는지를 나타내는 표시이다.

그렇다면 경어가 나타내는 인간관계의 정보란 무엇일까? 일반적으로 이는 '경의'라는 의미로 이해하고 있을 것이다. 경의는 '존경하는 마음' 정도로 바꿔 말할 수 있을 터인데, 현실에서 사용되는 경어의 뉘앙스와 어느 정도 일치하는지 생각해 보면 사실 걱정스러운 점이 있다. 경어 교과서에는 경어가 나타내는 다양한 의미로 다음과 같은 단어가 나와 있다.

존경, 존중, 경원(敬遠), 격식, 위엄, 품위, 야유, 경멸, 친애(大石, 1975)

이 중에서 친애는 이를테면 착각으로 인해 그런 뉘앙스가 느껴지므로 제외하기로 한다(뒤에서 설명하겠다). '존경', '존중', '격식'까지는 그렇다고 쳐도, '위엄', '품위'는 어느 쪽이 상위인지 알 수가 없고, '경원(敬遠)'은 경의와 의미가 완전히 다르다. '야유'나 '경멸'은 경의를 반전시킨 것이라고 무리하게 설명할 수 있겠지만, 그렇다고 해도 경의와는 정반대이다. 그러나 실제로 다음과 같은 예는 경어 용법으로 그리 특수한 것이 아니다.

(1)
a "금일 이곳에, 많은 내빈 여러분을 모시고 금년도 졸업식을 성대하게 거행할 수 있게 된 데 대하여 충심으로 감사 말씀 올리는 바입니다."
b "전혀 알지 못했어요. 정말이지 오늘 그런 말을 듣지 않았다면 언제까지나 여러분께 폐를 끼칠 뻔했네요(岸田國土)."
(2)
a "예, 예, 알겠습니다. 부디 좋으실 대로 하세요."
b "어디, 그럼, 고매하신 의견 좀 들어 볼까요."

(1a)는 행사 등의 인사말에서 흔히 들을 수 있는 과장된 경어로, '위엄'이나 '격식'의 예라고 할 수 있을 것이다. (1b)는 지난날 야마노테의 전형적인 '사모님 말투'이다. 상대가 누구든 가리지 않고 기본적으로 경어를 쓰는데, 자신의 '품위'를 드러내려는 의도로 볼 수

있다. (2)는 '경의'와는 거리가 멀다. (2a)는 평소에는 경어를 쓰지 않던 부부가 말다툼을 하면서 내뱉듯이 사용하는 경어이다. 이제는 도저히 참을 수 없다며 따돌리는 느낌이 강하게 나타나 있다. '경원'의 일종으로 볼 수 있다. (2b)는 '야유' 섞인 경어로, 진지하게 상대할 만한 가치가 없다는 냉랭한 거리감이 느껴진다.

경피적(敬避的) 거리 두기

이처럼 다양한 경어의 의미를 어떻게 설명할지 살펴보려면, 경어의 기원과 관련 있는 문화인류학이나 언어인류학적 지식을 참고할 필요가 있다. 이 세상에는 공동체의 구성원들이 사전에 서로 피해야 하는 '기피관계'와, 적극적인 교제가 권장되는 '농담관계'라는 두 개의 그룹으로 나뉜 사회가 있다. 호주의 원주민(어보리진)은 기피관계에 있는 상대방(남편 입장에서 본 장모, 아버지와 아들 관계 등)에게는 '경원체(敬遠體)'나 '장모어(mother-in-law language)' 같은 특수한 표현을 사용하기도 한다. 시바타니는 그러한 말투와 경어 사이에 유사성이 있음을 지적하고 있다(Shibatani, 2006). 예를 들면 다음과 같은 것이다.

> 일상어와는 다른 특수한 동사형이 사용된다.
> 인물의 동작을 그 장소에서 일어난 일인 것처럼 표현한다.
> 2인칭 단수인 상대를 가리키면서 복수형을 사용한다.

특수한 동사형에는 경어 동사도 해당된다. 예를 들면 일본어 경어에서는 「行く/来る/いる」에 해당하는 동작을 「いらっしゃる」라

는 경어 동사로 표현한다. 동작을 이미 일어난 일인 것처럼 표현하는 방법 역시 그렇다. 예를 들어 보자.

(3)「ご子息におかれましてはこの度めでたく御結婚になるとのこと、まことにおめでとう存じます。」

이처럼 격식을 차린 경어에서는 주어의 동작을 「が」 대신에 「におかれましては」로 나타내고, 「結婚する」라는 동작은 「御結婚になる」라는 존경어로 표현되어 있다. 분명히 「におかれましては」는 장소 표현이며 「……になる」는 일어난 일에 대한 표현이다. 세 번째 항목은 일본어의 경어보다, 앞에서 언급한 2인칭 단수대명사의 경칭이 더 좋은 예라 할 수 있다. 프랑스어인 'vous'가 전형이라 할 수 있는데, 이는 복수형에서 전용(轉用)된 것이다(영어의 'you'도 마찬가지이지만 영어에서는 본래의 친칭이 쓰이지 않게 되었다).

공손에 대해 설명하면서 '경피적'이라는 표현을 썼는데, '경원체(敬遠體)'가 바로 경피적인 말투이며 그것과 평행하는 경어 역시 경피적인 공손 표현수단으로 볼 수 있다. 위의 내용을 비롯하여, 경어는 직접 지시를 피하고 수동형이나 완곡어법을 사용하여 표현을 간접화한다. 대상에게 최대한 접촉하지 않기 위해서이다. 그리하여 경어의 의미 핵심을 '대상 인물을 경피적으로 멀리하는 것'에 두고, 대인관계의 심리적·사회적인 거리를 표현한다고 생각하면 앞에서 말한 모든 예를 모순 없이 설명할 수 있다.

핵심이 되는 의미가 어떤 사회나 문맥에서 사용되는가에 따라 '정중하게' 거리를 둘 것인가, '어깨에 힘을 주며' 거리를 둘 것인가,

'무례하게' 거리를 둘 것인가에 대한 뉘앙스가 결정된다. 예를 들면 상하(수직)질서가 우위인 사회라면 경어는 상위자라는 표시(상위자 대우)가 되며, 친소(수평)질서가 우위인 사회라면 잘 모르는 인물이라는 표시(외부인 대우)가 된다. 수직을 쓰러뜨리면 수평이 되는 만큼 경어의 구조 자체는 같다(이후, 양쪽을 합해 대상자를 '상위자·외부인' 대우로 표현함). 제2차 세계대전 이전까지와 전쟁 이후 일본의 차이도 대략 이렇게 파악할 수 있다. 마찬가지로 유럽의 언어에서 2인칭 단수대명사의 친칭과 경칭 구별은 친소(수평)관계를 구별하는 기능을 한다.

경어를 설명할 때 경어는 어디까지나 상하관계를 기본 의미로 한다고 강조했다. 그러나 사회에 상하질서가 존재한다(우세함)는 것과, 경어가 의미론적으로 무엇을 나타내고 있는지는 별개의 문제이다. 또한 '경의'와 같은 '마음'의 문제도 설명 원리로서는 의미가 빈약하다. 마음과 행동은 별개의 문제이며 경어는 말에 따른 행동이라고 생각하는 편이 다양한 사용 방법을 무리없이 설명할 수 있다.

② 경어의 분류와 기능

경어의 기본적인 기능을 이해했으므로, 이 절에서는 일본의 경어 체계로 눈을 돌리고자 한다. '존경어·겸양어·공손어'라는 경어의 분류가 어떤 분류인지 명확히 하고, 그 결과 어떠한 경어 커뮤니케이션 모델을 생각할 수 있는지 설명하려고 한다.

대부분의 독자들은 경어에는 '존경어·겸양어·공손어'라는 세 종류가 있다고 생각할 것이다. 그러면 이 세 종류의 차이는 무엇일까? 국어 시간에 배운 기억을 더듬어 보면 대체로 다음과 같을 것이다.

> 존경어 : 상대를 높인다.
> 겸양어 : 자신을 낮춘다.
> 공손어 : 전반적으로 격식을 차린다.

그러나 이 설명을 따르면 중대한 문제가 생긴다. '자신'은 그렇다치고, '상대'는 누구를 말하는 걸까? 우선 머릿속에 떠오르는 것은 대화 상대, 즉 '청자'일 것이다. 분명 청자의 동작 또는 화자가 청자에게 행하는 동작에 대해, "일전에 말씀하신 것"이라든가 "어제 말씀드린 것"이라는 말을 하기도 한다. 그러나 '일전에 말씀하신' 것이나 '어제 말씀드린' 것의 대상은 그 자리에 없는 제삼자, 예를 들면 '사장'일 수도 있다. 그럴 경우에 '상대'는 청자인가 아니면 사장인가? 가령 '사장'이라고 하자. 그러면 그것으로 끝일까? '말씀하신'의 발언 주체는 사장이지만 '말씀드린'의 발언 주체는 화자이고 사장은 청자이다. 즉 '상대'라고 하면 그러한 차이를 구별할 수 없는 것이다. 쉽게 말해 경어를 설명하는 데 도움이 되지 않는다.

그러한 차이는 언급했던 동작에 대한 '역할'의 차이일 것이다. 그렇게 생각하고 다시 살펴보면 경어의 체계가 곧바로 분명하게 드러난다. '말씀하셨다'는 동작의 주체(문법적으로 주어), '말씀드렸다'는 동작의 객체(문법적으로 목적어)가 경어의 대상자이며, '말씀하셨다'는 존경어, '말씀드리다'는 겸양어이다. 그러면 '공손어'는 무엇일까? '~입니다·~합니다'처럼 전반적으로 격식을 차린 말이라 할 수도 있지만 그 대상은 '청자'이다. 이렇게 생각하면 경어 종류의 차이는 경어가 가리키는 대상자의 차이가 된다.

그런데 한 가지 문제가 있다. '겸양어' 중에는 동작의 객체(목적어)가 되는 인물이 존재하지 않는 말이 있으므로,「存じません」,「(~に)おります」와 같은 말에서는 위의 설명이 성립되지 않는다. 이들을 동일한 '겸양어' 그룹에 넣으면 위의 명쾌한 설명이 불가능하게 된다. 그러므로 이러한 어군(語群)을 별도의 종류로 분류하여 경어를 네 가지로 하면 어떨까 하는 의견이 대두되었고, 2007년에 문화심의회 답신 '경어 지침'에 이 의견이 채택되었다. 경어 지침은 겸양어에서 분류한 그룹을 '정중어' 또는 '겸양어(2)'라 하여, 객체가 있는 '겸양어(1)'와 구별하는 내용으로 되어 있다(이러한 분류에 대한 개념은 새로운 것이 아니라 메이지시대에 이미 나타나 있다). 이 답신에 따라 경어의 종류는 공식적으로 4분류(「おビール」,「お紅茶」같은 '미화어'를 추가하여 5분류)가 되었다. 이를 대표적인 어형·용례와 함께 〈표 9-1〉에 정리했다(미화어 제외). 다만 '정중어'는 주체가 자신을 낮추는 말이므로 표에서는 '주체의 겸손'으로 표시했다. 각 유형의 명칭에 '존경'이나 '겸양'이라는 말이 들어 있으나, 여기서는 단순히 구별하기 위한 명칭임을 밝혀 둔다.

이해를 돕기 위해 '경어 혼란'의 예로 자주 인용되는「お持ちになる」와「お持ちする」에 대해 알아보자. 〈표 9-1〉에서는 모두 주어를 명시하고 있으므로 오해의 여지가 없으나, 일본어에서는 경어에 따라 주어가 암시적으로 나타나기도 하므로 주어를 명시하지 않는 경우도 있다.

| 표 9-1 |　경어의 기능과 형태

명칭	기능	대표적인 어형과 예문
존경어	주체 경어	「お/ご…になる」「～(ら)れる」「おっしゃる」「召し上がる」 ここでお休みになってください。 御自分でお持ちになりますか。
겸양어	객체 경어	「お/ご……する」「さし上げる」 お客様を御案内してください。 書類はあとで私がお持ちします。
공손어	청자 경어	「です」「ます」「ございます」 お席はこちらでございます。
정중어	주체의 겸손	「参る」「申す」「致す」「存ずる」 すみません、存じませんでした。

　신문의 투고란에는 이런 이야기가 반복적으로 게재된다. 가게에서 주문을 했더니 점원이「お持ちしますか?」라고 말해, 자리까지 가져다주는 모양이라 생각하고 기다렸다. 그런데 점원이 이상하다는 표정으로 계속 이쪽을 바라보고 있었다. 이상하게 생각하다가 그제서야, 점원이「お持ちになりますか」라는 뜻으로 말했다는 것을 알았다는 내용이다.「お持ちする」는 객체 존경이므로 손님인 내가 객체이고 점원은 주체이다. 반면에「お持ちになる」는 주체 존경이므로 손님인 내가 주체인데, 점원이 이를 오해한 것이다.

　원래 이야기로 되돌아가자. 이상으로 알 수 있는 것은 일본어 경어는 대상자에 따라 종류가 나뉘며, 전체를 파악하려면 화자와 청자에 더하여 화제에 오른 동작의 주체와 객체라는 4자로 구성되는 모델로 설명할 수 있다. 〈그림 9-1〉은 그러한 경어 커뮤니케이션 모델이다.

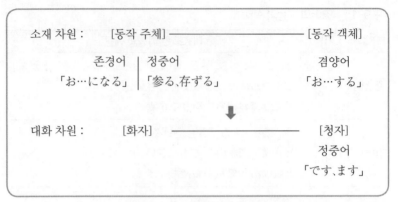

| 그림 9-1 |　　경어 커뮤니케이션 모델

'대화 차원'과 '소재 차원'에는 좀 당혹스러움을 느낄 것이다. 이는 나와 당신이 대화를 나누는 직접적인 관계 차원과, 대화에 나오는 화제라는 간접적인 관계 차원을 다르게 파악함을 반영한다. 이와 같이 차원을 나눔으로써, 이야기에 등장하는 인물을 어떻게 대우하는지에 따라 나와 당신의 관계가 바뀔 수 있다는 경어 사용의 동적인 측면을 파악할 수 있다(상세 내용은 3절에서 설명). 앞에서도 언급했듯이 현실에서는 동작 주체가 화자와 동일 인물이거나, 객체가 청자와 동일 인물인 경우가 많다. 그러나 모델에서 이 네 사람을 구분해 두지 않으면, 앞에서 언급했던 '상대가 누구인지 헷갈리는' 어려움을 겪게 된다. 그림에 나오는 '정중어'를 '화자' 자신을 낮추는 말로 하면 더욱 분명하게 이해할 수 있을 것이다. 그러나 이때 낮추는 것은 화자 자신뿐 아니라 화자가 봤을 때 가족(「うち」에 속하는 인물)이라면 이에 해당되기 때문에 대상자는 동작 주체로 해야 한다.

(4)「もうすぐ母が車で参りますので、ここで失礼します。」

③ 경어가 나타내는 인간관계의 모습

경어 커뮤니케이션은 화자가 파악하는 인간관계에 맞도록 동작의 주체, 객체, 청자라는 대상을 상위자·외부인 대우를 하면서 진행하는 것이다. 앞의 절에서 경어 체계를 구성하는 요소와 그 기능을 대략적으로 살펴보았다. 그러나 실은 여기에 추가로 사용법에 관한 원칙이 있으며, 그것까지 갖추어야만 비로소 커뮤니케이션 전체를 파악할 수 있다.

일본어 경어의 사용 원칙은,

> ('화자'가 아니라) '청자'의 위치에 시점을 둔다

이다. 구체적으로 말하면 청자가 볼 때도 경피적으로 대우해야 하는(청자보다 상위자·외부인으로 판단되는) 인물에 대해서는 경어를 사용한다. 바꿔 말하면 청자가 볼 때 상위자·외부인 대우를 할 필요가 없는 인물에게는 경어를 사용하지 않는다. 그러한 사실은 잘 알려져 있는데, 다른 사람과 대화할 때 가족이나 친척을 경어로 나타내서는 안 된다는 원칙이 그것이다. 다음 예를 보면 바로 알 수 있을 것이다.

(5) 가족 경어의 억제
a 「父もそう<u>申して</u>おりました。」(존경어가 아니라 정중어 사용)
b ??「父もそう<u>おっしゃって</u>おりました。」

덧붙이자면 한국어나 북한어는 경어의 시점을 '화자' 자신의 위치에 두는 경향이 강하므로, 예를 갖추어 말할 때는 (5b)처럼 경어를 사용한다('아버지'도 '아버님'이 됨). 경어에 대해서는 이러한 형태와 기능을 이해하고 사용 원칙을 파악하는 것이 중요하며, 이는 경어를 이해하는 지름길이다.

청자에 시점을 두는 경어의 사용 원칙을 '상대 경어성'이라 한다(한국어나 북한어처럼 화자에 시점을 두는 방식은 '절대 경어성'이라 함). 위의 예문에서 보듯 상대 경어성이 '가족 경어'를 억제하는 것은 분명하지만 그뿐이 아니다. 경어 사용은 청자가 볼 때 상위자 또는 외부인 대우를 의미하지만 그것을 판단하는 사람은 사실 화자이다. 즉 화제에 등장하는 제삼자와 청자와 화자를 포함한 인간관계 전체의 모습을 그리는 것은 화자인 것이다. 앞 장에서 인간관계의 '우치(內)/소토(外)'에 대해 살펴봤지만, 사람들은 큰 의미에서 우치/소토 그룹으로 나눈 다음 대화에서는 더욱 자세하게 우치/소토를 구분한다. 이는 일본어의 경어 커뮤니케이션의 중요한 기능 중 하나이다. 구체적인 예를 들어 가면서 마지막으로 이에 대해 고찰해 보기로 한다.

경어에 따른 우치(內)/소토(外)의 구분

앞에서 '친애'를 나타낸다는 경어의 용법에 대해 어떠한 착각이 원인이라고 서술했다(p.157). 다음은 '친애'에 대한 예로 자주 사용되는 문장이다.

(6)「あなたもいらっしゃる?」

예전 여학생들의 말을 연상시키는 어투로, 친한 친구 사이인데도 「いらっしゃる」라는 경어를 쓰고 있다. 그러나 전체적으로 격식 있는 뉘앙스가 아니라 오히려 친근한 인상을 준다. 그 인상은 (6')와의 차이에서 생기는 것이다.

(6')「あなたもいらっしゃい　ます(か)?」

이 경우, 동작 주체와 청자는 동일인물이므로 존경어와 공손어를 모두 사용하는 것이 이른바 표준적인 선택이라 할 수 있다. (6)은 눈앞에 있는 '청자'에 대해서는 상위자·외부인 대우를 하지 않고 '동작 주체'만 경어로 대우하는 선택을 한 결과이다. 청자까지 경어 대우를 하면 거리감이 느껴지고 정중한 인상을 주지만, 청자를 경피적으로 대우하지 않는 선택을 함으로써 그 차이만큼 친근한 인상을 만들어 낼 수 있다. 즉 경어를 사용하지 않음으로써 생기는 뉘앙스이다. 이것이 '착각'의 정체이다(滝浦, 2009, 4장).

좀 더 일반적인 경어를 살펴보자. 무심코 사용하는 것 같아도 사실 우리는 거리감을 미세하게 조작한다.

(7)「お客様は社長がお送りされるそうです。」

이 경어는 누구에 대한 어떤 거리감을 나타내고 있을까? 「お送りされる」라는 어형은 앞의 〈표 9-1〉에는 나오지 않는다. 이것은 겸양어인 「お送りする」와 존경어인 「~れる」가 합쳐진 형태이다. 따라서 이 경어는 「送る」라는 동작의 객체인 (送られる)「お客様」와 동작의 주체인 (送る)「社長」을 모두 동시에 상위자·외부인 대우를 하고 있는 것이다. 청자는 회사 내부 사람으로 추측되므로, 이 두 사람은 청자가 볼 때도 마땅히 경어 대우를 해야 할 대상이라 할 수 있다. 그러면 (7)은 이러한 장면에서 가장 많이 사용되는 표현인가? 아마 그렇지 않을 것이다.「お送りされる」라는 형태 자체가 그다지 친숙하지 않다는 사람도 적지 않을 것이다

　　그렇다면 좀 더 일반적으로 사용되는 형태는 무엇일까? 그것은

(7′)「お客様は社長が<u>お送りする</u>そうです。」
(7″)「お客様は社長が<u>お送りになる</u>そうです。」

라는 표현일 것이다. (7′)의「お送りする」는 겸양어이므로 고객만을 경어 대우하며, (7″)의「お送りになる」는 존경어이므로 사장만을 경어 대우하고 있다. 한쪽만 경어 대우를 하면 경어 대우를 받지 못하는 다른 사람에게 실례가 되지 않을까 의문이 생길 수도 있다. 그러나 이는 화자가 어떤 범위 내에서 어떠한 인간관계를 상상하고 있는가의 차이일 뿐이다. 겸양어만 사용한 (7′)는 '우리 회사 대 고객'이라는 관계로 파악했을 때의 상황을 나타낸다. 이 관계에서는 '사장'도 우리 회사의 일원에 지나지 않으므로 존경어 대우를 할 대상이 아닌 것이다. 한편 사장에게만 존경어를 사용한 (7″)는 고객에 대한 실례로 보인다. 그러나 이는 고객을 배웅하는 것은 당연하다는 전제하에, 사내에서 누가 담당할 것인가에 초점을 맞춘 데 불과하다. 여기서는 '사원 일반 대 임원'이라는 관계에서 '사장'이 경어 대우를 받고 있다고 볼 수 있다. '적절한 경어'는 이처럼 한 가지 의

미로 정해지는 것이 아니라 그 표현이 나타내는 인간관계의 모습이 화자의 의도와 일치하느냐 아니냐로 결정된다.

경어의 시점

'자경경어(自敬敬語)'라는 단어를 들어 본 적이 있는지? 천황처럼 지극히 신분이 높은 사람이 자기 자신의 언동을 경어로 표현하는 것을 말하는데, 『만엽집』 등에 그러한 예가 나온다. 자경경어가 무엇인지에 대해서는 여러 견해가 있지만 여기서는 다루지 않고, 위에서 서술해 온 도구만으로 합리적인 설명을 할 수 있음을 살펴보려 한다. 그 열쇠는 청자에 시점을 두는 사용 원칙이다. 천황은 항상 자신이 최상위이며, 천황의 말을 듣거나 읽는 사람은 모두 천황보다 신분이 낮다. 그러한 관계에 시점의 원칙을 적용하면 천황은 모든 청자(독자)에게 마땅히 존경어로 대우받는 대상이며, 그것을 실행한 것이 자경경어라는 것이다. 도키에다 모토키(時枝誠記)나 미카미 아키라(三上章) 같은 선견적 경어론을 전개한 학자들이 이러한 해석을 내놓았다.

그렇다 하더라도 자경경어는 먼 옛날의 일이며 현대를 사는 우리와는 더 이상 관계가 없다고 생각할 수도 있다. 그러나 다음 문장은 그렇지 않다는 예를 보여 준다.

(8) 「ただいま。パパのお帰りだよ。」

이렇게 말하며 귀가하는 아빠가 있을 텐데, 「お帰りだ」라는 표현은 어엿한 존경어(「パパ」라는 호칭도 마찬가지임)이다. 즉 이것은 현

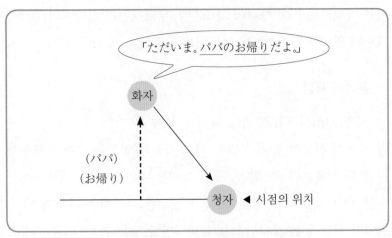

| 그림 9-2 |　'자경경어'의 구조

대의 자경경어라 할 수 있다. 「パパ」라는 말에서도 알 수 있듯 이 표현의 시점은 「子ども」에게 있다. 「子ども」를 청자로 상정할 경우, 「パパ」는 상위자로서 경어 대우를 받을 가치가 있다는 판단(パパ、お帰りなさい)을 화자가 미리 알고 말하는 것이다. 〈그림 9-2〉는 시점과 표현의 관계를 나타낸다. 청자에 시점을 둔다는 의미를 실감할 수 있을 것이다.

(8)에서 보듯이, 청자가 자신을 '상위자로 대우'해 줄 것이라 미리 생각하고 표현하는 것은 사실 화자의 특권이다. 청자도 그러기를 바라는지는 알 수 없으므로 화자의 판단과 청자의 감각이 어긋날 수도 있다. 그럴 경우 청자는 화자의 경어에 위화감을 느끼게 된다.

(9) ?「大学の先輩で今度御結婚になる方がいらっしゃるんだけど。」[1]

1　'?'는 '문법적 오류는 아니나 문맥상 약간 부자연스럽다'는 의미.

경어 사용을 좋아하는 사람이라면 모르겠지만 청자는 이 경어를 기분 좋게 생각하지 않을 가능성이 있다. 왜냐하면 말투를 볼 때, 청자는 화자의 대학 선배라는 사람을 모르기 때문이다. 그러나 그 인물은 「御結婚になる」라고 분명하게 존경어로 대우받고 있다. 화자가 선배를 존경하는 것은 자유이지만 경어 사용은 청자의 시점이 기준이 된다고 볼 때, 화자는 선배가 청자에게서도 경어 대우를 받을 만한 인물이라고 판단하고 있는 것이다. 즉 청자는 자신도 모르는 사이에 화자의 선배를 '존경하도록 강요당하고' 있는 셈이다. 자신의 지인을 다른 사람에게 말할 때 경어를 사용할지 말지 망설이는 경우가 흔히 있는데, 여기에는 '경의의 강제'라고 할 수 있는 이러한 문제가 얽혀 있다.

커뮤니케이션은 대화로 이루어지므로 글자 하나로 끝날 일이 아니다. 우리는 대화할 때, 동일인물에 대해 경어를 쓰기도 하고 쓰지 않기도 하는 등 뒤섞어 사용한다. 예를 들어 사내 각 부서에서 나온 직원들이 모여 회의하는 중에, 어느 부서의 사원이 다음과 같이 말했다고 하자.

(10a)「はい、課長もそう申しております。」

이때 화자의 상사인 '과장'은 '우리 과 : 다른 과'라는 관계에서 '우리'라고 생각되므로 자기 쪽을 낮추는 「申す」라는 '정중어'를 사용했다. 위에서 말한 원칙 그대로이다. 그런데 이 화자는 위와 같은 발언을 하고 1분도 지나지 않아 다음과 같이 말할 수도 있다.

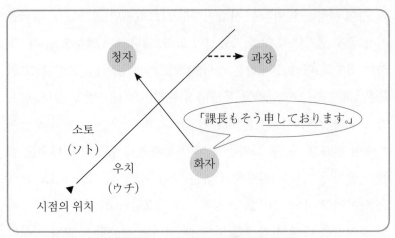

| 그림 9-3 | **미우치를 낮추는 경어의 구조**

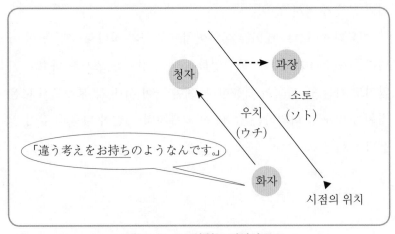

| 그림 9-4 | **'소외'하는 경어의 구조**

(10b)「いや実は、課長は本当は違う考えを<u>お持ち</u>のようなんです。」

바로 조금 전에 낮춰 말했던 과장을 이번에는 존경어로 대우하고 있다. 모순이 아닌가 하겠지만 그런 게 아니라 화자가 생각하는 인간관계의 모습이 다른 것이다. (10b)에서는 '과장'만 경어 대우하고, 그것을 그 자리에 있는 사람들이 모두 듣고 있다. 이때 상위자·외부인 대우를 받는 과장은 글자 그대로 자리의 '밖'으로 밀려나 있다. 이 기능을 경어에 의한 '소외'라고 해도 과언이 아닐 것이다. 공식적 견해인 (10a)의 '겉치레'에 비해 (10b)에서는 '본심'이 얼굴을 슬쩍 내비친다. (10a), (10b)가 표현하는 인간관계를 나타낸 것이 〈그림 9-3〉, 〈그림 9-4〉이다.

누군가에게 경어를 쓴다는 것은 다른 누군가에게는 경어를 쓰지 않는다는 말이기도 하다. 구체적인 예를 들어 살펴보았듯이, 경어 대우를 하느냐 하지 않느냐에 따라 거리감을 느끼는 정도에 차이가 있음을 알 수 있다. '친애'의 경어가 그러했던 것처럼, 어떤 인물에게 경어를 쓰지 않음으로써 그 사람을 '동료'로 편입시키는 효과를 발휘할 수 있다.

우리는 대화 속에서 경어를 사용하며 우치/소토를 세세하게 넣거나 빼고 있다. 그러한 이유로 경어 커뮤니케이션은 비(非)경어 커뮤니케이션과 표리일체인 것이다.

📖 인용문헌

Shibatani, M.(2006). Honorifics. In: Keith Brown(ed.). *Encyclopedia of Language and Linguistics 5*. Amsterdam:Elsevier(pp.381-390).

滝浦真人(2009).『山田孝雄 共同体の国学の夢』, 講談社.

大石初太郎(1975).『敬語』. 筑摩書房.

참고문헌

滝浦真人(2005).『日本の敬語論 ポライトネス理論からの再検討』.
大修館書店.
滝浦真人(2009).『ポライトネス入門』.研究社.

10

스피치 커뮤니케이션

오하시 리에(大橋理枝)

학습 포인트

● 대인 커뮤니케이션과 스피치 커뮤니케이션의 차이를 이해한다.

● 스피치 구조를 파악한다.

● 수사(修辭, rhetoric) 전략을 파악한다.

● 고(高)문맥 커뮤니케이션과 저(低)문맥 커뮤니케이션을 이해한다.

● 일본에서 많이 쓰이는 수사법(修辭法, rhetoric)을 알아본다.

① 대인 커뮤니케이션과의 차이

지금까지는 사람과 사람이 일대일로 대화하는 장면을 상정하여 대인 거리를 조정하는 일본어 커뮤니케이션에 대해 살펴보았다. 그런데 현실에서는 한 사람만을 상대로 커뮤니케이션을 수행하지는 않는다. 경우에 따라서는 많은 사람을 앞에 두고 자신의 생각을 설파하는 경우도 있다.

커뮤니케이션학 분야에서는 통상적으로 한 사람의 화자가 수많은 청중에 대해 행하는 커뮤니케이션을 '수사학적 커뮤니케이션'이라 한다. 여기서 '수사학'은 "언어를 통해 화자·송신자가 메시지(생각·감정 등)를 청자·수신자에게 효과적으로 전달하기 위한 기법"이라 정의하는데, 전형적인 수사학적 커뮤니케이션이란 "화자가 특정 장소에서 다수의 청자를 향해 태도 변화를 꾀할 목적으로 준비된 연속적인 메시지를 일방적으로 전달하는 형태"(오카베, 1996, p.166)이다. 그런데 이 정의에서 살펴볼 수 있듯 '수사학적 커뮤니케이션'은 청자를 설득하기 위한 커뮤니케이션이라는 뜻을 함의(含意)하는데, 이 장에서는 반드시 상대를 설득하기 위한 의도를 포함하지 않는 경우도 있기 때문에 '스피치 커뮤니케이션'이라 정의하고 고찰하고자 한다.

지금까지 살펴본 대인 커뮤니케이션과 스피치 커뮤니케이션 사이에는 (1)화자와 청자의 수, (2)화자의 의도의 유무, (3)화자와 청자의 역할 교대, (4)커뮤니케이션 장소와 물리적인 대인 거리, (5)언어 메시지에 대한 의존도와 비언어 메시지의 사용 방식에서 몇 가지 큰 차이를 찾아볼 수 있는데, 이 차이를 검토함으로써 지금까지 살펴본 대인 커뮤니케이션의 특징이 더욱 분명하게 드러날 것이다.

화자와 청자의 수

1장에서 말한 대로 대인 커뮤니케이션의 가장 전형적인 상황으로 상정할 수 있는 것이 한 사람이 다른 한 사람을 상대로 하는 일대일 커뮤니케이션이라 한다면, 스피치 커뮤니케이션은 '한 사람의 화자가 다수의 청자에게 메시지를 송신하는 커뮤니케이션 형태'일 것이다. 그렇게 보면 화자와 청자의 수가 대인 커뮤니케이션과 스피치 커뮤니케이션의 첫 번째 차이점이라 할 수 있다.

화자의 의도 유무

1장에서 커뮤니케이션이 성립하기 위해서는 화자의 의도가 전제되지 않고, 화자에게 메시지를 보낼 의도가 없어도 청자가 메시지를 전달받으면 커뮤니케이션은 성립한다고 했다. 그러나 스피치 커뮤니케이션에서는 기본적으로 상대에게 무엇인가를 전하기 위해 스피치를 한다는 점에서, 통상적인 대인 커뮤니케이션과 비교해 화자에게 의도가 있음이 명확하다고 할 수 있다. 한편 스피치 커뮤니케이션이 이루어지는 장면에서도 대인 커뮤니케이션과 마찬가지로 화자가 의도한 것만이 메시지로 전달되는 경우는 없다. 화자가 의식하지 못하는 동안에 목소리의 성질이나 발화 속도 등에 따라 청자는 많은 메시지를 수신하게 된다. 이런 무의도적인 커뮤니케이션은 비언어 메시지에 의한 부분이 크다. 즉 스피치 커뮤니케이션에서 언어 메시지는 의도적으로 송신되지만 비언어 메시지는 의도적으로 송신되는 것과 무의식적으로 송신되는 것이 있다고 생각하는 편이 적절할 것이다.

화자와 청자의 역할 교대

일반적인 대인 커뮤니케이션의 예로 다음과 같은 대화를 들 수 있다.

A : "얼마 전에 말한 ○○ 말이야."
B : "아, 그 영화, 보러 갔어?"
A : "응, 엄청 재밌었어!"
B : "그렇지? 그 영화에 나오는 △△ 있잖아, 정말 멋있지?"

이런 대화에서는 화자와 청자의 역할이 빈번하게 교대되는 점을 하나의 특징으로 들 수 있다. B는 A가 말을 시작하는 시점에 중간에 끼어듦으로써 청자에서 화자로 역할이 바뀌고, 처음 얘기를 시작한 A는 B가 말을 시작하자마자 자신의 발화를 중단함으로써 화자에서 청자로 역할이 바뀐다. 그리고 화자와 청자가 계속적으로 교대되면서 대화가 이어지는 것이 일반적인 대인 커뮤니케이션의 모습일 것이다. 한편 스피치 커뮤니케이션에서는 기본적으로 화자가 자신의 말을 마칠 때까지 화자는 화자의 역할을 유지하고 청자는 청자의 역할을 유지한다. 청자가 이야기를 들으면서 고개를 끄덕이거나 하여 '조절' 기능의 비언어 커뮤니케이션을 행하는 경우도 있지만, 화자가 그러한 메시지를 수신해도 화자와 청자의 역할이 교대되지는 않을 뿐더러, 화자는 어디까지나 준비한 메시지를 다 송신할 때까지는 화자의 역할을 다한다. 그러므로 대인 커뮤니케이션에서는 화자와 청자의 역할 교대가 빈번히 일어나는 데 반해, 스피치 커뮤니케이션에서는 화자와 청자의 역할 교대 타이밍이 이미 정해져 있다는 차이점이 있다.[1]

또한 화자와 청자의 역할이 정해져 있다는 것은 메시지의 시작과 끝이 명확히 규정된다는 것이기도 하다(실제로 화자가 말을 시작하기 전이라도 화자가 청자 앞에 나타난 시점부터 다양한 비언어 메시지가 송신되는데, 그럼에도 화자가 청자 앞에 나타난 시점은 명백할 가능성이 높기 때문에 커뮤니케이션의 개시 시점을 특정하기 쉽다). 이에 비해 대인 커뮤니케이션의 경우에는 대화를 나누기 전부터 커뮤니케이션이 시작되는 데다가, 상대의 존재를 최초로 인식한 순간을 특정하기 어렵기 때문에 메시지의 시작을 명확히 알기는 어렵다는 특징이 있다.

커뮤니케이션 장소와 물리적인 대인 거리

일반적으로 대인 커뮤니케이션이 일어나는 가장 전형적인 장소는 사적인 장소일 것이다. 좀 더 발전된 형태로는 직장에서 대인 커뮤니케이션이나 공공장소에서 대인 커뮤니케이션도 충분히 상정할

---

1 화자가 자기 스피치 도중에 질문을 받는 경우는, 화자가 청자에게 질문을 받는 시점에 화자와 청자의 역할이 바뀐다. 그러나 일반적인 대인 커뮤니케이션 상황에서와 같이 역할 교대가 빈번하게 이루어지는 것은 아니다.

수 있는데, 어느 쪽이든 커뮤니케이션 수행을 목적으로 설정된 공적인 장소가 아니다. 하지만 스피치 커뮤니케이션은 정해진 교실이나 강연회장 등 목적을 위해 공적으로 설정된 장소에서 행해진다. 역으로 말하면, 정해진 장소가 아닌 곳에서 스피치 커뮤니케이션을 하려고 하면 많은 주위 사람에게 무시당할 것이다.

3장에서 살펴본 대로, 일반적인 대인 커뮤니케이션은 밀접 거리에서 사회적 거리 사이의 물리적 대인 거리의 범위 안에서 이루어진다. 이에 비해 스피치 커뮤니케이션은 공적 거리의 범위에서 이루어지는 경우가 대부분일 것이다.

언어 메시지에 대한 의존도와 비언어 메시지의 사용 방식

1장과 3장에서 기술한 것처럼, 일반적인 대인 커뮤니케이션에서는 언어 메시지뿐만 아니라 비언어 메시지도 많이 사용된다. 경우에 따라서는 언어 메시지로 표현할 수 없는 부분에 상당히 많은 의도가 내포될 수도 있다(3장에서 살핀 것처럼 침묵이 메시지가 되는 경우 등). 한편 스피치 커뮤니케이션에서는 대인 커뮤니케이션에 비해 언어 메시지에 의존하는 정도가 높다. 예를 들면 대인 커뮤니케이션이라면 시선의 움직임으로 메시지를 전할 수 있어도 스피치 커뮤니케이션이 일어나는 물리적 대인 거리에서는 시선의 움직임을 볼 수 없을 가능성이 높기 때문에, 이런 비언어 메시지는 이용할 수가 없다. 반대로 치환이나 반복, 강조의 기능을 가진 비언어 메시지라면 스피치 커뮤니케이션의 일환으로 이용할 수 있을 것이다(단, 각각의 메시지는 멀리서도 볼 수 있거나 들을 수 있어야 한다).

그럼에도 화자가 의도하지 않은 비언어 메시지의 송신은 늘 일어난다. 화자의 의도적인 신체 동작과 함께 복장, 자세, 목소리의 크기, 발화 속도 등 다른 비언어 커뮤니케이션을 통해 의도하지 않은 메시지가 전해질 가능성은 충분히 있다. 이 점은 일반적인 대인 커뮤니케이션과의 공통점이라 할 수 있다.

② 스피치의 구성 요소

스피치 커뮤니케이션 과정에서 사용되는 언어 메시지, 즉 언어적으로 표현되는 내용을 '텍스트'라 부른다. 지금부터는 주로 스피치 커뮤니케이션 과정에서 사용되는 텍스트에 초점을 맞춰 논하고자 한다. 오쿠다(2009)는 스피치의 구성 요소를 다음과 같이 제시했다.

1. 목적 : 무엇을 이루기 위한 스피치인가?
2. 화자의 페르소나 : 스피치하는 사람의 사회적 위상 '전문가', '정치가' 등
3. 청자 : 누가 들을 것으로 상정하고 행해지는 스피치인가?
4. 논조 : 화법에 나타나는 화자의 태도
   격의 없는 어투인가, 전문적인 어투인가, 청자를 위에서 바라보는 시선인가, 동료로서 동등하게 바라보는 시선인가 등
5. 구조 : 본론 부분의 구성이 어떠한가?
   시계열순, 테마별, 원인-결과 등의 논리적 필연 중시, 사례 중시 등
6. 뒷받침 : 화자의 주장을 뒷받침할 논거를 어떻게 제시할 것인가?
   예증(개인적인 체험이나 증언 등을 논거로 함), 통계(수량적 계측 결과를 논거로 함), 권위(전문가나 지식인의 의견이나 진술의 인용을 논거로 함), 유사(다른 케이스와의 공통점 지적을 논거로 함) 등

> 7. 수사(修辭, rhetoric) 전략 : 내용을 가장 효과적으로 전하기 위한 방법
> 언어(최대한의 효과를 거둘 수 있는 표현을 선택함), 소구(訴求: 청중의
> 욕망이나 가치관에 맞추어 어필함), 수사적 기법(자기 의견을 효과적으
> 로 전달하기 위한 기법을 사용함) 등

이러한 측면은 스피치를 분석하는 하나의 관점이 되는데, 여기
서 스피치의 내용을 가장 효과적으로 전하기 위해서는 어떤 언어
커뮤니케이션을 선택해야 하는지에 주목해야 한다. 이에 대해서는
다음 절에서 자세히 검토하기로 한다.

③ 수사(修辭, rhetoric) 전략

위에서 말한 스피치 요소 중 언어 커뮤니케이션과 직결되는 것
이 일곱 번째 '수사 전략'이다. 수사 전략에 대해 오쿠다(2009)를 통
해 구체적으로 살펴볼 것이다.

수사 전략 중에서 가장 먼저 들 수 있는 '언어(language)'는 스피
치 내용을 효과적으로 전하기 위하여 사용하는 다양한 방법을 가리
킨다. 구체적으로 다음과 같은 방법이 있다.

- 서술(敍述): 사물이나 일의 상태나 상황을 객관적으로 설명한
  다. **예** 저출산·고령화는 현대 일본사회가 안고 있는 심각한
  문제입니다.
- 묘사(描寫): 사물이나 일의 상태나 상황을 생생히 묘사한다.

예 옆집은 할아버지와 할머니가 교대로 눈을 치우고 있습니다만, 다른 집이 끝난 뒤에도 눈이 좀처럼 줄어들 기미가 보이지 않습니다.

- 압운(押韻): 운(韻)을 밟아 리듬이 맞는 기발한 문구를 만든다. **예** 저출산을 총출산으로 극복하자.
- 성유법(聲喩法): 의성어·의태어를 사용하여 묘사한다. **예** 녹은 눈으로 질척질척대면서 아스팔트를 드르륵 긁으며 삽으로 눈을 치우고 있었습니다.
- 레벨 붙이기: 이름을 짓는 것으로 대상의 성질을 단순화하여 전한다. **예** 코이즈미 준이치로 씨가 수상 시절 자신이 추진한 개혁에 반대하는 입장을 '저항세력'으로 칭한 것.
- 표어(ideograph): 강렬하고 기억하기 쉬운 슬로건을 만든다. **예** 나카소네 내각의 '증세 없는 재정재건', 코이즈미 내각의 '성역 없는 구조개혁', 오바마 대통령의 선거 캠페인 당시의 'Change we can belive in'(스즈키, 2010).

수사 전략 중에서 '소구(訴求, appeals)'는 청중의 욕망과 가치관에 맞추어 호소하는 전략으로, 구체적으로 살펴보면 다음과 같다.

- 열거(列擧): 예시를 차례대로 나열한다. **예** 제2차 세계대전 때 과달카날섬, 미드웨이섬, 유황도, 오키나와에서 나라를 위해 생명을 바친 분들.
- 실연(實演): 화자 스스로가 자신의 주장의 논증이 된다. **예** 어머니 간호를 하면서 몸소 겪은 어려움을 통해, 현행 정책에서

의 의료·간호·복지의 부족함을 통감했습니다.

- 돈호법(頓呼法): 그 자리에 없는 인물이나 사물의 이름을 부른다. **예** 조사(弔辭)에서 '선생님, 잘 가십시오.'
- 인유(引喩): 유명한 격언이나 과거의 인물을 인용한다. **예** 나카보 코헤이 씨를 칭해 '헤이세이시대의 오니헤이.'
- 동일시(同一視): 청중이 화자와의 일체감을 갖도록 화자의 이미지를 만든다. **예** 제 자신도 아이들을 보육원에 맡기면서 정치 활동을 하는 두 아이의 엄마입니다.

마지막으로, '수사적 기법(rhetorical techniques)'은 자기 의견을 효과적으로 전달하기 위한 기법을 말한다. 이어서 구체적으로 검토하기로 한다.

- 수사의문문(修辭疑問文): 청자가 생각할 기회를 갖도록 대답을 요구하지 않는 의문형 문장을 사용한다. **예** 도대체 언제가 되면 이 문제를 해결할 수 있을까요?(전망을 할 수가 없습니다.)
- 논박(論駁): 상대방이 내세운 논지의 포인트를 공격하거나(정체의 폭로), 논지의 류를 공격하거나(부정), 논지를 왜소화시켜(각하) 다른 의견에 대해 반론한다. **예** 그 통계는 지지자만을 대상으로 한 것이므로 결과가 왜곡되지 않았나요?
- 전례답습형 논의(前例踏襲形論議): 이전에 제기된 논의에 기초하여 자기 의견의 정당성을 주장한다. **예** 약 400년 전, 갈릴레오 갈릴레이는 천동설이 지배하는 세상에서 지구가 태양을 돈다는 지동설을 발표하여 유죄 판결을 받았습니다. 그 자리

에서 갈릴레오는 그래도 지구는 돈다고 말했습니다. 나는 지금 국회에서 우정(郵政) 민영화가 필요치 않다는 결론을 냈습니다만, 한번 더 국민 여러분께 여쭤보고 싶습니다. 정말로 우체국의 업무는 국가 공무원이 아니면 안 될까요?(2005년 당시 코이즈미 수상이 중의원 해산을 명한 후의 기자회견에서.)

- 의인화(擬人化): 사람이 아닌 것을 사람에 비유해 표현한다. 예 현재 일본사회는 신에너지 정책의 방향을 세우기 위해 산고의 고통을 감내하고 있습니다.

- 은유법(隱喩法): 비유 등을 써서 대상의 특정 성질을 두드러지게 한다. 예 마츠이 히데키를 '고질라'라고 이름 붙여 타격의 파괴력을 강조한다.

- 대구법(對句法): 같은 구조의 절이나 구를 반복하여 표현한다. 예 주의할 것, '과속하기', '근접하기', '서두르기' 등

- 대조법(對照法): 동일한 구문을 사용하여 상반된 표현을 나열함으로써 차이를 두드러지게 한다. 예 들으면 극락, 보면 지옥'(키요미, 2011).

잘 알려지지 않은 전략도 있겠지만, 이는 일본어 문화권의 스피치에서는 그다지 자주 쓰이지 않았기 때문일 것이다. 한편 의성어·의태어의 사용(聲喩法)이나 비유의 이용(隱喩法)은 스피치에 국한되지 않고 일상생활에서도 이용되는 표현 방식이다. 이에 관해서는 11장에서 살펴보기로 한다.

④ 일본에서 잘 쓰이는 수사법

오카베(1996)는 일본과 미국의 수사법을 비교하여 일본에서 많이 쓰이는 수사법에 대해 기술했는데, 실증연구에 기초했다고 단언할 수는 없지만 경험적 예증에 기초한 이론으로서 소개하고자 한다. 하지만 이를 위해 필요한 전제로서 커뮤니케이션이 문맥에 의존하는 정도에 대해 먼저 말하고자 한다.

고(高)문맥 커뮤니케이션과 저(低)문맥 커뮤니케이션

1장에서 언급한 '커뮤니케이션의 본질적 특징'에 "모든 커뮤니케이션은 반드시 어떤 문맥 속에서 이루어진다"라는 말이 있는데, 특히 일본은 커뮤니케이션을 수행할 때 문맥 의존도가 높다고 알려져 있다(Hall, 1976 외). 즉 메시지를 보낼 때 언어형식을 사용하여 자신의 생각이나 감정을 기호화하는 정도가 낮다는 것이다. 메시지를 보내는 이는, 메시지를 받는 이가 단순히 언어를 사용해 기호화한 내용뿐만 아니라, 상호 간에 인식하고 있으리라 상정할 수 있는 여러 요소(예를 들면 대인관계나 장면의 상황 등의 문맥)도 가미하여 받은 기호를 해독해 줄 것을 기대한다. 4장에서 일본의 인사가 '중도 종료'의 형태로 정형화한 것도 '중도 종료'하더라도 상대가 알아줄 것이라는 전제가 깔려 있기 때문일 것이다. 또 5장의 펜을 빌리는 예에서도 "저기…… 죄송하지만, 펜을 깜박하고 안 가지고 와서……"까지만 표현하거나 혼잣말로 "아, 큰일났네. 펜을 깜박했다……"라고만 해도, 상대방에게 빌려주길 바라는 마음을 언어로 기호화하지 않고 전달할 수 있는 것이다.

물론 기호화의 결과와 해석의 결과는 어긋나기도 하고 기호화한 화자 쪽이 알아주길 바라는 문맥을 청자가 놓치는 일도 많을 것이다. "펜을 안 갖고 와서……"라고 해도, "그것 참 곤란하겠군요" 하고 마는 일도 없지 않을 것이다. 그래도 메시지를 보내는 쪽은 받는 쪽에게 '알아줄' 것을 기대하는 형태로 기호화하고, 받는 쪽도 메시지를 보내는 쪽이 언어로서 기호화한 내용 이상의 것을 짐작해 줄 것을 기대한다는 것을 알고 있다. 그렇기 때문에 "곤란하겠군요"가 아닌 "그럼 이 펜을 쓰세요"란 말이 나오게 된다.

이렇게 문맥에 의존하는 정도가 높은 방식의 커뮤니케이션을 고(高)문맥 커뮤니케이션이라 한다. 반대로 메시지를 보내는 쪽이, 받는 쪽은 자신이 언어를 사용해 기호화한 내용 이외에는 이해하기 어려울 것으로 생각하여 문맥 의존도가 낮은 형태로 메시지를 기호화하는 커뮤니케이션을 저(低)문맥 커뮤니메이션이라 한다. 이런 문화에서는 펜을 빌리고 싶다는 뜻을 정확히 언어로 기호화하는 행위는 당연한 것으로 간주된다. "펜을 깜박하고 안 갖고 왔는데, 빌려주시겠습니까?" 하고 명확하게 부탁해도 실례가 되지 않는다.[2]

일본의 커뮤니케이션이 고(高)문맥 커뮤니케이션이란 점은 어떠한 수사법이 효과적인가라는 점과도 큰 관련성을 갖는다. 요컨대, 하나에서 열까지 모두 언어로 설명하는 것이 효과적인가 하면 그렇지도 않다는 것이다. 앞서 설명한 스피치 텍스트 구조에서 이런 특징이 드러난 측면을 오카베(1996)에 의거하여 들어 보겠다.

---

2 일본, 한국, 베트남 등은 고(高)문맥 커뮤니케이션 문화로, 독일, 스위스, 미국 등은 저(低)문맥 커뮤니케이션 문화로 분류된다(스즈키, 2013).

스피치 구성

고(高)문맥 커뮤니케이션 문화에 속하는 일본에서는 화자와 청자 사이에 스피치 장면의 상황 파악을 서로 공유하고 있다(즉 문맥을 공유한다)는 교감의 형성이 중요하다. 따라서 일본에서는 "청자의 감정·정서에 호소하는 감정논증(感情論證) 형식을 사용하기 쉽다"(오카베, 1996, p.179). 이것은 논리정연하게 자기 주장을 세우고 자신과 다른 견해를 가진 입장을 논파(論破)하는 구성보다는, 청자와 화자 사이에 서로 이해를 얻고 있다고 생각하게 만드는 언어 표현을 사용하거나 청자의 공감을 얻을 수 있는 구성이 많다는 것이다. 또 화자가 자신의 논리에 따라 청자를 결론으로 이끄는 형태보다는 화자와 청자의 공동 작업으로 결론을 도출하는 형태가 선호된다.

결론에 도달하는 과정도 화자가 한 단계씩 논리를 전개하는[선적(線的) 논리구성] 식이 아니고 부족한 부분을 청자의 도움으로 채워 가는[점적(点的) 논리구성] 식이다. 이것도 문맥을 공유하면 모든 것을 언어화하여 이야기하지 않더라도 상대방이 이해해 줄 것이라는 전제가 깔려 있어야 성립할 수 있다.

메시지의 언어 표현

청자의 입장을 존중하면서 함께 결론을 이끌어 내려는 수사법을 구사하는 일본의 방식은 메시지 안에 담긴 언어 표현에도 반영된다. '절대로 ~이다', '~임이 틀림없어'와 같은 단정어의 사용을 피하는 경향이 있고, '아마', '어느 쪽인가 하면', '~지도 모른다'와 같은 애매한 표현이 많이 쓰인다. 또 사람을 주어로 하고 주어인 사람이 어떤 행동을 했다는 뜻을 갖는 'ㅇㅇㅇ가 ~했습니다' 같은 표현보다, 사물이나 어떤 일을 주어로 하고 그 주어가 사태의 진행 결과로 현재의 상태에 이르렀다는 의미의 '……는 ~(하)게 되었습니다' 같은 표현이 많이 쓰인다고 한다(오카베, 1996).

지금까지 살펴본 것처럼, 대인 간격을 유지하는 언어 사용이 스피치 장면에서도 모습을 감추는 일은 없다. '동일시'라는 수사 전략을 적용하는 경우에도 화자가 스스로를 청자와 완전히 동등한 입장에 두는 일은 없다. 어디까지나 화자와 청자 사이에 입장의 상하차가 있음을 지속적으로 드러내는 것이 일본어의 기본적인 수사 전략이라 할 것이다.

📖 인용문헌

石井敏·久米昭元(2013).「異文化コミュニケーションの研究」〈石井敏·久米昭元·長谷川典子·桜木俊行·石黒武人〉.『はじめて学ぶ異文化コミュニケーション:多文化共生と平和構築に向けて』第10章(pp.235-255). 有斐閣.

岡部朗一(1996).「異文化のレトリック」〈古田暁　監修, 石井敏·岡部朗一·久米昭元 著〉.『異文化コミュニケーション:新·国際人への条件』改訂版 第8章(pp.163-183). 有斐閣.

奥田博子(2009).「どのようにレトリック批評をするか」〈鈴木健·岡部朗一 編〉.『説得コミュニケーション論を学ぶ人のために』第3章(pp.83-121). 世界思想社.

清海節子(2011).「日本語のことわざに於ける反義語の性質」.『駿河台大学論叢』第43号(pp.77-102)(http://www.surugadai.ac.jp/sogo/media/bulletin/Ronso43/Ronso.43.77.pdf 2014年2月16日参照).

鈴木志のぶ(2013).「コンテキスト」〈石井敏・久米昭元 編集代表〉.
　　『異文化コミュニケーション事典』(pp.12-13). 春風社.
鈴木健(2010).『政治レトリックとアメリカ文化：オバマに学ぶ説得
　　コミュニケーション』朝日出版社.
Hall, E. T.(1976). *Beyond culture*. New York：Doubleday.

비유와 커뮤니케이션

다키우라 마사토(滝浦真人)

학습 포인트

● 수사 표현은 인간의 인지활동의 반영이라는 점을 이해한다.

● 대표적인 수사 표현인 비유의 종류와 구조를 정리한다.

● 은유, 환유, 제유의 각 유형에 대하여 특징을 확인한다.

● 수사 표현의 기능을 커뮤니케이션론적으로 파악한다.

① 수사 표현과 인식

우리는 무엇인가를 전달할 때, 있는 그대로가 아니라 일부러 다른 것으로 치환하거나 내용을 덧붙이거나 진위를 반대로 하거나 알기 어렵게 하는 등 다듬어서 표현한다. 앞 장의 '수사 전략'은 그 모든 것을 포함한다. 사람들은 왜 그런 기묘한 행동을 할까? 상대가 이쪽의 의도대로 '정확하게' 받아들이도록 말해야 하지 않을까? 그런데 우리는 종종 정확성을 희생하고 있다.

예를 들어 어제 어이없는 일을 당했다고 친구에게 이야기할 때,

(1) "있잖아, 어제 무슨 일 있었는지 알아?"

하며 운을 뗄 때가 있다. 아직 아무 말도 하지 않았으므로 '정확한' 답은 "알 리가 없잖아" 정도가 되겠지만 그러면 대화가 끊어진다. 따라서 "왜? 무슨 일 있었어?" 하며 재촉하거나, 조금 앞질러서 "글쎄, 무슨 험한 일(또는 좋은 일) 있었어?" 정도로 되물으면, 상대는 기뻐하면서 자신에게 일어난 불합리한 일이나 사건(또는 좋은 일)에 대해 이야기할 것이다.

(1)은 '상대방이 알 리가 없다, 즉 대답할 수 없다'는 것을 알면서도 묻는 것이므로, 이른바 커뮤니케이션 규칙의 위반이다. 그런데도 이런 말을 하는 이유는 우선 상대방에게 강한 인상을 주고, 어쩌면 이야기를 듣고 난 후에 "힘들었겠구나"하며 공감해 주기를 바라기 때문이다. 즉 이왕 말할 바에는 '말하는 보람'과 '묻는 보람'을 찾으려는 생각인 것이다. 문화에 따라서는(또는 사람에 따라서는)

(2) "어차피 휴대폰을 화장실에 '퐁당' 했다(=휴대전화를 화장실에 떨어뜨렸다)느니, 뭐 그런 이야기 아니야?"

하며 말허리를 자르고, "그래서?" 하며 재촉하는 스타일도 있을 것이다. 이 경우 질문을 받은 쪽 역시 '별로 가치도 없는 말'을 적극적으로 했을 뿐이므로, 서로가 협력하여 '이왕 말할 바에는'이라는 연출을 한 셈이다.

이러한 '이왕 말할 바에는'과 같은 뉘앙스를 학술용어식으로 '표현 효과'라고 부르기로 하자. 무언가를 말할 때 의미 전달 외에도 상대방에게 강한 인상을 주려는 관점을 세울 수가 있다. 두 가지 관점을 합치면 ①의미는 알지만 인상이 약하다, ②의미를 알고 인상도 강하다, ③의미를 모르며 인상도 약하다, ④의미는 모르나 인상이 강하다라는 네 가지 패턴을 이끌어 낼 수 있다. 그러나 표현 효과가 약하면 상대방이 바로 잊어버릴 가능성이 높으므로 ③은 물론 ①도 피하고, 가능하면 ②를 목표로 하려는 사람이 많다. ④는 의미가 전달되지 않으므로 환영받지 못할 것 같지만 의외로 그렇지 않다. 예를 들어 설명은 잘 이해하지 못했지만 농담은 재미있더라는 수업이 있듯이 ①보다 오히려 호의적으로 받아들여질 수도 있다. (1) 대신에 다음과 같이 말하면 어떨까?

(3) "어제, 정말 죽는 줄 알았어!"

갑자기 이런 말을 들으면 무슨 뜻인지 전혀 알 수가 없다(아마 사실도 아닐 것이다). 그러나 죽는 줄 알았다는 말을 들으면, "왜? 무슨 일 있었어?"라고 묻고 싶어진다. 이것이 ④의 예라 할 수 있을 것이다. 얘기를 들어 보면 끔찍한 일을 당한 것이 아니라 '너무 웃느라(죽는 줄 알았다)'는 이야기일지도 모른다. 그렇다면 '아주 재미있었다'는 것을 과장되게 표현한 문장이 된다. 그러면 나름대로 기대와 실제의 '낙차'가 강한 인상을 낳았으므로 표현 효과는 충분히 거두었다고 할 수 있다.

수사가 인식을 만든다?

앞 장에서 서술했듯이 스피치 전체에 대한 계책도 '수사'라 부르지만, 사용되는 수단을 통틀어서 '수사'라고도 한다. 이 장에서는 후자를 채택하는데, 구별하기 위해서 '수사 표현'이라는 용어를 쓰기로 한다. 위와 같은 예는 우리 생활 속에 있으며, 우리는 수사 표현의 효과를 최대한 이용하고 있다.

20세기에 들어서자 수사 표현을 학문적으로 자리매김하는 전환기가 찾아왔다. 그 결과 수사 표현은 단순히 기교적이고 특수한 표현법에 머물지 않고, 오히려 우리 자신이나 우리를 둘러싼 세계를 이해하는 데 사용되는 인식 방법에 가까운 것으로 재평가받게 되었다. 예를 들어 우리는 사람의 마음을 '그릇'과 비슷한 것으로 이해하고 있으며, 또 마음속에 있는 정서는 '액체'와 같은 것으로 이해하고 있다. 바로 납득이 가지 않을 수도 있지만 실제로 이런 표현을 빈번하게 사용한다.

(4) <마음은 그릇>
'마음이 넓다/좁다', '마음을 열다/닫다'
'마음을 기울이다', '마음에 품다', '마음에 새기다'
'마음에 남다', '마음에 스미다'
(5) <마음의 내용물은 액체>
'감정을 길어 올리다', '애정을 쏟다'
'감격으로 가슴이 벅차다', '분노가 끓어오르다'

'마음'이란 꺼내서 보여 줄 수 있는 실체가 없으므로 이러한 표현은 사실이 아니라고 할 수도 있다. 그러나 역으로, 실체를 도저히 잡을 수 없기 때문에 이렇게 '그릇'과 '액체'로 치환해서 이해하지 않으면 마음의 작용을 이해하기가 쉽지 않다. 이처럼 아주 기본적이지만 너무 추상적이어서 설명하기 어려운 개념을 나타내는 비유 표현을 '개념 메타포'라 하며(메타포=은유, 이에 대해서는 뒤에서 자세히 다루겠다), '그릇'이나 '액체'처럼 이해할 수 있는 형태를 '이미지 스키마'라고 한다. 레이코프와 존슨은 『삶으로서의 은유(*Metaphor we live by*)』라는 책에서 이에 대해 소개했다(森, 2012: 籾山, 2010도 참조). 평소 비유인지조차 잊고 있었던 개념을 개념 메타포 없이 표현하라고 하면 과연 가능할까? 우리의 삶은 그만큼 수사 표현 없이 성립되지 않는다.

② 수사 표현의 왕, 비유

수사 표현에는 다양한 종류와 유형이 있으나, 위에서 말한 개념 메타포에서도 상상할 수 있듯이 가장 대표적인 것은 '비유'이다. 비유는 종류가 많은데, 고등학교까지 학교 교육에서 배우는 '직유'와 '암유' 외에도 다양한 유형이 있다. 진위(眞僞)가 반대로 되기도 하는 '야유', 자세하고 확실하게 의미를 나타내는 수사 표현 '토톨로지(同語反復)' 등이 있으나, 마지막 절에서 간단히 언급하기로 하고 이 장에서는 주로 비유에 대해 고찰하기로 한다.

비유가 무엇이냐는 질문을 받으면 그다지 망설이지 않고 대답할 수 있을 것이다. 무언가를 다른 무엇으로 치환하여 나타내는 것을 말한다. 치환되는 것(=비유의 테마)과 치환하는 것(=비유의 의미)이 어떤 관계에 있는지, 즉 관계의 성질에 따라 비유의 종류가 분류된다. 그러면 실제로 예를 들어 생각해 보자. 잘 알려진 다음 세 개의 말은 모두 비유이지만, 치환되는 것과 치환하는 것의 관계가 다르다. 각각 어떤 관계라고 하면 좋을까?

(6) 비유의 종류
a 시간은 금이다.
b 펜은 칼보다 강하다.
c 사람은 빵만으로 살 수 없다.

(6a)는 '시간'이라는 테마에 대해 '시간 = 금'이라고 했다. '시간은 금과 같은 것이다'라는 문장에서 '과 같은 것'을 제거했다고 보면 이

해하기 쉽다. 학교에서 배우는 '암유(暗喩)'가 이것이다. '직유(直喩, simile)'에는 비유임을 나타내는 표시[비유표지(比喩標識)]인 '같은'이 명시되어 있다. 내용은 같지만 이런 비유표지가 없는 비유를 (수사론에서는 보통) '은유(metaphor)'라고 한다. 비유표지에서도 알 수 있듯, 은유는 치환되는 것과 치환하는 것 사이에 '유사성'이 있다.

다만, 비유표지의 유무만으로 직유와 은유를 나누는 것은 아니다. 비유표지가 있으면 성립되지만, 없으면 부자연스럽거나 의미가 달라지는 경우가 상당히 많다.

(7) 직유와 은유 ①

a 그 생선회는 일품이라 마치 최상품 도미인 것 같았다.

b ??그 생선회는 일품이라 최상품 도미였다.

(7a)는 생선회가 맛있다는 것을 최상품의 도미에 비유하고 있음을 확실히 알 수 있으나, 비유표지를 제거한 (7b)는 생선회가 '최상품 도미' 자체가 되어 버려 비유가 성립되지 않는다. 직유는 비유표지의 힘을 빌릴 수 있기 때문에 다소 엉뚱하더라도 비유가 될 수 있지만 은유는 그렇지 않다.

(8) 직유와 은유 ②

a 계속 철야를 해서 오늘은 벌레처럼 잤다(잠에 곯아떨어졌다). [泥(でい)のように寝る。][1]

b ?? 오늘 잠은 벌레였다.

---

1 泥(でい): 중국의 『異物志』에 나온다는 바다에 사는 상상의 벌레. 뼈가 없기 때문에 물에서 나오면 흐물흐물해져 마치 진흙처럼 된다고 함. 그 모습이 술

다시 앞으로 돌아가서 (6b)의 구조를 생각해 보자. 여기서 나오는 '펜'과 '칼'은 모두 비유의 표현이다. 만약에 펜과 칼로 싸운다면, 펜은 없는 것이나 마찬가지로 무력할 것이다. 그런데도 왜 펜이 칼보다 강하다고 할까. '펜'은 '펜에 의해 생겨난 언론'을 의미하고 '칼'은 '무력'을 의미한다. 아무리 무력으로 억압하려고 해도 언론의 힘을 이기지 못한다는 의미가 성립하기 때문이다. 따라서 이러한 경우는 '수단으로 결과'를 나타낸다는 관계가 비유를 받쳐 주고 있다. 이 비유에서 재미있는 것은, 글자 그대로만 이해하면 내용이 전혀 성립될 수 없지만 비유로 이해하면 내용이 성립된다는 점이다. 이 '수단으로 결과'를 더욱 일반화하면 양쪽이 어떤 '사실적인' 관계로 연결되어 있다고 할 수 있으며, 그리하여 한쪽에서 다른 한쪽을 찾아갈 수 있는 관계가 성립되는 경우에 이러한 유형의 '비유(환유, metonymy)'가 된다(구체적인 예시에 대해서는 뒤에서 자세히 설명하겠다).

(6c)도 그대로 이해하면 이상해진다. '빵뿐만 아니라 밥도 먹으니까' 당연하다는 식으로 이해한다면, '빵이 없으면 케이크를 먹으면 된다'고 말했다는 (진위가 확실하지 않은) 마리 앙투아네트처럼 잘못 이해한 것이다. 이 '빵'은, 빵·밥·반찬·과자 등등 동일한 차원에 있는 다양한 종류 중의 하나로 선택된 것이 아니라, '빵으로 대표될 만한'이라는 점에서 그보다 한 단계 상위 차원, 즉 '음식 전체(나아가 '물질적 만족')'라는 의미에서 선택된 것으로 이해해야 한다. 이처럼 종(種)으로 류(類)를 나타내거나 류(類)로 종(種)을 나타내는

이나 잠에 취해 곯아떨어진 상태와 닮았기 때문에 이런 표현이 생겼음(옮긴이 주).

	치환되는 것		치환하는 것
은유	(예) 시간	→	돈
	(관계)	유사성	
직유	(예) 시간	→	돈
	(관계)	비유표지로 명시되는 유사성	
환유	(예) 언론	→	펜
	무력	→	칼
	(관계)	사실적 관계성	
제유	(예) 음식물/물질적 만족	→	빵
	(관계)	의미적 상하관계	

| 그림 11-1 | 비유의 유형과 구조

비유, 즉 의미적으로 상하관계에 있는 어떤 카테고리와 그에 포함되는 개별 요소를 바꾸어 말하는 비유를 '제유(synecdoche)'라 한다 (이와 견해를 달리하는 설명도 있다). 이상의 내용을 그림으로 표시하면 〈그림 11-1〉과 같다.

은유 — 어때? 닮았지?

커다란 구조는 그렇다 치고, 각 비유에 대해 좀 더 보충하며 살펴보기로 한다. 은유에 관해서는 두 가지를 들 수 있는데, 하나는 '유사성', 다른 하나는 비유의 문화성이다.

음식(요리)의 이름은 비유, 특히 은유의 보물창고인데 동서양에서 은유에 의한 요리와 식자재의 이름을 몇 가지 들어 보자.

(9) 음식의 은유

a 뎃카돈(鉄火丼) ← 불에 달군 쇠처럼 붉은 살의 참치회덮밥

b 오징어 소면(イカソーメン) ← 소면처럼 가늘게 자른 흰색의 오징어회

c 크로와상(クロワッサン) ← '초승달' 모양의 빵

d 오레키엣테(オレキエッテ) ← '작은 귀' 모양의 파스타

(9a)의 '뎃카돈'은 비유이다. 그러나 (9b)는 만약 오징어의 살을 으깨 넣어서 반죽한 소면을 '오징어 소면'이라고 한다면 비유가 될 수 없다. 비유와 비유가 아닌 것의 구별은 의외로 까다롭다. 예를 들어 '타이야키(たい焼き)'는 도미 모양과 비슷하게 만들어 구우므로 은유이지만, '타코야키(タコ焼き)'는 글자 그대로 문어가 들어 있기 때문에 비유가 아니다. 한편 '타코비엔나(タコウィンナー)'는 구워서 문어발처럼 벌어진 모양을 한 비엔나소시지를 말하므로 은유이다.

위에서 '유사성'이 있는 비유가 은유라고 설명했는데, 실제 예시를 보기에 앞서 유사성이 먼저인지 말이 먼저인지 알 수 없을 경우도 있다. '뎃카돈'을 보더라도 불에 달군 쇠의 빛깔과 '비슷하다'는 말은 오히려 나중에 붙인 것처럼 들린다. 그러면 이러한 예는 어떨까?

(10) 螞蟻上樹(マーイーシャンシュー)(= 蟻の木登り)

당면과 돼지고기 간 것을 함께 넣어 푹 끓인 유명한 중국요리의 이름인데, 개미가 나무에 오르는 모양과 '닮았다'고 생각하는 사람은 거의 없을 것이다(그런 생각을 하면 먹을 수 없을 테니까). 이런 이름

일본어와 커뮤니케이션

은, 이 이름을 고안한 사람이 '개미가 나무에 오르는 것을 보면 재미있겠지?'라고 말하는 것처럼 생각된다.

이러한 점을 고려해 보면 '유사성'을 미리 알고 있는 경우뿐만 아니라 은유가 성립함으로써 '유사성'을 찾을 수 있다는 점이야말로 은유의 창조적 작용이 아닐까 하는 관점이 나타난다. '시간은 돈이다'라는 말을 듣고 나서 '아 그런가? 그렇구나' 하고 비로소 이해할 것이다.

비유는 알기 쉬우며, 시대적인 비유가 알기 쉽다고 느끼는 사람이 많을 것이다. 비유 표현을 들었을 때, 어째서 그런 말을 하는가 생각해 보면 결코 이해하기 쉽지 않은 예가 의외로 많다. 그중 하나로 다음 예문을 생각해 보자.

(11) "마쓰이의 방망이가 요즘 축축하네."

(오래 전 이름이라 미안하지만) 야구선수의 타격 부진을 '방망이가 축축하다'로 표현하는 것을 요즘도 흔히 볼 수 있다. 그러면 '축축하다'가 어째서 타격 부진의 비유로 쓰일 수 있을까? 교실에서 물어보면 다들 난처해하면서, "방망이가 젖어서 물을 머금으면 볼이 안 날아가기 때문이 아닐까요?"라고 대답하는 사람이 많다. 나무 방망이는 습기를 머금으면 무거워져서 휘두르기 힘들고 반발력에도 영향이 있을 테니 완전히 빗나간 것은 아니지만, 사실 이 은유는 야구 이외에도 축구나 미식축구에서도 흔하게 쓰이며, 복싱의 공격에서 사용하기도 한다. 그런 것을 고려한다면 이 해석은 유효하지 않다고 볼 수 있다.

그렇다면 이번에는 반대되는 의미를 생각해 볼 수 있다. 다음과 같은 문장을 살펴보자.

(12) "마쓰이의 방망이가 드디어 불을 뿜었다."

왜 불을 뿜는가? 그것은 장거리 타자인 마쓰이가 '대포'라 불리는 선수이기 때문이다. 이것을 맞추어 생각해 보면 (11)의 비유도 (12)와 마찬가지로 대포나 총과 같은 무기에 비유한 것으로 볼 수 있다. '젖으면 불을 뿜지 않나?' 하는 의문이 생긴다면 옛날의 화승총이나 대포를 생각해 보면 알 수 있을 것이다.

이 설명을 읽고 놀라는 사람도 적지 않을 것이다. '그런 비유를 알 리가 없지, 더구나 그렇게 원시적일 줄이야'라고 생각할지도 모른다. 맞는 말이다. 비유는 말 하나의 문제가 아닌, 서로 연관되는 어떤 이미지 필터로 대상을 파악하는 것과 같다. 이는 분명 문화적인 성격이다.

환유 — 아무리 다른 표현으로 해도 드러나는 수사법

환유라는 말을 처음 듣는 사람도 있을 것이다. 수사학론에서도 은유에 관한 논의나 연구가 방대하지만 환유는 조금 미미한 점이 있다. 그러나 현실에서 사용되는 환유는 폭이 매우 넓으며, 우리 생활의 폭이 그대로 환유의 폭이라고도 할 수 있다.

환유를 지탱하는 관계는 '사실성'이라고 말했다. '그러나,' '그래서'는 너무나 추상적이다. 구체적으로 어떠한 연결로 나타나는가에 착안하여 자세히 분류하면서 예를 들어 보자.

(13) 환유의 예

a <수단으로 결과를 나타냄>

　귀가 빠르다 (→ 정보수집 능력)

　얼굴이 넓다 (→ 교제 범위)

b <부분으로 전체를 나타냄>

　붉은 제등에서 가볍게 한잔

　(→ 가게 앞에 붉은 제등이 걸린 이자카야를 가리킴)

　마돈나를 연모하는 빨간 셔츠 (→ 빨간 셔츠를 입은 교감)

　화이트 하우스 (→ 미국의 대통령 관저)

c <그릇으로 내용물을 나타냄>

　단어를 머리에 넣다 (→ 기억하다)

　주전자가 끓었다 (→ 주전자 안의 물이 끓었다.)

d <소재지로 조직을 나타냄>

　나가타쵸(永田町) (→ 정치가들)

　가스미가세키(霞ヶ関) (→ 관료들)

　워싱턴은 어떻게 파악하고 있습니까? (→ 미국 정부)

(13a)의 〈수단으로 결과〉는 인과관계의 연결고리에 따라 두 개의 사항이 연관되어 있다. (13b~d)는 물리적 또는 지리적으로 현실에서 연관성이 있는 유형이다. 누구나 알 수 있는 '두드러진' 특징을 잡아내어 특징이 전체를 대표한다고 생각하면 공통성을 파악하기 쉬울 것이다(이처럼 '두드러진' 특징을 '참조점'이라 한다).

인간의 인식은 비유와 같은 것일 수 있다는 생각도 환유를 보면 수긍이 갈 것이다. 나쓰메 소세키의『도련님』에 등장하는 '빨간 셔츠'라는 인물은 분명하게 눈에 띈다. 안에 있는 물이 끓는다는 것을 알고 있어도 보이는 것은 주전자이며, 관료는 전국 어디에나 있지만 가스미가세키에는 그 중추부가 집중되어 있다. 우리가 사물을 파악하는 방법이나 기억하는 방식은 그런 것이 아닐까?

환유 역시 그 배경에 문화적 색채를 강하게 띠고 있다. 마지막 문장이 좋은 예이다. '워싱턴'이나 '북경'이라는 지명으로 그 나라의 정부를 나타내는 방식은 일본에서는 그다지 쓰지 않는다. 이는 대중매체의 영향이 아직 남아 있기 때문인데, 일본어에서는 원래 이런 용법이 없었다. 일본어에 들어온 것은 직접적으로 영어의 영향이다. 텔레비전에서 외국 특파원과 위성으로 연결하여 이야기를 주고받을 때, 특파원이 영어식으로 이러한 용법을 쓴 후부터 널리 퍼진 것으로 생각한다.

제유 ―대(大)는 소(小)를 겸하고, 소는 대를 겸한다

마지막으로 제유인데, '두드러진' 특징으로 전체를 나타내는 점에서는 환유와 비슷하다. 단, 환유가 횡적 연결인 데 비해 제유는 의미적 상하관계라는 종적 연결을 이용하는 점이 다르다. 연결은 위에서 아래로든, 아래에서 위로든 상관없다. 우선 아래에서 위, 즉 개별 요소로 카테고리를 나타내는 예를 보자.

(14) <개별 요소로 카테고리>
　a 떡은 떡집 (→전문가)
　　헤이세이의 산시로들 (→유도가)
　b 호치키스 (→스테이플러)
　　워크맨 (→휴대용 음악 플레이어)

(14a)의 '산시로'는 가상의 전설적 유도가로, 왕년의 유명 영화 감독인 구로사와 아키라의 데뷔작 「스가타 산시로」의 주인공이다. (14b)의 '호치키스'는 종이를 철하는 기구를 발명하여 상품화한 회사명(인명)이다. 모두 다 두드러진 사례로 인식의 참조점이 되었다고 볼 수 있다. 최근에는 '스테이플러'라 부르는 사람도 늘었으나, 독점적인(이었던) 제조사명이 상품명이 된 현상은 널리 보인다. 예를 들어 태국에서는 스테이플러를 '맥스'라고 한다(일본의 제조사인 「マックス」가 최초로 시장을 점유했기 때문이다).

이번엔 반대로, 위에서 아래 방향의 카테고리로 개별 요소를 표시하는 예이다.

(15) <카테고리로 개별 요소>
하나미 (→ 벚꽃 구경)
마쓰리 (→ 기온마쓰리)

이들은 지역이나 시대에 따라 가리키는 의미가 다를 수 있다. 현재 일본에서 '하나미'라고 하면 '벚꽃' 구경을 뜻하는 경우가 많을 테지만, 사실 '하나미'는 '따뜻해진 좋은 계절에 마침 피어 있는 예쁜 꽃을 감상한다'는, 이른바 그 행위의 취지를 일컫는다고 생각할 수 있다. 따라서 시대나 지역에 따라서는 '하나미'가 '매화'나 '복숭아꽃'을 구경하러 가는 것일 수도 있다(헤이안시대 이전이라면 틀림없이 매화 구경이었을 것이다). '마쓰리' 역시 마찬가지로, 그 지역에 정해진 마쓰리가 있을 경우에는 그것을 이른바 '마쓰리 중의 마쓰리'로 부르는 것이다. 예전에는 그 지역에서 제일 유명한 고등학교만을 '県高'라고 부르기도 했는데, 그것도 이 유형의 제유이다.

③ 비유의 커뮤니케이션론적 의미

마지막으로, 수사 표현의 커뮤니케이션은 보통 커뮤니케이션과 무엇이 다른지 조금 이론적으로 검토해 보기로 한다.

5장에서 들었던 그라이스(Paul Grice)의 '협조의 원리'와 네 가지 '실천 원칙'을 떠올려 보길 바란다. 이는 효율성의 원리와 그 구체적인 원칙이라고 바꿔 말할 수 있다. 이 장의 앞머리에서 말한 것처럼, 수사 표현에는 어떤 과부족이나 진위의 문제가 있다. 그렇다면 이들은 그라이스의 실천 원리 중 어딘가에 위반되는 부분을 반드시 포함하고 있다. 바꿔 말하면 수사 표현은 전달 효율을 희생하여 표현 효과를 얻지만, 이는 실천 원칙의 의도적인 일탈에 의해 이루어진다.

비유는 구체적으로 어떤 원칙에 위반될까? 대상을 다른 무엇으로 치환해서 표현하는 것을 비유라고 한다면, 그것이 다른 무엇인 이상 많든 적든 관련성이 분명하지 않다. 청자의 입장에서 본다면, 관계없는 무엇인가가 갑자기 화제 속으로 들어오는 느낌이다. 그럴 경우, 청자는 화자가 말하는 의도를 알아야만 비로소 그 비유를 이해할 수 있다. 따라서

비유 : 관계의 실천 원칙 위반

으로 볼 수 있다[그라이스는 비유가 '사실이 아니다'라는 점에 착안하여 이를 질(質)의 원칙 위반으로 생각했다].

이 책에서 다루지 못했던 다른 수사 표현에 대해서도, 하나씩 예를 들면서 실천 원칙과의 관계를 확인해 보기로 한다.

(16) 수사 표현과 실천 원칙 위반

a 야유: 질(質)의 실천 원칙 위반 (→ 진위가 반대가 되기도 하므로)

  (항상 지각하는 사람에게) "오늘도 일찍 오네."

b 토톨로지(동어반복): 양(量)의 실천 원칙 위반 (→ 'A는 A다'라는 표현은 정보의 양을 늘리지 않으므로)

  (컵라면을 좋아한다는 사람에게) "컵라면은 컵라면이야."

  (그에 반론하며) "아니야, 컵우동면은 컵우동면이라고."

c 완곡 표현: 양태의 실천 원칙 위반 (→ 표현이 모호하므로)

  (어떤 선생의 평판에 대해) "좋은 선생이라고 하는 사람도 있는 모양이야."

종종 '야유'가 진위를 일부러 반대로 말한다면 이해할 수 없지만, 분명히 반대라면 오해가 생기지 않고 오히려 강한 인상을 준다. '토톨로지'는 표면적으로는 아무것도 말하지 않는 것과 마찬가지이다. 그럼에도 불구하고 앞의 예는 '어차피 컵라면에는 큰 차이가 없다'며 차이를 부정하고 있음이 명확하고, 다음 예에서는 '컵라면과 똑같이 취급하지 말아 달라'며 차이를 강조하고 있음이 확실히 전달된다. '완곡 표현'은 말을 분명하게 하지 않는 것처럼 보이지만 앞의 예와 같은 표현은 드물지 않다. 흑백을 분명하게 가리는 것이 언제나 바람직하지는 않음을 나타낸다. 수사 표현은, 커뮤니케이션의 '향신료'라는 차원을 확실하고 분명하게 뛰어넘고 있다.

📖 인용문헌

森雄一(2012).『レトリック』(学びのエクササイズ). ひつじ書房.

籾山洋介(2010).『認知言語学入門』. 学研社.

レイコフ, G. & ジョンソン, M.〈渡部昇一・楠瀬淳三・下谷和幸訳〉(1986).『レトリックと人生』. 大修館書店(본문에서 예로 든 *Metaphors we live by*의 日訳).

일본어의 수사 표현과 오노마토페

다키우라 마사토(滝浦真人)

학습
포인트

- 일본어적인 수사에는 어떤 것이 있는지 확인한다.
- 한어 문맥적인 수사를 구체적으로 검토한다.
- 와카(和歌)의 수사를 구체적으로 검토한다.
- 일본어가 오노마토페를 매우 선호하는 언어임을 이해한다.
- 오노마토페를 지원하는 음상징(音像徵)을 정리하고 이해한다.
- 음(音)을 이용한 비유로서의 오노마토페를 구체적으로 생각한다.

① 일본의 수사

커뮤니케이션을 파악하는 보편적이고 특수한 관점이 있다는 것을 2장에서 서술했다. 수준은 약간 다르지만 수사도 마찬가지라고 할 수 있다. 앞 장에서 살펴본 커뮤니케이션론적 의의는 수사의 보편적 존재 가치라 할 수 있으며, '수사 없는 언어는 없다'는 귀결도 이끌어 낼 수 있을 것이다.

그러면 수사의 특수성이란 어떤 것일까? 앞 장에서 다룬 비유의 문화적 배경도 그 일부라 할 수 있다. 그러나 그러한 내용적인 면에 앞서 수사 표현을 선호하는지는 언어에 따라 차이가 있는데, 그 언어문화에서 발달해 온 문학예술 장르가 무엇이었는지, 그리고 넓은 의미에서 언어구조, 특히 기록체계(문자에 의한 커뮤니케이션 체계)나 음운체계가 어떠했는지 등과 관련이 있다. 일본어의 수사에 적용해 보면, 고전 중국어인 한문의 영향과 히라가나 문학으로서의 와카의 전통, 그리고 가나문자의 성질을 이용한 언어유희적인 측면도 발달했다. 이것도 앞에서 다룬 것처럼 한중일(韓中日)의 세 언어에는 오노마토페(의성어, 의태어)가 많다는 공통점이 있으나, 일본어의 '오노마토페 선호' 현상은 일본어의 특징이라 해도 무방할 정도로 뚜

렷하다.

　그런 이유로 이 장에서는 '일본어'에 초점을 맞추어, 일본어가 발달시켜 온 수사 표현의 특징과, 수사 표현의 하나라 할 수 있는(설명은 뒤에서 하겠다) 오노마토페를 고찰하기로 한다.

한어와 한자의 수사

　중국에서 한자를 차용했다거나 한어(漢語)가 유입되었다는 말을 들으면 문자나 단어 목록을 떠올리고 싶겠지만, 한자표나 단어장만 빌린 것이 아니다. 실제로는 사상이나 정치 등의 서적이나 시문 같은 문학작품으로 유입된 것에서 쓰인 단어나 표현이 일본어에 흡수되어 정착했다. 이는 당연히 중국어적인 표현법(=수사)이 일본에 들어와서, 그중 일부는 일본어의 수사가 되고 그와 비슷한 표현이 일본에서도 새로 만들어졌을 것이라는 추론을 이끌어 낼 수 있다. 여기서는 한어와 한자의 예를 하나씩 들어 보기로 한다.

　중국어는 두 가지 사항을 대비시켜 표현하기를 선호한다. '대구(対句)'라고 하는 방식이 그것으로, 일본어에도 무의식적으로 사용하는 예가 매우 많다. 원래 한어는 두 글자로 된 숙어가 많으므로 그것을 쌍으로 하면 네 글자가 된다. 따라서 사자숙어와 대구는 아주 잘 어울린다.

　일본어와 거의 같은 말이 중국어에 있는 경우도 물론 있다.

(1)　換骨奪胎 (중국어: 脱胎換骨)

　　　三寒四溫 (중국어: 三寒四暖)

'換骨'과 '奪胎', '三寒'과 '四溫'이 짝을 이루어 하나의 숙어가 된 것을 알 수 있다. (1)은 일본과 중국에서 순서가 바뀌거나 사용하는 글자가 다르거나(의미도 바뀌거나) 하지만, 어형으로서는 거의 동일한 예이다. 이러한 경우가 많지는 않지만 다음 예는 중국어에는 없는 모양이다.

(2) 慇懃無礼 / 平身低頭 / 質実剛健 / 西高東低

이것은 한문풍의 느낌이 나는 표현으로 일본에서 만들어진 표현이다. 서고동저(西高東低)는 일본의 기압 배치를 나타내는 표현이므로 완전히 일본에서 만든 말이다.

대구(對句) 수사는 조어법(造語法)에 한정되는 것이 아니라, 이야기에 리듬을 생성하는 요소로도 활용된다. 유명한 이야기 문학인 『平家物語』의 첫머리는 멋진 대구로 구성되어 있다.

(3) 祇園精舍の鐘の声, 諸行無常の響きあり。沙羅双樹の花の色,
    盛者心衰の理をあらわす。   (平家物語・冒頭)

처음의 '祇園精舍' 외에는 '諸行/無常', '沙羅/双樹' '盛者/心衰'의 형태로 모두 쌍을 이루고 있음을 알 수 있다. 이에 더하여 '精舍'부터 줄곧 「ショ ジャ …… ショ ジョ …… サ ソウ ジュ …… ジョ シャ スイ」로 비슷한 음이 연거푸 나오는 구성이며, 의미의 리듬과 음의 리듬이 병행하면서 전체를 감싸고 있다. 명문이라고 말하는 이유 중 하나이다.

한자 자체의 특성을 이용한 수사 표현도 소개한다. 한자는 하나의 문자가 하나의 단어가 되는 표어문자이며, 변(한자에서 글자의 왼쪽에 있는 부수)과 방(한자에서 글자의 오른쪽에 있는 부수) 등 구성 요소의 조합이 다양하다. 거기에서 한자를 문자유희식으로 다루는 풍습이 생겨난다. 중국에서는 '文字謎'라 부르는 문자 수수께끼가 오랜 역사를 가지고 있는데 (4)는 그 하나의 예이다. 한자의 구성 요소나 의미를 생각하면서 한 글자로 된 정답을 맞히는 수수께끼이다.

(4) 問: '九十九'?
　　問: '八十八'?　　　　　　　　　　　　　　　　　(相原, 1990)

답은 아시는지? 첫 번째 문제는 우선 뜻을 이용한다. 99는 100에서 1이 부족하다. 즉 '九十九＝百－一'이다. 여기서 구성 요소에 눈을 돌려 보자. '百'이라는 글자에서 '一'을 제거하면, '白'이 되므로 그것이 정답이다. 두 번째 문제는 처음부터 한자를 분해해서, '八'과 '十'과 '八'을 합하면 '米'가 되므로 그것이 정답이다. 이런 설명을 읽기도 전에, '뭐, 白壽와 米壽잖아'라고 생각한 사람도 많을 것이다. 맞는 말이지만, 실은 '白壽'나 '米壽'처럼 장수를 축하하는 표현을 중국에서는 쓰지 않는다고 한다. 이는 동일한 구조를 한편에서는 언어유희, 다른 한편에서는 수사로 이용하고 있는 것이다.

와카(和歌)의 수사

그러면 일본어 문맥으로 눈을 돌려 보자. 일본에서는 『만요슈(万葉集)』 이후(어쩌면 그전에도) 줄곧 시를 읊는 역사가 있었으며, 그중에서도 와카는 하나의 완성된 형태로 사랑받았다. 커뮤니케이션이

라는 관점에서 보면 시는 분명 문학예술의 한 영역임이 틀림없으
나, 현실 커뮤니케이션에서는 실제로 '주고받은' 측면도 있다는 것
을 현대의 우리는 간과하고 있는지도 모른다. 형태가 정해져 있고
게다가 글자는 고작 약 31자이다. 이를 사용하여 커뮤니케이션을
한다면 어떤 방식이 발달할까? 글자의 의미만으로는 내용이 제한
되어 버린다. 따라서 와카는 다양한 수사를 발달시키게 되었다.

예를 들면 『이세모노가타리(伊勢物語)』에 나오는 너무나도 유명
한 「かきつばた」라는 시를 보자. 강가에 피는 「かきつばた(제비붓
꽃)」를 제목으로 아리와라노 나리히라(在原業平)가 지었다고 한다.

(5) から衣きつつなれにしつましあればはるばるきぬるたびを
    しぞ思ふ。   (在原業平)
    해석: 오래 입어서 몸에 편안해진 옷처럼 오래 같이 살아서 정이 든 아내
    를 남겨 둔 채 멀리 여행을 떠나오니 외로움이 사무친다.

이 와카에는 '마쿠라코토바(枕詞)', '가케코토바(掛詞)', '엔고(縁
語)', '오리쿠(折句)'라는 네 가지 수사가 들어 있다. 맨 처음에 나오
는 「から衣(唐衣)」는 '마쿠라코토바'로, 의복과 관계있거나 그것과
같은 음(同音·類音)을 이끌어 내는데, 「きつつ(着つつ)」가 이에 해
당된다. 여기에서 전체의 중심 의미인 「なれ(狎れ)」親しんだ「つま
(妻)」が都にいるということが「はるばる」旅をしてきて身に染み
て感じられる」라는 문맥이 전개된다. 또한 「なれ」, 「つま」, 「はる」
는 발음이 같은 다른 단어로도 읽을 수 있다. 이는 「엔고」 계통이며,
着「なれ(馴れ)」た着物の「つま(褄＝裾)」を「はる(張る)」라는, 의미
상 연관 있는 단어로 발전한다. 그리고 '제목'인 「かきつばた」는 시

| 그림 12-1 | 「かきつばた」의 수사 구조

의 각 구(句)의 첫 글자를 따서 재구성된다. 이런 기법을 '오리쿠'라
고 하는데, 이는 유럽 언어에서도 볼 수 있으며 영어로는 'acrostic'
라고 한다. 이상의 구조를 나타낸 것이 〈그림 12-1〉이다(尼ヵ崎,
1988, 参照; 滝浦, 2000, 第3章).

　이미 알고 있을지 모르나 수사에는 언어의 의미에 호소하는 수
사와 음(音)에 호소하는 수사가 있다. 의미와 음이 합쳐져 생긴 언
어의 원리를 반영한 것이다. 일본의 수사에서 '가케코토바'는 음(同
音·類音)과 관련이 있으며, '엔고'는 의미(적 연상)와 연관이 있다.
이러한 수사를 구사하게 되면 주된 의미, 즉 문맥이 강한 제약을 받
는다. 그러나 작자는 문맥을 잘 살리면서도 음과 의미를 모두 연상
할 수 있게 융합시키고 있다. 이 시는 한눈에 봐도 구조가 매우 복잡
하다. 수사 표현에 아주 능숙하지 않고서는 즉석에서 시를 짓기는
틀림없이 거의 불가능할 것이다.

'실용적인' 언어유희

「かきつばた」와 같은 오리쿠는 읽는 사람 입장에서 보면 메시지를 그대로 읽는 것이 아니라, 일단 나열된 문자를 평소대로 읽은 다음 다시 첫 글자만 따는 조작을 하고 있다(작자는 이 조작을 거꾸로 했다). 여기서는 메시지가 이중(작업을 두 번 함)으로 되어 있다. 사실 일본어에서는 이러한 언어유희가 실제 커뮤니케이션에서 자주 이용된 흔적이 있다. 짧은 말을 주고받으면서, 드러내어 말하기 곤란한 용건을 오리쿠로 표현하는 효과적인 방법이 있었기 때문일 것으로 보인다.

『쓰레즈레구사(徒然草)』로 알려진 요시다 겐코(吉田兼好)와 친구인 돈아(頓阿)가 주고받은 와카가 있다. 언뜻 보기에는 한쪽이 가을의 쓸쓸함을 적어 보내고, 다른 한쪽은 찾아오기를 권하는 답을 하는 평범한 메시지 교환에 지나지 않는다.

(6)

겐코가 돈아에게 보낸 시	돈아가 겐코에게 보낸 화답
夜もすずし	夜も憂し
寝ざめのかりほ	ねたくわが夫
手枕も	はては来ず
真袖の秋に	なほざりにだに
へだてなき風	しはし訪ひませ

(桑原, 1982)

그런데 겐코의 와카에서 각 구의 첫 글자를 차례로 이어 보면 차

원이 다른 현실적인 용건이 드러난다. 「よねたまへ」, 즉 「米給へ(쌀 좀 주시게)」가 되는 것이다. 실은 이 와카는 더욱 정교해서 각 구의 마지막 글자를 역순으로 연결한 것도 오리쿠가 되어 있다. 그것은 「ぜにもほし」, 즉 「銭も欲し(돈도 필요하네)」이다. 이와 같이 첫 글자 와 마지막 글자 모두 오리쿠로 된 것을 '아래도 위도'라는 의미에서 특히 '구쓰카무리(沓冠)'라고 한다. 돈아의 답장은 또 어떤가. 그것 은 현실적으로 주고받는 메시지이면서 동시에 유희이기도 하다. 구 쓰카무리에는 같은 구쓰카무리로 답하는 것이 예의이므로, 답장은 「よねはなし」와 「せにすこし」로 되어 있다. '쌀은 없다네' 그러나 '돈은 조금 있네'라는 뜻이다. 청음과 탁음은 고려하지 않은 듯하다.

오리쿠에 담긴 두 번째 메시지는 첫 번째 메시지의 구속을 받지 않고 완전히 독립되어 있다. 그런 만큼 두 개의 메시지가 의미적으 로 관계가 없거나 동떨어져 있는 편이 놀이로서의 재미가 늘어나게 된다.

② 오노마토페와 일본어

"오노마토페
좋든 싫든 일본인의 공통 감각이 엮어 낸 독특한 세계"

『オノマトピア 擬音語大国にっぽん考』라는 제목이 붙은 책의 캐치 프레이즈이다. 이 한마디에는 일본어의 오노마토페가 잘 표현 되어 있다. 일본어는 다른 여러 언어와 비교할 때 분명히 오노마토

페를 선호한다. 일본인들 역시 그렇다. 더욱이 일본인들은 '오노마토페는 알기 쉽다'고 믿고 있다. 과연 그럴까?

일본어에서는 일상적으로 1,000단어가 훨씬 넘는 오노마토페를 사용하며, 오노마토페만 수록한 사전도 이미 여러 종류 발행되어 있고(4,500 단어를 수록한 『일본어 오노마토페 사전』이 최대), 매주 몇백만 부나 팔리는 만화잡지에는 오노마토페가 넘쳐난다(3대 주간 소년 만화잡지만으로 500만 부 이상, 2006~2007년 기준). 무엇보다도 일본인 스스로 하루라도 오노마토페를 사용하지 않고 살아간다는 것은 상상하기조차 어렵다.

그러면 예비적인 설명을 조금 곁들여 보자. 의성어·의태어의 종류를 총칭하여 '오노마토페'라 부르는 경우가 많다. 오노마토페란 일반적인 단어와는 달리 언어의 음 자체가 언어의 의미를 직접 담당한다고 생각되는 말로서, 고대 그리스어를 기원으로 프랑스어 'onomatopée'에서 들어왔다.[1]

원래부터 음(音)인 생물의 소리나 사물의 소리를 언어의 음에 반영하여 표현하는 '의성어'는 아마 전 세계의 언어에 보편적으로 존재한다고 봐도 될 것이다. 그러나 원래부터 음이 아닌 사물의 모습을 언어의 음으로 표현한 '의태어'는 언어에 따라 차이가 크다. 대체로 유럽계 언어에서는 의태어가 그다지 발달하지 않았거나 일반 단어와 차이를 느끼기 힘들다(영어도 그렇다). 그에 비해 중국어, 한국어·북한어, 일본어 같은 언어에서는 의태어도 빈번하게 사용되며,

---

1 단, 이 프랑스어 또는 영어인 'onomatopoeia'도 '의성어'에 해당하는 범위만을 의미하므로, 전문적으로는 'ideophones(表意音語)'나 'mimetics(模倣音語)', 'sound symbolic words(音象徵語)' 등으로 불린다.

일본어와 커뮤니케이션

단어의 음이나 형태도 보통과는 분명히 다른 특징을 가지고 있다 (우연이겠지만, 아프리카의 여러 언어에서 볼 수 있는 오노마토페는 일본어의 그것과 매우 흡사하다). 이 점은 큰 특징이다.

의성어·의태어와 그것이 나타내는 대상과의 관계는 인간의 오감(五感)에 따라 정리하면 알기 쉽다. 원래부터 소리인 것은 청각적인 인상을 소리로 표현했다고 할 수 있으나, 청각 외에도 네 개의 감각이 더 있으므로 시각·촉각·미각·후각의 감각 인상을 나타내는 단어가 있다. 청각 인상을 나타내는 오노마토페가 '의성어(생물의 소리를 나타내는 것을 '의성어'로 구별하기도 하고, 또 학문 분야에 따라 용어가 조금씩 다르지만 상관 않기로 한다)', 청각 이외의 감각 인상을 나타내는 오노마토페는 '의태어'지만 내용은 여러 개로 나뉜다. 또한 일본어의 특징으로 감각보다 더 차원이 높은 정서적인 인상을 나타내는 오노마토페가 있으며, 이를 '의정어(擬情語)'로 구분하기도 한다. 이를 정리한 것이 〈표 12-1〉이다.

| 표 12-1 | 일본어의 의성어·의태어와 감각 인상의 관계

感覚間의 関係	語例
의성어(←音[音]의 感覚 : 聴覚) (←音[声]의 感覚 : 聴覚)	ドアを「ドンドン」叩く 蛙が「ゲコゲコ」鳴く
의태어(←音以外의 感覚) (←視覚) (←触覚) (←味覚) (←嗅覚)	星が「キラキラ」光る 肌が「サラサラ」する 舌が「ピリピリ」する 酢の「ツン」とした臭い
의정어(←感覚複合的인 印象)	展開に「ハラハラ」する

여기서 확인할 수 있는 사항은, 원래부터 음인 의음어(의성어)는 외국어에서도 비교적 비슷하지만(예를 들면 개, 고양이, 뻐꾸기의 울음소리), 그 외의 오노마토페는 아무리 귀를 기울여도 소리가 나지 않는다는 것이다. 밤하늘의 별을 아무리 바라봐도「キラキラ」라는 소리는 결코 들리지 않는다.「サラサラ」는 만지는 것이므로 미묘하다고 하더라도「ビリビリ」도「ツン」도 결코 소리가 들리지 않는다. 이러한 예는「ハラハラ」,「ウジウジ」등 수없이 많다. 이렇게 생각하면 오노마토페는 '소리 없는 것을 소리로 표현'한다고 할 수 있다. 어째서 그것이 가능하며, 왜 '그런 것처럼' 느껴지는지 다시 한번 설명할 필요가 있다.

오노마토페를 지탱하는 구조 —음상징

오노마토페에서 언어의 음이 언어의 의미를 직접 담당한다면, 그 음의 의미를 상징적으로 나타내는 성질이나 구조를 가지고 있어야 한다. 이를 '음상징(sound symbolism)'이라 하며, 언어에 상관없이 보편적으로 나타나는 음상징이 있는가, 언어에 따라 음상징에 대한 취향이나 성질이 있는가, 하는 관점에서 연구되고 있다.

음성에 대한 강의가 아니므로 앞질러 가서 살펴보자. 일본어 오노마토페에서는 보편적인 음상징을 찾아낼 수 있지만 현저하다고 인정받을 정도는 아니다. 역으로 일본어에 아주 굳건하게 자리 잡고 있는 '청탁(淸濁)'의 이미지 대립은 일본어에 우연히 발생한 역사적 사정에 기인하는 일본어만의 음상징으로, 일본어를 모르는 사람에게는 전혀 통하지 않는다(거의 이해하지 못한다).

보편적인 음상징으로는 모음인 a / i / u의 이미지가 전형적이

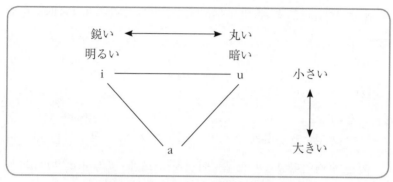

| 그림 12-2 | 모음의 삼각형과 음상징 이미지

다. 음인 이상 에너지나 주파수 등의 물리적 성질을 가지고 있다. 그 특성을 음 이외의 다양한 감각 인상으로 '번역'할 수 있다면, 그것은 언어의 차이와 상관없는 보편적 음상징이 될 것이다. 요약해서 설명해 보자. a는 발음할 때 입을 가장 크게 벌리는 모음이므로 음의 에너지가 크고 울림도 크다. 그에 비해 i와 u는 입을 가장 좁게 벌리며, 혀의 위치를 좀 더 올리면 (마찰음이나 폐쇄음이라는) 자음이 되고만다. 즉 모음 중에서 가장 에너지가 작고 울림도 작다. 다음으로 i와 u를 비교해 보면 혀의 앞부분이 위로 들리는 i는 소리의 주파수 대역이 전체적으로 높은 데 비해, 혀의 뒷부분이 들리는 u는 소리의 주파수 대역이 전체적으로 낮다. 여기에서 이들 세 개의 모음에 대해 〈그림 12-2〉와 같은 이미지를 쉽게 만들 수 있다.

　이처럼 종류가 서로 다른 감각 간의 '번역' 가능성을 '공감각 (synaesthesia)'이라고 한다. 이에 들어맞는 예는 세계 여러 언어에서 쉽게 발견할 수 있다. 예를 들면 (아름다운 예가 아니라서 미안하지만) 영어의 'caca'와 'pipi'를 들 수 있다. 각각 '응가'와 '오줌', 즉 '대변'과 '소변'이다. 가장 잘 들어맞을 것 같은 일본어 단어로는 (정말로 잘 들어맞는다고 할 수 있을지는 미묘하지만) 웃음을 나타내는 오노마토페가 있다.

(7) アハハ / イヒヒ / ウフフ

「アハハ」는 호쾌하게, 「イヒヒ」와 「ウフフ」는 목소리를 낮추어서 웃는 소리이다. 「イヒヒ」는 어딘지 모르게 '뾰족하고', 「ウフフ」는 '귀엽다'. 내친 김에 덧붙이자면 「エへへ」는 i와 a의 사이, 「オホホ」는 u와 a의 사이라고 해석할 수 있다. 일반적인 단어에서도 잘 들어맞을 만한 조합을 찾을 수 있다.

(8) 일본어 오노마토페에서 볼 수 있는 보편적 음상징
a バラバラ / ビリビリ / プルプル (p - r - p - r의 틀에 a / i / u)
b カラカラ / キリキリ / クルクル (k - r - k - r의 틀에 a / i / u)

(8a)에서는, 예를 들면 「広い会場に客のいりはバラバラだ」, 「辛いものを食べて舌がビリビリする」, 「プリンがプルプル揺れている」 등의 용례를 생각하면 알 수 있듯이, a는 드문드문하다는 이미지인 데 비해 i와 u는 작고 세세하다는 이미지이다. 그리고 i는 날카롭고 u는 둥글다는 차이가 있다. (8b)도 대체로 비슷하다고 할 수 있다. 이 정도는 인정할 수 있으므로 보편적인 음상징의 흔적은 일본어에도 있다고 할 수 있다. 그러나 폭넓게 인정받는가 하면 그렇지는 않다. (7)이나 (8) 같은 예는 그리 많지 않으며 이미지도 그다지 분명하지 않다.

청탁(淸濁)의 이미지 대립

a / i / u의 음상징에 대해 듣고 나서 처음으로 알았다는 사람도 있겠지만, 다음의 예는 들어 보지 않았더라도 일본어 모어화자라면 누구나 알고 있다. 그것은 '청음(淸音)'과 '탁음(濁音)'의 이미지 대립이다.

(9) キラキラ/ギラギラ, サラサラ/ザラザラ, トロン/ドロン

「キラキラ」한 눈은 순수하고 예쁘지만「ギラギラ」한 눈을 가진 사람은 조심하는 편이 좋을지도 모른다, 건조해서「ザラザラ」한 피부는 반갑지 않으나 이 화장수를 바르면 바로「サラサラ」해진다면 기분 좋을 것이다,「トロン」한 반숙 계란은 맛있어 보이지만「ドロン」한 것은 먹고 싶지 않다 등에서 보듯, 새삼 말할 필요도 없이 일본어에서 청탁의 이미지 대립은 명확하면서도 견고하다.

이들 이미지는 너무나 익숙하기 때문에 세상 어디서나 통용될 것이라고 무심코 생각하기 마련이다. 그러나 사실은 전혀 그렇지 않다. 실은 이 청탁, 아니 탁음에 대한 좋지 않은 이미지는 완전히 우연의 산물이다. 그것은 고대 일본어에 있는

단어의 첫머리에는 탁음이 오지 않는다.

라는 음운법칙(두음법칙)과 관계가 있다. 생각나는 대로 고유 일본어를 열거해 보자.

あめ、つち、そら、ほし、うみ、かぜ、やま、かわ、き、
はな、くさ……

　분명 탁음으로 시작하는 단어가 없다. 그러므로 고대에는 탁음
으로 시작되는 단어를 들을 일이 없었다. 탁음이 없었던 것이 아니
라「かぜ」처럼 대개는 단어 안에서 나타났다. 그런데 나라시대 이
후, 중국의 문물 유입이 증가하면서 일본어 단어에 한어(漢語)가 점
점 들어오게 되었다. 중국어에는 위와 같은 음 배열의 제약이 없기
때문에 중국어를 일본어 음에 집어넣으려고 하다 보니 탁음으로 시
작되는 단어도 증가한 것이다. '字, 文, 銀, 銅, 象……' 등의 단어가
일본어 어휘로 정착함에 따라 두음법칙도 효력을 잃게 되었다.

　그리하여 어느새 두음법칙은 소멸하고 일본어의 단어는 청음과
탁음 모두 단어의 첫머리에 사용할 수 있게 되었다. 그러나 탁음으
로 시작되는 단어는 일본어가 아니라는 감각을 가지고 있었던 사람
들 중에는 탁음으로 시작되는 단어에 위화감을 느낄 수 있다. 오노
마토페뿐만 아니라 탁음으로 시작되는 단어가 좋지 않은 의미로 변
형되는 경우가 있고, 요리할 때 밀가루가 덩어리로 뭉친 것을 뜻하
는「ダマ(←玉)」나 살을 발라낸 닭고기의 뼈를 뜻하는「がら(←殻)」
등 그 흔적은 의외로 많이 남아 있다. 오노마토페에서 청음과 탁음
의 이미지 대립은 이처럼 완전히 우연한 역사적 상황의 결과인 것
이다. 일본어의 '오노마토페 선호'는 일본어 특유의 색채를 상당히
띠고 있다.

음으로 파악하는 비유 —음유

커뮤니케이션 관점에서 오노마토페를 보면 분명히 음의 어느 측면을 단서로 하면서도, 청음계의 '순수'와 탁음계의 '과잉'이나 '불순(不純)'이 암묵적인 '결정 사항'으로 대립하고 있다. 또한「キラキラ」처럼 반복되는 단어의 형태가 '오노마토페다운 특성'이라고 이해하는 편이 실제 상황에 가까울 것이다. 실제로 수사론에서는 오노마토페를 '음유(音喩)'라고 부르는 경우도 있다. '음으로 파악한 비유'라는 관점인데, 비유라고 한다면 그것을 사용하는 사람의 판단이 최후의 결정적 근거가 된다.

오노마토페의 시인이라 할 만한 사람들이 있다. 반대로 오노마토페를 사용하지 않는 시인들도 있다. 오노마토페를 사용한 대표적인 인물로 미야자와 겐지(宮澤賢治)를 들 수 있다. 그는 동화와 시에서 자신의 판단에 따라 관습에 얽매이지 않고 자유롭게 인상적인 오노마토페를 많이 사용했다.

(10) クラムボンはかぷかぷ笑ったよ　　　　　(동화「やまなし」)

「かぷかぷ」가 무슨 뜻인지는 수수께끼이지만, 강바닥에서 이야기를 나누고 있던 물맞게 형제가 떠내려온 돌배를 보고 놀라 당시의 상황을 이야기하고 있는 장면이다. 정경을 볼 때, 물속에 한번 깊이 잠겼던 돌배가 다시 떠올랐을 때는 작은 거품이 많이 달라붙어 있었을 것이다. 그런 상상을 해 보면「クラムボン」은 거품이고,「かぷかぷ」는「ぷかぷか」를 거꾸로 말한 것이라고 생각할 수 있다(단, 이에 대한 해석에는 여러 설이 있다). 그렇다면「かぷかぷ」는 대상

에 충실하기보다 오히려 '언어적'으로 만들어진 오노마토페라고 봐야 한다.

앞에서 의성어는 보편적 경향이 비교적 강하다고 했다. 그러나 오노마토페는 비유이며, 비유인 이상 자연 그대로의 소리가 아니라 어디까지나 언어 속에서 파악한 것이다. 그렇다면 오노마토페가 대상의 소리 그 자체를 충실히 표현할 필요는 없다는 생각을 할 수 있다. 그런 식으로 오노마토페를 사용한 시인으로 나카하라 추야(中原中也)와 구사노 신페이(草野心平)가 있다. 추야의 유명한 「サーカス」와 신페이의 「鰻と蛙」를 보자(일부 발췌함).

(11) 中原中也의 ブランコ
　　サーカス小屋は高い梁
　　そこに一つのブランコだ
　　見えるともないブランコだ

　　頭倒さに手を垂れて
　　汚れ木綿の屋根のもと
　　ゆあーん　ゆよーん　ゆやゆよん

(12) 草野心平의 蛙
　　カキクケコ
　　カキクケコ
　　ラリルレロ
　　ラリルレロ
　　ガッガッガ

ガギグゲゴ
　　ラリルレロ

　(11)의「ゆあーん ゆよーん ゆやゆよん」은 끼익끼익 하는 그네
소리를 부드럽게 묘사한 독창적인 음감이지만, 자세히 보면「や/ゆ
/よ」라는「や」행의 음을 밑바탕에 깔고 있음을 알 수 있다. (12)는 이
부분만 봐서는 무언지 짐작이 가지 않지만, 개구리들이 천적인 뱀
이 온 줄 알고 경계했는데 알고 보니 뱀이 아니라 뱀장어여서 모두
안심하며 계속 울고 있는 정경을 나타낸다. 따라서 인용한 부분은
개구리들의 울음소리인데 오십음도가 그대로 사용되어 있다. '개구
리 시인'이라는 별명을 가진 구사노 신페이는, 개구리 울음소리를
일관되게「ラ」행 음·「カ」행 음·「ガ」행 음으로 나타냈다. 즉 시인은
개구리의 언어를 인간의 언어로 바꾼다면「ラ」행 음이나「カ」행 음
으로 표현해야 한다고 판단한 것이다(滝浦, 2000, 제2장 참조).

　「ヤ」행 음의「ブランコ」나「ラ」행 음의「蛙」모두 극단적인 예일
수도 있지만, 오노마토페는 대상에 다가가서 파악하기보다 어디까
지나 언어의 음으로 파악하는 것임을 명확히 의식한 시인들의 수사
표현임을 잘 알 수 있을 것이다.

　오노마토페는 요즘 들어 커뮤니케이션 도구로도 주목받고 있다.
스포츠나 의료 등 다양한 장면에서 오노마토페를 사용하여 좀 더
직접적으로 전달할 수 있는 방법이 활발하게 연구되고 있다. 모어
화자들은 분명 오노마토페를 직감적으로 알기 쉽다. 그러나 모어화
자가 아닌 외국인에게 오노마토페는 매우 이해하기 어렵다는 점을
잊어서는 안 된다. 오노마토페를 이해하기 쉽다고 생각하는 것은,

음을 사용하는 방식이 상당히 일본어적이기 때문일 것이다. 이러한 사정은 방언에서도 동일하게 나타난다. 알지 못하는 방언으로 하는 오노마토페는 들어도 무슨 의미인지 전혀 파악할 수 없다. 동일본 대지진 후에 전국에서 의료 관계자들이 피해 지역에 지원을 나갔지만, 환자가 증상을 호소할 때 사용하는 오노마토페가 서로 통하지 않아 고생하는 경우가 속출했기 때문에 오노마토페 용어집이 만들어졌다고 한다.

오노마토페는 알기 쉽지만 보편적이지는 않다. 이 점을 염두에 두었으면 한다.

📖 인용문헌

相原茂(1990).「ペキン語の言語遊戯」〈江口一久 編〉.『ことば遊びの民族誌』. 大修館書店.

尼ヶ崎彬(1988[1994]).『日本のレトリック』. 筑摩書房.

小野正弘 編(2007).『擬音語·擬態語 4500 日本語オノマトペ辞典』. 小学館.

桑原茂夫(1982).『ことば遊び百科』. 筑摩書房.

櫻井順(2010[1986]).『オノマトピア 擬音語大国にっぽん考』(岩波現代文庫). 岩波書店.

滝浦真人(2000).『お喋りなことば』. 小学館.

📖 참고문헌

亀井孝(1997).「日本語(歴史)」〈亀井孝·河野六郎·千野栄一 編著〉. 『日本列島の言語』(言語学大辞典セレクション). 三省堂.

篠原和子·宇野良子 編(2013).『オノマトペ研究の射程 近づく音と意味』. ひつじ書房.

공공장소의 커뮤니케이션

- 금지를 중심으로 -

다키우라 마사토(滝浦真人) · 오하시 리에(大橋理枝)

학습 포인트

- 공공장소라는 공간의 성질과 공간 내의 명령을 생각한다.
- 금지 표현의 어려움과 일본어 고유의 문제를 구체적으로 검토한다.
- 커뮤니케이션 조절 이론을 이해한다.
- 금지 표시에 나타나는 문화적 가치관을 생각한다.
- 다언어 표시의 의미와 어려움을 생각한다.

① 공공장소와 노골적인 명령

　공공장소란 열린 장소로, '모두의 장소'이다. 모두의 장소라고 해서 '나의 장소'인가 하면 그렇지 않다. 오히려 모두의 장소는 누구의 것도 아닌 열린 장소이다.

　공공장소에서는 누구에게 메시지를 전달해야 할지 정하기가 어렵다. 대인 커뮤니케이션이라면 상대를 구체적으로 상정할 수 있고 거기에 맞춰 메시지를 작성할 수 있다. 하지만 공공장소에서 하는 커뮤니케이션은 상대를 특정할 수 없기 때문에 막연하게 상정한 상대에게 전달하는 메시지가 되기 십상이다. 더욱이 발신자가 상정한 상대가 실제로 메시지를 받아 줄지도 의문이고, 그 상대가 정말로 메시지를 받아야 할 대상인지는 메시지의 발신 결과를 보지 않으면 알 수 없다. 그러한 장소에서는 '무엇을 전달할 것인가'와 함께 '어떻게 전달할 것인가', '누구에게 전달할 것인가'가 더 중요할 때가 있다.

　누구에게도 속하지 않는 공공장소는 누구에게도 '나의 장소'가 아니기 때문에 부지불식간에 제멋대로 행동하면 곤란하다는 공통 인식이 있다. 그래서 공공장소에 금지 사항이 나붙는 역설이 발생한다. 당연히 '금지'도 커뮤니케이션의 한 형태이나 어떤 행위를 금하고 미연에 방지한다는 것은 그 행위를 할 가능성이 있는 사람이 가진 자기결정의 자유를 침해하는 것임이 명백하다.

다시 말해, 공손(politeness)의 관점에서 금지는 상대의 네거티브 페이스(negative face)에 대한 강한 침해에 해당한다. 페이스의 침해에 대해서는 공손으로 보상하는 것이 지금까지의 해결책이지만, 유독 금지를 공손으로 해결하려고 하면 거꾸로 어려운 문제가 발생한다. 침해에 대한 보상을 함으로써 '금지'의 효과가 약해지기 때문이다. 바꾸어 말하자면 금지란 상대의 네거티브 페이스를 타인이 컨트롤하는 것으로, 이를 약화시킨다는 것은 금지 자체를 약하게 만든다는 의미가 되는 것이다.

여기에 일본어 특유의 '경어'라는 특징이 더해진다. 일본어는 경어를 사용하든 안 하든 대상 인물을 어떻게 대우하고 있는지가 겉으로 드러나게 된다. 이런 특징은 대화체에서는 결정적으로 드러나고 대우성(待遇性)이 명확하게 드러나지 않는 문장체(書き言葉)에도 미묘한 영향을 미친다.

이 장에서는 상기한 고민을 가진 공공장소에서의 커뮤니케이션을 테마로 다루어 보겠다. '금지'라는 관점에서, 전반부에는 '어떻게 전달할 것인가'에 대해, 후반부에는 '누구에게 전달할 것인가'에 초점을 맞춰 고찰하려고 한다.

노골적인 명령형이 의미하는 것

금지에 대해 생각하기 전에 명령이 무엇인지 살펴보도록 하자. 일본어에 '명령형'이라는 활용형이 있고, 그것이 명령이라는 언어

행위를 나타낼 때 사용할 수 있는 형태라는 것을 우리는 알고 있다. 그러나 실제로 생활 속에서 노골적인 명령형을 사용하는 경우는 매우 제한적이다. 예를 들어 부모가 아이에게「早くしろ!(빨리 해!)」라고 할 수는 있지만, 대부분의 경우 '인내의 한계'에 도달했음을 풍기는 뉘앙스를 갖는다. 다시 말해「今日は○△するんだよね?(오늘은 ○△할 거지?)」,「早めにやったら?(빨리 하는 게 어때?)」,「そろそろした方がいいんじゃない?(슬슬 하는 게 좋지 않아?)」,「もう、早くしなさい(정말, 빨리 해라)」와 같이 점점 요구의 수준이 높아지고, 그래도 말을 듣지 않으면「早くしろ!(빨리 해!)」가 등장하는 식이다.

명령형을 사용하는 예로 텔레비전에서 특히 좋아하는 타자가 친 외야 플라이를 보고「入れー!(들어가)」라고 외치는 경우가 있다. 이것은 명령이 아니라 기원(祈願)의 용법이라고 할 수 있다. 좋지 않은 일을 기원하면 저주가 되기도 하는데「死ね!(죽어!)」와 같은 예가 여기에 해당된다(다키우라, 2010).

공공장소의 커뮤니케이션에서 의외로 자주 명령형과 마주치게 된다. 일상에서는 다음과 같은 일시 정지나 속도 주의와 같은 교통 관련 표지나 지시어 등에서 볼 수 있다.

(1) 노골적인 명령형 지시
a「止まれ(멈춰)」
b「スピード落とせ(속도 낮춰)」

너무 많아서 의식하지 못하지만 명백한 명령형이다. 흔치 않은 예와 맞닥뜨리면 명령형의 강한 어감이 새롭게 다가온다. 간에쓰

터널(関越トンネル)과 같은 고속도로상의 길고 큰 터널에 가까워지면 출구 근처에서 다음과 같은 지시 사항이 여러 차례 눈에 띈다.

(2) 「危険物積載車両ここで出よ(위험물 적재 차량 이쪽에서 나가)」

이것은 경찰이 권력을 등에 업고 강압적으로 명령을 하고 있는 것이 아니라

노골적인 명령형=무대우형(無待遇形)

이라는 것에 주안점이 있다. 대우성이란 청자가 누구이고 어떤 관계로 맺어져 있는지에 따라 변한다. '대우'의 의미도 여기에서 나온다. 그런데 (1), (2)와 같은 지시는 청자가 누구이든 필요성과 효력이 변하지 않는다. 변하면 오히려 곤란해지는 그런 내용을 전하려면 대우 자체를 없애는 것이 궁극적인 해결책이 될 수 있다.

최근에 세제나 세정제에서 눈에 띄는 빨간색, 노란색 등으로 쓰인 다음과 같은 경고 문구를 볼 수 있다.

(3) 「混ぜるな危険(섞지 마 위험)」

이것도 비슷한 예로, 「가정용품 품질표시법」에 따라 섞었을 때 일정량 이상의 염소 가스가 발생하는 경우 의무적으로 표시하도록 규정되어 있다. 여기서는 전달의 필요성이 대우의 필요성보다 더 중요하다는 인식이 무대우 자체에 내재되어 있음을 알 수 있다. 거

꾸로 말하면, 무대우의 형태가 아니면 내용의 공적 중립성이 전달되지 않는다는 것이다. 「です・ます」체를 사용하는 순간, 반드시 청자는 화자와 '나-당신'의 관계로 끌려 들어가게 된다. 이때 말은 관계성의 표현으로 전환되고 만다.

② 고민스러운 '금지'

전술한 바와 같이 공공장소의 금지 표현은 상당히 번거로운 테마이다. 노골적인 명령형을 보면 의아하다는 생각이 들 수도 있지만 교통 관련 지시나 법적 근거에 따른 경고는 청자에게도 준법 의무, 사고 방지 책임이 있는 예라고 할 수 있다. 하지만 공공장소에서 금지 표현의 대부분은 현실적으로 협력 요청인 경우가 많다. 대면하면 경어로 대우해야 할 상대가 일으킬 수도 있는 환영받지 못할 행위에 대해서 언급해야 하는 경우가 많은 것이다. 그럴 때에 노골적인 명령형으로 금지하기는 힘들다. 이번 절에서는 공공장소에서 일어날 수 있는 민폐 행위에 대한 금지 표현을 통해 내재된 고민에 대해 고찰하고자 한다.

일본어에는 역사적으로 한문 문맥과 일본어 문맥이라는 구분이 있는데, 특히 문어체의 경우 한자어로 내용을 제시하면 간결하게 나타낼 수 있는 장점이 있다. 금지도 단순히 '금~'라고 하면 되고 내용이 길면 '~금지'의 형태로 표현함으로써 단순한 의미 전달을 위한 금지 표현이 쉽다. '금주', '금연'과 같은 정착된 예뿐만 아니라 지금도 새로운 표현을 생산할 수 있다. 예를 들어 맥주바와 같은 곳

에서 'ナンパ・声かけ禁止(이성에게 말 걸기 금지)'라는 게시문을 걸수 있다. 사실은 이런 예도 공손의 문제로 취급할 수 있다. 공손 이론을 정립한 브라운과 레빈슨(Brown & Levinson)은 부정 공손을 나타내는 하나의 수단으로

명사화함(B & L, 1987, p.207)

을 들고 있다. 행위를 동작으로 나타내면 행위자까지 문제가 되지만, 명사화함으로써 행위를 추상화할 수 있다.

그러나 '금~/~금지'에도 약점이 있다. 금지 대상이 되는 행위가 명사적으로 정립되어 있지 않으면 안정감이 없는 표현이 된다. 〈그림 13-1〉은 도쿄 신주쿠역 구내에서 발견한 금지 안내문이다.

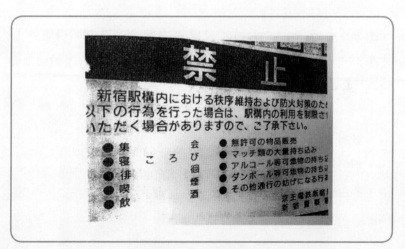

| 그림 13-1 | 눕기 금지

(신주쿠역 구내, 2013년 10월 다키우라 촬영.)

여기에서는 역 구내의 금지 행위로서 '집회/배회/흡연/음주' 등과 함께 눕는 행위가 열거되어 있다. 그와 함께 '금지'를 뒤에 붙였을 때 '집회 금지'는 물론이고 '배회 금지'도 눈에 띄는 빈도가 낮더라도 표현으로는 문제가 없다. '성냥류 대량 반입 금지'도 전체적으로 정립된 표현은 아니지만 '반입'이 명사로 정착되어 있기 때문에 위화감 없이 이해할 수 있다. 그에 반해

(4) ?「寝ころび禁止(눕는 행위 금지)」

라는 표현은 위화감이 느껴진다. 「寝ころび(눕는 행위)」라는 동사에서 전성된 명사를 사용한 표현이 정착되어 있지 않아서이다.

(5) ??「寝ころびって気持ちいいよね。(눕는 거 기분 좋지 않아?)」

라는 표현은 필자의 어감에서 보면 특수한 경우가 아니라면 사용하기 어렵다. 이러한 문제가 고민거리로 드러나 있는 것이 〈그림 13-2〉의 예이다.

- 물건 벽에 기대어 세우기 금지
- 뛰어서 승차하기 금지
- 스크린도어 밖으로 몸을 내밀지 마세요
- 손이 끼이지 않도록 주의하세요

위의 예 중에서 '물건 벽에 기대어 세우기 금지', '뛰어서 승차하기 금지'는 '~금지'라는 표현으로 가능했다. 그러나 '스크린도어에

| 그림 13-2 |　스크린도어 밖으로 몸을 내밀지 마세요

(게이오 전철 스크린도어의 게시물, 2013년 7월 다키우라 촬영.)

서 몸을 내미는 것'과 같이, 최근 새롭게 등장한 행위에는 '~금지'를 붙이기가 어색하기 때문에 '스크린도어에서 몸을 내밀지 마세요'라는 표현이 사용되고 있다. 장황할 뿐만 아니라 뉘앙스도 상당히 달라진다. 만약 '~금지'라는 용어를 꼭 써야 한다면,

(6)

　a ?? 스크린도어 밖으로 몸을 내미는 것 금지

　b ?? 스크린도어 밖으로 몸 내밀기 금지

와 같이 일본어로는 부자연스러운 표현이 된다. 무대우 표현을 사용하면 무리한 명사 표현이 되고, 대우 표현을 사용하면 금지보다 부탁의 의미처럼 되어 버리는 딜레마에 빠지게 되는 것이다.

　지금까지 본 바와 같이 '~금지'와 '~하지 말아 주세요'의 차이는 크다고 할 수 있다. '금지'의 고압적인 시선을 부정할 수 없고 '~해

주세요'의 강제력은 너무 약하다. 여기에서 상대방의 자발성에 호소하여 행위를 삼가게 하고 싶다는 전략이 작동한다.

> 페이스 침해 행위를 일반적인 규칙으로 서술한다(B & L, 1987, p.206).

「~る/~ないことになってます(~하다/~하지 않게 되어 있습니다)」라는 표현이 여기에 해당된다. 누가 정했든 그것이 규칙이라는 얘기를 들으면 개별적인 사정을 주장하기 어려워지는 심리가 작용한다. 비슷한 예로 '~하지 않는다'라는 선언식의 표현이 있다. 다음 사진은 스크린도어에 붙어 있는 안내문으로, '~금지'나 '~하지 말아 주세요'라는 표현 대신 '~하지 않는다'가 사용되었다.

- 내밀지 않는다
- 세워 두지 않는다
- 뛰어서 승차하지 않는다
- 들어가지 않는다

위의 예에서는 앞에서 많은 고민을 하게 했던 '몸을 내밀지 마세요'라는 표현도 '세워 두지 않는다', '뛰어서 승차하지 않는다'와 같은 형태로 적절하게 표현되고 있다. '~하지 않는다'는 동작을 있는 그대로 표현하기 위해 명사로 만들 필요가 없기 때문에 고민을 덜 해도 된다. 그런 의미에서 새로운 형태를 만들기 쉬운 금지형이라고 볼 수도 있지만 단점도 있다. 첫째, 학교에서 학생들에게 주의를 주는 듯한 (유아적인) 느낌을 갖게 한다. 둘째, 금지라기보다 행위 주

| 그림 13-3 |　내밀지 않는다

(도쿄 지하철의 스크린도어 안내문, 2013년 10월 다키우라 촬영.)

체에 대한 호소, 또는 주체 자신의 의사 표명(비~의 맹세)처럼 들린다. 이 문제에 대해서는 앞으로도 주목하고자 한다.

　철도와 같이 공공성이 높은 사업자에 비해 상업성이 높은 사업자에게 대우성은 더 큰 문제가 된다. 기본적으로 '고객님'으로 대우하는 것과 '금지'는 공존하기 어렵다. 금지와 대우성이 복잡하게 얽혀 있기 때문에 기묘한 표현이 생겨난다.

　(7)「~禁止とさせていただいております」

　「させていただく」는 15장에서도 언급하겠으나 금지와 함께 쓰면 대우의 관계가 불분명해진다.「禁止とさせていただいております」라는 표현은 인터넷 검색 엔진「Google」의 완전일치 검색으로 찾아본 결과 약 689,000건이 검색되었다(2014년 1월 7일 열람). 이

| 그림 13-4 | 잊어버리지 말고 가져가세요

(오다큐 버스 차내, 2014년 1월 다키우라 촬영.)

표현은 행위에 대해서는 금지를 강제하고, '행위를 금지하는 행위'에 대해서는 겸손한 태도를 취하며, 청자에 대해서는 경어 대우(敬語待遇)의 형태를 취하는 구조를 가지고 있다. 여기에 나타나 있는 대우성을 이해하는 것은 쉽지 않다.

한편 발상의 전환과 대우성의 흥미로운 관계를 나타내는 예가 있어서 언급해 두겠다. 지금까지 보았던 것은 모두 부정형에 의한 금지였지만, 발상을 바꿔 반대의 행위를 장려함으로써 같은 결과를 도출할 수 있다. 〈그림 13-4〉는 버스 안에서 발견한 예이다.

그림의 예는 「ゴミ捨て禁止(쓰레기 투기 금지)」, 「ゴミ放置禁止(쓰레기 방치 금지)」에 해당하는 내용을 반전시켜 표현한 포지티브한 금지라고 부를 수 있는 표현이다. '가져가세요'라는 경어가 사용되고 있지만 청자의 포지티브한 행위에 대해 언급하고 있어서 경어 대우의 형태가 있어도 문제가 생기지 않는다. 그런 의미에서 7장에서 예로 들었던 화장실의 안내 문구인

(8) 「いつもきれいにお使いいただき、ありがとうございます」
(언제나 깨끗이 사용해 주셔서 감사합니다)

와 같은 것도 있다.

이상에서 대우성이 특히 문제가 되는 것은 부정적인 금지와의 공존임을 알 수 있다. 개략적으로 정리하면

> 금지의 네거티브 표현에서는 문어체적인 무대우(無待遇)
> 금지의 포지티브 표현에서는 구어체적인 유대우(有待遇)

와 같은 대조가 명확해진다. 인간이 개입되면 세계는 대칭성을 상실한다는 좋은 예이다.

③ 다언어 게시

또 다른 금지 게시물을 보도록 하겠다.

앞 절에서 언급한 것처럼 이번에도 문구와 관련된 문제에 대해 언급한다. 제목이 「お願い(부탁)」라는 의뢰의 형태인 점, 상단 두 줄과 네모 상자 내부의 문장이 전부 「です・ます」체로 쓰여 있는 점, 가장 눈에 띄는 메시지가 「持去禁止」[1]라는 네 글자의 한자를 사용하고 있는 점 등은, 이 게시물이 읽는 이에 대한 대우와 표시 주체인 시청이나 경찰서의 입장을 모두 고려해 균형을 맞춘 듯한 느낌을 준다. 동시에 이 게시물에는 또 한 가지, 특정한 '읽는 이'를 상정하고 있음을 알 수 있는 부분이 있다. 그것이 다언어 표시 부분이다.

언어는 「ウチ」와 「ソト」를 구분하는 기능을 가지고 있다. 그런

---

1 갖고 가는 행위 금지(옮긴이 주).

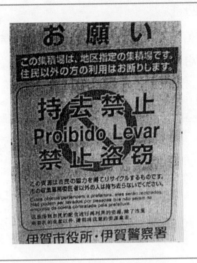

| 그림 13-5 |　지거금지(持去禁止)

[이가(伊賀) 시내, 2013년 9월 다키우라 촬영.]

사실을 단적으로 나타내는 예가 『구약성경』의 '쉽볼렛'에 얽힌 일화
이다.[2] 이것을 일본어 문화권의 대인관계에 적용해 보면, 자신과 같
은 언어를 공유할 경우 '우치(ウチ)'인 대인관계가 성립하지만 그렇
지 않으면 '소토(ソト)'의 대인관계를 넘어서기는 어렵다고 볼 수 있
다. 그렇다면 우리는 언어를 공유하지 않는 사람에게 어떤 태도를
취할 수 있을까? 그와 관련된 이론을 하나 소개하고자 한다.

커뮤니케이션 조절 이론

우리는 다른 사람과 이야기할 때 나와 상대방의 말하는 방식이
비슷한지 다른지 바로 알게 되는 경우가 많다. 예를 들어 상대방이

---

2 『구약성경』「사사기」 12장 4~6절에 있는 이야기. 길르앗 사람이 shibboleth
의 [ʃ] 발음이 가능한지 여부로 적인 에브라임 사람을 구별했다고 함.

나보다 말이 빠르다, 나와는 다른 방언을 쓴다, 지금 하는 말이 별로 유창하지 않다 등 여러 가지 차원에서 다양한 사실을 알게 될 가능성이 있다. 이러한 다양한 언어적·비언어적 측면을 포함한 말하는 방식을 '커뮤니케이션 스타일'이라고 한다. 상대방과 이야기할 때 커뮤니케이션 스타일로 취할 수 있는 방법에는 '동화(同化)', '이화(異化)', '유지(維持)'가 있다. 동화란 자신의 말하는 방식을 상대방의 방식에 맞추는 것이다. 상대방이 천천히 말하면 나도 천천히 말하고, 내가 방언으로 말을 걸었을 때 표준어로 답하면 나도 표준어로 바꾸는 것 등이 동화의 예이다. 이화는 나와 상대방의 커뮤니케이션 스타일이 다름을 의식하고 의도적으로 상대방과 다른 커뮤니케이션 스타일을 선택하는 것이다. 내가 먼저 방언으로 말했을 때 상대방이 표준어로 답할 경우 보다 국지적인 방언을 사용하고, 상대방이 나보다 빠른 말투로 답할 경우 처음보다 더 천천히 말하는 것 등이 이화의 예에 해당한다. 유지는 상대방과 나의 커뮤니케이션 스타일이 다르다는 것을 인식하고 있더라도 지금까지 내가 사용해 온 커뮤니케이션 스타일을 바꾸지 않는 것이다. 방언으로 말을 거는데 상대방이 표준어로 답하더라도 방언을 계속 사용하는 것, 상대방이 어떤 속도로 답하더라도 말하는 속도를 바꾸지 않는 것 등이 유지의 예이다[오타(太田), 2000].

언어가 '우치'와 '소토'를 나누는 힘을 가지고 있다는 것과 상기한 세 가지 방법을 비교해 보면, 상대방과 내가 다름을 강조하는 이화에는 명확하게 「ウチ」와 「ソト」를 나누고 싶어 하는 의도가 있음을 느낄 수 있을 것이다. 한편 상대방이 사용하는 언어에 나 자신의 언어를 맞추는 것은 상당히 적극적인 동화라고 할 수 있다[야시마

(八島), 2012].

'커뮤니케이션 조절 이론'은 원래 구두(口頭)언어를 사용한 커뮤니케이션을 염두에 두고 구상된 이론이다. 그러나 상대방을 「ウチ」에 넣으려는 의도가 있다면 상대방과 나와의 차이를 줄이려는 동화를 취할 수 있을 것이다. 그런 의미에서 다양한 안내문을 일본어 이외의 언어로 작성하는 것은 해당 언어 사용자에게 다가가려고 노력하는 자세라고 볼 수 있을 것이다. 그런 의미에서 〈그림 13-6〉의 안내문에는 그 지역에 살고 있는 사람들 중 가능한 한 많은 이들에게 다가가려는 자세가 엿보인다.

그러나 다시 생각해 봐야 할 것은, 상대방에게 지나치게 다가가면 그들의 영역을 침범하게 된다는 것이다. 이것은 지금까지 계속 나왔던 대인관계의 딜레마이다. 커뮤니케이션 스타일이라는 점에서 상대방에게 지나치게 다가가 실례를 범하게 되는 예를 들자면,

| 그림 13-6 | 피난 장소

[이가(伊賀) 시내, 2013년 9월 다키우라 촬영.]

일본어와 커뮤니케이션

상대방이 나보다 천천히 말한다고 느꼈을 때 상대방보다 더 천천히 말한다거나 상대방이 나보다 유창하지 않다고 느꼈을 때 필요 이상으로 간단한 어휘나 표현을 사용하여 아이 취급 하는 듯한 말투를 쓰는 경우 등이 있다. 외국인에게 아주 간단한 어휘만 사용해서 말하는 '포리너 토크(Foreigner talk)', 고령자에게 사용하는 부자연스러울 정도로 친밀한 말투도 이러한 예에 해당된다. 이와 같이 상대방에 대한 동화의 정도가 과한 경우를 '과동화(過同化)'라고 한다. 과동화된 말투를 들은 상대방은 무시당했다는 느낌을 받을 수도 있다. 상대방에게 다가가려는 것 자체가 나쁜 것은 아니지만 지나치면 모자람만 못한 것이다.

이런 점에서 생각하면 유지의 장점이 돋보인다. 젊은이 입장에서 본 고령자나 일본어 화자 입장에서 본 외국어 화자처럼, 상대가 나와 다른 집단에 속해 있다고 생각될 경우가 있다. 이때는 상대가 동화를 필요로 하는 정도가 어느 정도인지 알 때까지는 사회적 대인 거리를 생각해서 유지 전략을 쓰는 것도 가능한 선택지이다. 단, 상대방이 동화를 필요로 하고 있다는 것을 알면서 유지 전략을 계속 취한다면, 이것은 「ウチ」와 「ソト」를 나누는 커뮤니케이션 스타일일 뿐이다. 원래는 대인관계를 구축해 나가는 과정에서 상황에 따라 이러한 대처가 가능하다면 더할 나위 없겠지만, 공공장소와 같이 일대일의 대인관계 구축이 불가능한 경우에는 과동화의 위험을 감수하고라도 다가가는 자세를 보이는 것이 더 큰 의미를 가질 수 있다. 그에 관해서는 다음 절에서 다시 언급하겠다.

④ 금지의 기호

　이번 장 첫 부분에서 언급했던 '금지 안내문'에는 문자로 된 문구에, 문자 언어를 사용하지 않고 표시하기 위해 고안된 그림이 첨부되어 있다. 이상적인 그림은 문자 언어 없이 내용을 이해할 수 있도록 표현되는 것이 바람직하다고 할 수 있다. 〈그림 13-7〉은 〈그림 13-8〉의 왼쪽 위에서 오른쪽 아래로 그어진 빨간 선의 의미를 알고 있다면 이해할 수 있을 것이다.

　그러나 왼쪽 위에서 오른쪽 아래로 그어진 빨간 선이 금지를 의미하는지는 분명치 않다. 왜 이 선은 오른쪽 위에서 왼쪽 아래로 그어지지 않았는가, 금지라면 x 표시라도 될 것 같은데 왜 왼쪽 위에서 오른쪽 아래로 그어진 빨간 선이어야 하는가 등의 의문이 들 것이다. 답은 그렇게 정해져 있기 때문이다. 다시 말해 이 그림은 금지의 개념을 표현하기 위한 기호로, 그 의미는 각 언어문화 내에서 학습해야 하는 것이다.

　나카니시(2011)는 "기호는 다양한 형태로 나타난다. 언어기호

| 그림 13-7 |　금연 마크[3]

| 그림 13-8 |　일반적인 금지 마크

나 그림인 경우도 있고 사진이나 일러스트, 패션 스타일일 수도 있다"(p.110)라고 기술하면서, 기호에는 사물을 지칭하는 기능과 의미를 생성하는 기능이 있다고 논하고 있다(pp.110-111). 전자는 "선행하는 메시지 내용을 기호로 나타내는 기능"(p.110), 다시 말해서 "'기호는 사물을 지칭하는 도구'라는 생각"(p.110)에 기반을 두고 있다. 앞서 들었던 금지 기호는 그 단적인 예이다.

한편 후자는 "기호에 의한 표현이나 도안이 어떤 의미나 가치를 창출하기 위해 존재한다고 생각되며"(p.111), "특정한 장소에서 특정한 사람들에게, 특정한 의미나 가치를 창출하고 있다"(p.111)는 것이다. 즉 어떤 장소에서 무엇을 금지하는가는 그 사회가 가지고 있는 가치관을 반영하는 것으로 연결된다. 일본에서는 전철에서 휴대전화 통화를 금지하는 경우가 많고 〈그림 13-9〉와 같은 기호로 표현된다.

그러나 한국이나 유럽에서는 전철 내 휴대전화 통화를 금지하지

| 그림 13-9 | 휴대전화 사용 금지 마크

3 http://www.ecomo.or.jp/barrierfree/pictogram/picto_006.html(2014년 2월 20일 참조).

않는 경우도 많다. 이것은 일본이라는 문화가 전철이라는 공공장소 내에 휴대전화로 통화를 하는 사적인 커뮤니케이션 공간이 들어오는 것을 꺼리는(요시미, 2004) 가치관을 표현한다고 할 수 있다.

그리고 다언어로 표기된 표시에 관해서는, 다언어 표기를 통해 일본어를 이해하지 못하는 사람에게 다가가려는 자세를 엿볼 수 있다는 점에 의의가 있음을 앞에서 기술했다. 이것은 다언어 표기에 의한 표시가 "어떤 의미나 가치를 창출(産出, p.206)한다는 의미에서"(나카니시, 2011, p.111) 존재한다고 할 수 있다. 다시 말해서 다언어로 표기된 금지 표시는 금지 내용을 해당되는 사람에게 전달하는 기능과 함께, 보는 이로 하여금 '이 커뮤니티는 일본어를 모르는 사람도 받아들일 준비가 되어 있습니다'라는, 지역 전체가 공유하고 있는 가치관을 나타내는 기능을 수행한다고 말할 수 있다.

한편 동일한 표시가 별개의 기능을 수행하는 경우도 생각할 수 있다. 표시가 어떤 언어로 표현되어 있는가는 표시 주체가 그것을 누구에게 보이려고 생각하는지를 반영하고 있다고 볼 수 있다. 특히 금지 표시를 다언어 표기로 하는 것은 금지 행위를 행하는 주체가 해당 언어를 사용하는 사람일 것이라는 고정관념(stereotype)이 나타난 것이라고 볼 수 있다. 고정관념은 그룹 내 일부 사람에게 보이는 특징을 그룹 내의 전원에게 해당되는 것으로 생각하는 고정된 시각이다. 그런 의미에서 다언어 표기는 그것을 채택하는 그룹에게 양날의 칼이 될 수 있다. 그러한 점은 대상이 불명확한 공공장소 내 커뮤니케이션의 어려운 부분이기도 하다.

Brown P. & Levinson S.(1987). *Politeness: Some Universals in Language Usage*. Cambridge University Press.

太田浩司(2000). 「異文化集団間におけるコミュニケーション理論」〈西田ひろ子 編〉. 『異文化間コミュニケーション入門』第5章 (pp.184-214). 創元社.

滝浦真人(2010). 「ポライトネスと語用論 ―"はだかの命令形"の考察から―」〈上野善道 監修〉. 『日本語研究の12章』. 明治書院.

滝浦真人(2014). 「話し言葉と書き言葉の語用論―日本語の場合―」〈石黒圭・橋本行洋 編〉. 『話し言葉と書き言葉の接点』. ひつじ書房.

中西満貴典(2011). 「記号とは何か」〈板場良久・池田理知子 編著〉. 『よくわかるコミュニケーション学』第6章 第1項(pp.110-111). ミネルヴァ書房.

八島智子(2012). 「言語によるコミュニケーション」〈八島智子・久保田真弓 著〉. 『異文化コミュニケーション論:グローバル・マインドとローカル・アフェクト』第3章(pp.85-113). 松柏社.

吉見俊哉(2004). 『メディア文化論:メディアを学ぶ人のための15話』. 有斐閣.

14

이문화 간의 커뮤니케이션

오하시 리에(大橋理枝)

학습 포인트

- 문화의 정의를 파악한다.
- 문화의 모델을 이해한다.
- 문화의 기능을 이해한다.
- 기호화의 등가성과 언어결정론, 언어상대론을 이해한다.
- 이문화 간 커뮤니케이션을 이해한다.

① 문화란

문화의 정의

스에다(末田)와 후쿠다(福田, 2011)가 "커뮤니케이션의 정의가 무수히 많듯 문화의 정의 또한 무수히 많다"고 지적했듯이, 문화를 정의하는 것은 커뮤니케이션을 정의하는 것만큼이나 쉽지 않다. 오카베(岡部, 1996)는 "사회과학 문헌에는 약 100개 이상의 정의가 나와 있다"고 한 후, "문화는 어떤 집단의 구성원에 의해 여러 세대에 걸쳐 획득된 지식, 경험, 신념, 가치관, 태도, 사회계층, 종교, 역할, 시간·공간 관계, 우주관, 물질소유관 등 여러 양상의 집대성"이라고 정의했다. 이케다(池田)와 크레이머(2000)는 "문화란 그 문화의 구성원이라면 누구나 알고 있거나 몸에 익히고 있는, 이른바 공통 지식이라고 부를 만한 것"이라고 서술했다. 네바시(根橋, 2011)는 "문화는 학습된 것으로, 어느 집단의 구성원들이 공유한 사고나 행동의 틀"이라고 정의했다. 이시이(石井)와 구메(久米, 2013)는 지금까지 제시된 몇 가지 문화의 정의를 개관한 후, "문화란 자신이 소속된 집단이나 자신이 거주하는 지역에서 당연시되는 공통적인 사고방식, 행동방식, 사물에 대한 관점, 대처 방안"이며, "어떤 상황에서 어떻게 행동해야 될지 순간적으로 판단할 때, 개개인이 자신도 모르게 기준으로 삼고 있는 규칙 등의 집대성"이라고 서술했다. 이타바(板場, 2010)는 "문화란 집단생활을 영유하는 인간이 자연 상태에서 해방되어 자연을 이용하고 자연과 함께 살아가기 위해 후천적으로 배우는 것이며, 같은 시대의 사람들에게 널리 보급되거나 다음 세대에 계승되는 인식이나 실천 또는 창조적 구축물"이라고 정의했다. 동시에 그 애매함을 지적하면서 "문화에는 엄밀하고 결정적인 정의가 존재하지 않으며 의미를 안정(확정)시킬 수 없는 것도 있다"고 결론짓고 "문화의 다양한 정의를 아는 것이 중요"하다고 설명했다.

문화의 모델

문화는 모델로 나타내면 쉽게 알 수 있다. 지금까지 많이 사용된 것은 〈그림 14-1〉의 '빙산 모델'이라 부르는 것이다. 이 모델에 따르면 문화에는 '보이는 문화'와 '보이지 않는 문화'가 있다. 우리가 실제로 볼 수 있는 문화의 여러 양상은 빙산으로 말하면 해수면 위에 떠오른 부분이며, 구체적으로는 언어, 의식주, 예술작품 등이다. 그런데 그 배후에는 그것을 성립시키기 위한 개념이나 가치관 등이 있다. 예를 들어 일본어에서 경어가 발달한 것은 일본문화 속에 상대에게 경의를 표하는 것을 중시하는 사고방식이 있기 때문이며, 옷을 입을 때 노출이 적은 것도 일본문화의 사고방식 속에 피부를 과도하게 노출시키는 것을 좋게 여기지 않는 부분이 있기 때문이라 할 수 있다. 이는 마치 빙산의 해수면 아래에 숨어 있는 부

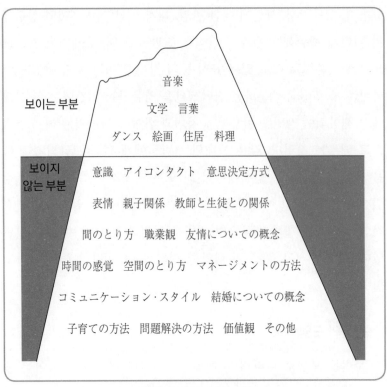

| 그림 14-1 | 빙산 모델

[八代京子・荒木晶子・口容視子・山本志都 コミサロフ喜美(2001), 『異文化コミュニ
ケ ションワクブック』p.25, 三修社. Odenwald, S. B(1993), Global Training: How to
Design a Program for the Multinational Corporation. Viginia: ASTD, p.47에 기초하여
그림.]

분처럼 우리가 직접 볼 수 없는 부분으로, 눈에 보이는 부분보다 훨씬 많은 요소를 포함한다. 그리고 해수면 위의 '눈에 보이는' 부분에 분명히 영향을 주며, 실제로 그 문화에 속한 사람들이 무의식중에 행하는 행동이나 사고방식으로 굳어 있다. 이시이와 구메(2013)는 "문화란 사람들이 그러한 상식이나 양해 사항에 대한 사고방식

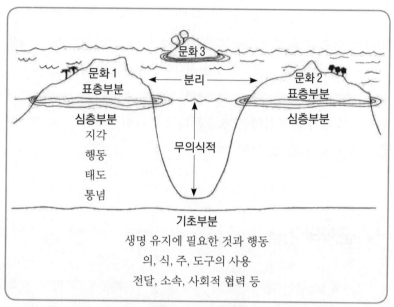

| 그림 14-2 | 섬 모델

[石井敏・久米昭元・長谷川典子・桜木俊行・石黒武人(2013),『はじめて学ぶ異文化コミュニケーション：多文化共生と平和構築に向けて』p.18, 有斐閣.]

을 수렴했기 때문에 공동생활을 원활하게 영위할 수 있는 것"(p.14)이며 '상식'이나 '암묵적 양해 사항'이라고 했는데, '보이지 않는 부분'이야말로 그 '상식'이나 '암묵적 양해 사항'을 형성한다고 할 수 있다.

이 '빙산 모델'을 더욱 발전시킨 모델로 이시이와 구메(2013)는 '섬 모델'을 소개했다(〈그림 14-2〉 참조). 섬 모델의 개념은 각각의 문화는 빙산 모델처럼 해수면 위에 보이는 부분과 해수면 아래의 보이지 않는 부분이 있지만, 그것들이 다시 아래 해저 부분에서 연결되어 있다는 것이다. 개개의 문화가 큰 바다 속 빙산처럼 제각각 떠 있다고 생각해 버리면, 세계화[세계가 지구 규모로 일체화·균질화되는

현상: 후루야(古家), 2013, p.40]나 혁신(innovation) 전파의 결과로 일어나는 이문화 굴절현상(어느 문화 속에 새로운 물건·사고방식·행동양식 등이 도입될 때 그 문화에 맞는 형태로 변형되는 현상) 등을 제대로 설명하지 못할 가능성이 있다. 한편, 다양한 문화가 기저 부분에서 연결되어 있다고 생각하면 개별 문화를 넘어선 공통성 등의 가능성을 고려할 수 있을 것이다.

② 문화의 기능

오카베(1996)는 문화의 기능으로 학습성·전승성, 규범성, 의미부여성, 영속성의 네 가지를 들고 있다.

학습성·전승성은 문화란 선천적으로 타고나는 것이 아니라 어느 사회 속에서 생활하며 배워 가는 것이며, 전승 또한 저절로 이루어지는 것이 아니라 의도적으로 계승하는 측면을 말한다. 예를 들어 일본에서는 처음 만나는 사람에게 가볍게 고개를 숙여 인사하는데, 이는 일본에서 생활하며 주변에서 배우는 것이다.

규범성이란 어떤 문화를 몸에 익힌 사람은 그 문화의 규범에 따라야 하는 측면을 말한다. 예를 들어 일본에서는 처음 만난 사람에게 정중하게 대하는 것이 예의라는 문화적 규범이 있기 때문에, 일본문화를 몸에 익힌 사람은 초면인 상대방에게 처음부터 허물없는 말투를 쓰지 않을 것이라 생각한다.

의미부여성은 동일한 문화를 몸에 익힌 사람이라면 동일한 사항에 대해 동일한 의미를 부여하는 측면을 말한다. 예를 들어 일본에서 일본문화를 몸에 익힌 사람들은 처음 만난 순간부터 스스럼없는 말투를 사용하는 사람에 대해 '무례한 사람', '예의를 모르는 사람'이라고 의미부여를 해 버린다.

영속성이란 한번 형성된 문화는 끊어지지 않고 계속되는 측면을 말한다. 이 점에 관해서는 이시이와 구메(2013)가 "때때로 변하는 커뮤니케이션에 따라 창출된 문화는 일반적으로 다음 세대로 계승시키려는 경향이 있지만, 계승받은 신세대들은 그것을 계승하지 않을 자유도 있다. 또한 문화는 시대나 상황 변화 등의 영향을 받기 때문에 '버전 업'을 향한 움직임이 늘 추가되면서 변한다고 할 수 있다"(p.14)고 서술함으로써, 문화는 영구불멸이나 불변이 아님을 지적했다. 예를 들어, 일본에서는 전철에서 고령자에게 자리를 양보하는 일이 이전보다 줄어들었다. 이는 '장유유서'를 중히 여기는 일본문화가 반드시 다음 세대로 계승되는 것은 아니며, 변하고 있음을 나타내는 사례라 할 수 있다. 이것은 어쩌면 현대 일본 젊은이들의 경어 사용에도 영향을 주고 있는지 모른다.

③ 문화와 언어의 관계[1]

언어는 문화 중에서 분명히 눈에 보이는 부분이지만, 그러면서도 모든 언어는 눈에 보이지 않는 문화의 영향을 매우 강하게 받고 있

---

1 이문화 간 커뮤니케이션이 반드시 다른 언어 간의 커뮤니케이션을 말하는 것은 아니다. 최근에는 영어가 링구아 프랑카(모국어를 달리하는 사람들이 의사 전달을 위해 사용하는 국제어 또는 공통어: 石井, 2013, p.276)화되어 있음에 따라, 비모어화자 사이에 영어로 대화하는 기회가 늘었다고 한다.

다. 문화와 언어의 밀접한 관계에 대해서는 두 가지 관점에서 정리해 보겠다.

언어기호의 등가성(等價性)

스에다와 후쿠다(2011)는 번역이나 통역을 할 때 두 언어 사이에 생길 수 있는 문제를 다섯 종류의 등가성이라는 형태로 정리한다.

먼저, 가장 작은 단위로 '어휘의 등가성'이 있다. 이는 메시지를 보내는 측이 기호화하여 사용한 어휘와 동일한 의미를 나타내는 어휘가, 메시지를 받는 측이 기호를 해석할 때 이용될 수 있는지의 여부에 대한 문제이다. 예를 들면 일본어「紙」라는 말이 가리키는 물체는 영어권에도 있으므로, 그것을 가리키는 어휘(paper)도 존재한다. 한편, 일본어「硯」라는 말이 가리키는 물체는 영어권에는 없으므로 그것을 가리키는 어휘도 존재하지 않는다.

다음으로, 단어를 조합한 표현 전체로 어떤 의미를 나타내는 (단어 하나하나의 의미를 합치기만 해서는 뜻이 통하지 않는) '관용구의 등가성'이 있다. 예를 들면 일본어의 「弘法にも筆の誤り(원숭이도 나무에서 떨어질 날 있다)」를 그대로 영어로 바꾸면 뜻이 이상해지지만 같은 의미를 나타내는 관용구는 영어에도 있다(Even Homer sometimes nods). 그러나 「暖簾に腕押し(호박에 침주기)」와 등가성이 있는 관용구는 영어에 없다.

그보다 상위 레벨로 '문법적 등가성'이 있다. 상태를 나타내는 일본어의 「~している」는 영어에서도 현재진행형의 형태로 대부분 표현할 수 있다. 그러나 영어의 현재완료형에 해당하는 문법 형식은 일본어에 없기 때문에, 현재완료형인 영어 문장을 일본어로 번

역하기는 어렵다고 알려져 있다(스에다·후쿠다, 2011).

그 다음으로 '경험적·문화적 등가성'의 문제도 있다. 메시지 송신자가 경험한 것을 기호화했을 때, 수신자가 동일한 경험을 한 적이 없다면 그 기호를 해석하는 데 곤란을 겪을 수 있다. 일본에서는 드물지 않은 「林間学校」에 해당하는 말이 미국에는 없기 때문에, 이 경험을 전달하기 위해서는 상당한 보충 설명이 필요하다(스에다·후쿠다, 2011). 또 미국에 흔한 'day camp(여름방학에 아이들을 모아 요리교실이나 수영교실 등 다양한 활동을 실시하는 프로그램으로, 숙박을 하지 않고 집에서 다니는 것이 일반적임)'가 일본에는 그다지 보급되지 않았기 때문에, 경험적·문화적 등가성이 있는 표현이 눈에 띄지 않는다.

마지막으로 '개념의 등가성' 문제를 들 수 있다. 예를 들어 '시간'이라는 개념 자체는 양쪽에 다 있지만, '시간이란 과거에서 미래를 향하여 일직선으로 흐르는 것'이라는 시간 개념('과거를 돌아보다', '미래를 내다보다' 등의 표현에 나타나는 시간 개념)과, '시간이란 순환하는 것'이라는 시간 개념(십간십이지를 사용하여 해를 나타내거나, '시간이 돌다' 등의 표현에 나타난 시간 개념) 사이에는 등가성이 있다고 할 수 없다. 메시지 송신자와 수신자가 이처럼 다른 시간 개념을 가지고 있다면, 송신자가 발신한 기호화와 수신자가 수신한 기호의 해석이 다를 수 있다.

이렇게 생각할 때, 같은 문화 내에서는 메시지의 송신자와 수신자가 이러한 등가성을 서로 이해한다고 상정한 후 커뮤니케이션을 한다고 할 수 있다. 한편, 이문화 사이에서는 메시지의 송신자와 수신자가 이러한 등가성을 이해하지 못할 수도 있다는 가능성을 내포한 채 커뮤니케이션이 이루어진다고 할 수 있다. 따라서 등가성을 이해하지 못했는데도 이해했다고 믿고 커뮤니케이션을 진행하는 일이 없도록 주의해야 한다. 어휘, 관용구, 문법적 등가성은 보이는 문화에 포함되는 것이 많으므로 등가성이 없는 경우에도 비교적 알기 쉽다. 그러나 개념의 등가성이나 경험적·문화적 등가성은 보이지 않는 문화와 관련되어 있으므로, 상대방이 등가성을 이해하지 못했다는 것을 알기가 쉽지 않다고 할 수 있다.

언어와 사고방식

빙산 모델에서 언어의 배후에는 사고방식이 있다고 했지만, 실제로는 우리가 사물을 보는 방식에 언어가 영향을 준다는 설도 있다.

'언어결정론'이라 부르는 사고방식이 이것인데, 이 설에서는 '언어는 사고를 결정한다'고 생각한다. 예를 들어 일본어에는 「水」와 「湯」라는 말이 따로따로 있기 때문에, 일본어 화자는 동일한 H_2O임에도 온도가 높거나 낮으면 별개의 것으로 인식한다. 그에 비해 영어에는 H_2O를 나타내는 일상어가 'water'뿐이기 때문에, 온도가 높든 낮든 같은 것(이 변형된 것)으로 인식한다. 또 호피어에도 H_2O를 나타내는 말은 두 가지가 있지만, 온도의 높낮이로 구별하는 것이 아니라 인간이 획득한 물이냐 아니면 자연계에 있는 물이냐로 구별한다고 한다(이시이, 1996). 따라서 일본어 화자와 영어 화자와 호피어 화자는 H_2O를 파악하는 방식이 다르며, 이는 각각 사용하는 언어의 차이 때문이라는 사고방식이 언어결정론이다.[2]

---

2 이케다와 크레이머(2000)는 일본어와 영어에서는 '물'과 '얼음'을 구별하지만 말레이어에서는 구별하지 않는다는 예를 들었다.

이와는 달리 우리가 사용하는 언어는 그 문화의 영향을 받는다는 '언어상대론'을 주장하는 사고방식도 있다. 이 설에 따르면, 일본에서는 온도가 높고 낮음에 따라 물의 상태를 구별할 필요가 있기 때문에 각각 별개의 명칭을 부여했을 뿐, 그것이 온도가 높은 H_2O와 낮은 H_2O를 다른 것으로 간주하는 것과 직접 연결되지는 않는다는 것이다. 마찬가지로 호피족 사이에서는 H_2O가 자신들의 수중에 있는지 없는지를 구별할 필요가 있었기 때문에 각각을 나타내는 말이 존재하는 것에 불과하며, 그것이 직접 호피어 화자가 사물을 보는 관점을 규정하는 것은 아니라고 한다.

　이러한 '언어결정론'과 '언어상대론'에 대한 논의는 반세기를 넘어 아직도 이어지고 있으며, 각각의 설을 지지한다는 연구결과에 문제가 있다는 지적도 있다(하시모토, 1997). 스에다와 후쿠다(2011)는 "현재로서는 언어상대론의 입장을 지지하는 연구자가 많을 것이다"(p.116)라고 했다. 한편 사쿠라기(桜木, 2013)는 "언어를 개입시키지 않은 사고의 존재가 심리학의 실험연구에서 확인되면 언어결정론의 입장은 인정되지 않는다"(p.111)고 주장하며, "지금까지 이루어진 실증연구의 결과를 개관해 보면 언어상대론을 지지하는 결과는 그리 많지 않으며, 그 내용 역시 적어도 현시점에서는 대체로 말초적이라 하지 않을 수 없다"(p.113)고 기술했다.

　그럼에도 4장에서 거론했듯이 언어에 따라 인사 표현이 다른 것을 보면 언어와 문화는 어떠한 형태로든 관계되어 있다는 주장 자체를 부정할 수는 없다. 우리의 사고방식 역시 문화의 영향을 크게 받고 있음을 생각하면 언어-문화-사고의 연결고리를 끊을 수는 없을 것이라 생각된다.

④ 이문화(異文化) 간 커뮤니케이션이란?

이렇게 생각해 보면 우리가 일상적으로 하고 있는 커뮤니케이션 행동은 우리가 살고 있는 문화 속에서 이루어진다고 할 수 있다. 일본인이 사고·감정을 기호화할 때는 일본어 문화권에서 이루어지는 방식에 따라 행하며, 메시지 송신자에게서 수신한 기호를 해석할 때도 상대방이 일본어 문화권에서 일상적으로 이루어지는 방식에 따라 기호화했을 것이라고 생각하고 해석하려 한다. 게다가 어떤 상황에서 누가 누구에게 무엇을 어떻게 말할 것인가는 모두 일본어 문화권이라는 콘텍스트 속에 그 답이 있을 수 있다. 역으로 말하면, 일본어 문화권을 벗어나면 어떤 상황에서 누가 누구에게 무엇을 어떻게 말할 것인가 하는 물음에 대해 공통되는 답이 없는 것이다. 각자 자신의 문화 규범에 따른 답을 갖고 있을 뿐이다. 물론 복수의 문화 규범을 알고 있는 사람은 복수의 답을 가지고 있을 것이며, 기호화나 기호해석의 방법에 대해서도 복수의 가능성을 생각할 수 있다.

예를 들면, 필자가 미국에서 유학할 때 차를 가진 미국인 동급생이 자주 "발이 필요하면 태워 줄 테니까 말해"라고 했다. 이는 분명 차가 없는 나에 대한 배려를 기호화한 말이다. 한편, 일본에서는 동일한 배려를 "태워 줄까?"라는 형태로 기호화할 수도 있다. 기호화한 메시지의 해석 역시 일본과 미국이 다를 수 있다. 일본에서는 "태워 줄까"라는 메시지를, 이쪽의 상황을 헤아려 주는 고마운 의미로 해석하는 데 비해, 미국에서는 부탁도 하지 않았는데 쓸데없이

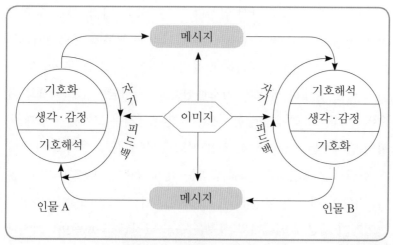

|그림 14-3| 대인 커뮤니케이션 모델

[鍋倉健悦 編著(1998),『異文化間コミュニケーションへの招待 : 異文化の理解から
異文化との交流に向けて』p.57, 北樹出版.]

참견한다고 해석할 수도 있다.

여기서 1장에 나온 대인 커뮤니케이션 모델을 다시 한번 생각해
보자. 이 모델에서는 A와 B는 동일한 규범에 따라 생각·감정을 기
호화하여 해석하는 형태로 표시되어 있다. 이 모델을 이문화 간 커
뮤니케이션 모델로 발전시키면 다음과 같이 바꾸어 표현할 수 있을
것이다. 즉 A가 생각이나 감정을 기호화하여 B에게 메시지를 보냈
다 해도, B는 A와 다른 기준으로 그 기호를 해석할 가능성이 있다.
B가 A에게 메시지를 보내는 경우도 마찬가지이다.

여기서 중요한 것은, A가 가지고 있는 기호화나 해석의 기준과
B가 가지고 있는 기호화나 해석의 기준을 비교하여, 어느 쪽이 우
수하다/열등하다 할 수 없다는 점이다. A와 B는 각각 다른 기준을
사용하여 기호화하고 기호해석을 하는 것일 뿐, 거기에 차이는 없

다. 예를 들어 처음 만나서 인사할 때 절, 악수, 키스, 허그 중 어떤 것을 선택할지에 대한 차이와 같다. 그리고 일본어 문화권이라는 콘텍스트 안에서 이루어지는 커뮤니케이션이라면 그 문화권의 규범에 맞는 형태로 기호화·기호해석을 하는 사람이 압도적으로 다수일 것이라고 쉽게 상상할 수 있다. 일본에서는 고개를 가볍게 숙이며 인사하는 사람이 많은 것을 예로 들 수 있다. 그렇다고 해서 다른 형태로 기호화·기호해석을 하는 것이 나쁜가 하면 그렇지는 않다. 기준이 다르면 '기호화'와 '기호해석'이 서로 어긋날 가능성이 높아지기 때문에 이해하기 어려울 수도 있지만 그것은 어디까지나 '차이'일 뿐, 맞고 틀리거나 우열을 나타내지는 않는다.

우리가 습관적으로 하고 있는 다양한 기호화는, 실은 일본어 문화권이라는 콘텍스트 속에서 문화를 익히는 과정 중 학습한 것이며, 타인은 타 문화권이라는 콘텍스트에서 다른 기호화를 배우는 것이다. 예를 들어 일본에서는 '친한 사이에서도 예의를 지키라'는 가치관을 중시하기 때문에 친한 상대방에게도 '고맙다'고 말한다. 한편 중국에서는 친한 상대방에게 '고맙다'고 하면 오히려 서먹서먹하게 느끼므로 굳이 '고맙다'는 말을 하지 않는다고 한다. 커뮤니케이션은 각자가 몸에 익힌 문화의 영향을 받으므로, 일본어 화자는 상대방이 고맙다고 해 주기를 기대하지만 중국어 화자는 고맙다는 말을 하지 않을 수도 있다. 일본어 화자 입장에서 보면 중국어 화자가 기대에 어긋나는 언동을 했다고 생각할 수 있지만, 이를 '예의 없다'고 할 것이 아니라 '기호화의 차이'로 이해하는 것이 중요하다.

이문화 간 커뮤니케이션에서 발생하는 기호화와 기호해석의 차이는, 상대방의 기호화 기준을 이해하려는 노력으로 극복할 수밖에 없다. 자신이 '당연' 또는 '상식'으로 생각하는 일이 상대방에게는 그렇지 않을 수도 있음을 알아야 한다. 이는 앞으로 다문화 공생사회를 살아가는 데 꼭 필요한 요건이 될 것이다.

인용문헌

池田理知子・クレーマー, E. M.(2000).『異文化コミュニケーション・入門』. 有斐閣.

石井敏(1996).「言語メッセージと非言語メッセージ」〈古田暁 監修・石田敏・岡部朗一・久米昭元 著〉.『異文化コミュニケーション: 新・国際人への条件』改定版 第4章(pp.81-100). 有斐閣.

石井敏(1997).「異文化コミュニケーション」〈石田敏・久米昭元・遠山淳・平井一弘・松本茂・御堂岡潔 編〉.『異文化コミュニケーション・ハンドブック』第2章(pp.7-11). 有斐閣.

石井敏(1998).「文化とコミュニケーションのかかわり」〈鍋倉健悦 編著〉.『異文化間コミュニケーションへの招待: 異文化の理解から異文化との交流に向けて』第2章 (pp.41-65). 北樹出版.

石井晴子(2013).「リンガフランカ」〈石田敏・久米昭元 編集代表〉.『異文化コミュニケーション事典』(p.276). 春風社.

石田敏・久米昭元(2013).「異文化コミュニケーションの基礎概念」〈石田敏・久米昭元・長谷川典子・桜木俊行・石黒武人〉.『はじめて学ぶ異文化コミュニケーション: 多文化共生と平和構築に向けて』第Ⅰ章(pp.11-34). 有斐閣.

板場義久(2010).「文化を定義することの困難さ」〈池田理知子 編著〉.『よくわかる異文化コミュニケーション』第Ⅱ章 第I節(pp.12-13). ミネルヴァ書房.

岡部朗一(1996).「文化とコミュニケーション」〈古田暁 監修, 石田敏・岡部朗一・久米昭元 著〉.『異文化コミュニケーション: 新・

国際人への条件』改定版 第2章(pp.33-59). 有斐閣.

コミサロフ喜美(2001).「文化とは何か」〈八予京子・荒木晶子・樋口容視子・山本志都・コミサロフ喜美〉.『異文化コミュニケーションワークブック』第1章 第4節 第2項(pp.24-27). 三修社.

桜木俊行(2013).「言語コミュニケーション」〈石田敏・久米昭元・長谷川典子・桜木俊行・石黒武人〉.『はじめて学ぶ異文化コミュニケーション:多文化共生と平和構築に向けて』第5章 (pp.109-134). 有斐閣.

末田清子・福田浩子(2011).『コミュニケーション学:その展望と視点』. 増補版 松柏社.

根橋玲子(2011).「異文化間コミュニケーション」〈鈴木健 編著〉.『コミュニケーション・スタディーズ入門』第6章 (pp.135-157). 大修館.

橋元良明(1997).「言語的コミュニケーションと思考様式」〈橋元良明 編著〉.『コミュニケーション学への招待』第2章(pp.20-39). 大修館書店.

古谷聡(2013).「グローバリゼーション」〈石井敏・久米昭元 編集代表〉.『異文化コミュニケーション事典』(pp.110-111). 春風社.

일본어와 커뮤니케이션
- 일본어의 현재와 미래 -

다키우라 마사토(滝浦真人)

**학습
포인트**

● 일본어의 '오용'과 '변화'를 어떻게 이해할지 생각한다.

● 신기(新奇)한 표현으로 화제가 되고 있는 새로운 형태를 구체적으로 검토한다.

● 경의(敬意)의 하락과 신기한 표현 출현의 관련성을 검토한다.

● 일본어 커뮤니케이션의 긍정 공손(positive politeness)화 경향을 이해한다.

● 현재 커뮤니케이션에서 무엇이 필요한지 생각한다.

① 오용? 변화?

언어는 늘 변한다. 실제로 학습과 훈련을 통하지 않고서는 고전어를 이해하기 힘들 정도로 일본어도 변해 왔음은 널리 알려진 사실이다. 지금도 일본어가 변화의 길을 걷고 있다고 모두 생각한다. 그렇지만 자신이 말하는 일본어의 어느 부분이 지금 변하고 있는지를 생각하면 좀처럼 답을 찾을 수 없다. 날마다 들리는 유행어 따위나 젊은 세대가 사용하는 의미불명의 말이 있는데, 이들을 '변화'라 할 수 있을까? '변화'는 제대로 된 것이지만, 유행어나 젊은 세대에서 쓰이는 말은 규범에서 일탈한 '오용'이라고 불러야 하지 않을까? 이렇게 하여 '일본어의 오용'이란 의미로 많은 신기(新奇)한 표현이 도마 위에 오르게 된다.

현대 일본어에서 제대로 '변화'라고 결론지은 것으로 보이는 대표적인 현상으로「ラ抜き言葉」를 들 수 있다. 종래「見られる」,「着られる」에서처럼「られる」의 형태가「見れる」,「着れる」처럼「ら」가 탈락된 형태로 대체되고 있는 현상을 말한다. 이는 대체(代替)라고 보기보다「(ら)れる」의 의미 기능 중 '수동·자발·존경'의 의미에서는 기존과 동일하게「られる」로, '가능'의 의미일 때만「ラ抜き」

| 표 15-1 | 수동·자발·존경·가능의 표시(ラ抜き以前)

	수동 · 자발 · 존경	가능
오단(五段)동사	-areru 例: yomareru	-eru (가능동사) 例: yomeru
일단(一段)동사	-rareru 例: mirareru	-rareru 例: mirareru

의 형태로 분리 독립하여 쓰이는 과정에 있다고 볼 수 있다.

처음에는 이 현상도 '일본어의 오용'으로 불렀다. 그러나 시야를 좀 더 넓혀 살펴보면 동사 유형 중 하나인 '오단활용(五段活用) 동사'에서는 훨씬 전부터 '가능'의 형태가 분리 독립했음을 깨닫게 된다. 「読む」, 「言う」 등의 동사는 「読まれる」, 「言われる」와 같은 형태가 있지만 '수동·자발·존경'의 의미로서만 사용되고, '가능'의 의미로는 「読める」, 「言える」라는 가능형(가능동사라고 함)이 그 기능을 담당한다. 이러한 변화는 일찍이 중세 말기경에 시작되어 서서히 주변으로 퍼져 갔다. 그래서 일본어 동사의 2대 유형인 오단(五段, 예전에는 四段)활용 동사와 일단(一段, 예전에는 二段)활용 동사에서의 의미와 형태의 관계는 오랫동안 〈표 15−1〉과 같았다(자음과 모음을 구분하기 위해 로마자로 표기함). 각각 「読む」와 「見る」를 예로 나타내 보았다.

표에서 알 수 있듯이, 사실 이 체계야말로 왜곡되어 있다. 동사 유형과 의미가 제각기 두 가지로 나뉘어 있으므로 체계로서는 2×2로 정리되는 것이 맞다. 그러나 한쪽 유형에서 먼저 '가능'의 분리 독립이 시작되었기 때문에 체계가 3×1이라는 변칙적인 형태가 되었다. 다른 한편의 유형에서는 이보다 상당히 뒤늦게, 약 100년쯤

|표 15-2| 　수동·자발·존경·가능의 표시(ラ抜き以前)

	수동·자발·존경	가능
오단(五段)동사	-areru　例 : yom<u>areru</u>	-eru (가능동사)　例 : yom<u>eru</u>
일단(一段)동사	-rareru　例 : mir<u>areru</u>	-reru (가능동사)　例 : mir<u>eru</u>
정리	-(r)areru	-(r)eru (가능동사)

전에 「来れる」라는 「ラ抜き」의 형태가 나타나기 시작했다. 이를 뒤따르듯 20세기 말에 이르러 일단동사 본체에 「ラ抜き」형태가 나타났다는 것이 스토리의 전말이다. 길이가 긴 단어[예를 들어 「かんがえる(考える)」]에서는 아직도 「ラ抜き」형태가 불안정(?「かんがえれる」)하여 문장체에까지는 침투되지 않은 것으로 보이는데, 변화의 도상에 있다고 봐야 할 것이다. 만약 변화가 완료된다면 〈표 15-1〉은 〈표 15-2〉와 같은 체계로 정리될 것이다.

이 체계에서는 일단(一段)동사 유형에서 「ら」가 탈락함으로써 동사 유형과 관계없이 두 가지 의미 계열과 형태의 매칭이 깔끔히 이루어진다. 이 밖에도 「ラ抜き」를 지지하는 재료가 있는데, 지방의 방언에서 〈표 15-2〉와 같은 체계를 찾을 수 있고 '가능' 형태 자체가 '상황 가능(상황이 허락한다/불허한다)'과 '능력 가능(능력이 있다/없다)'으로 나뉘거나 하는 점이다. 결국 시대의 흐름 속에서 '수동·자발·존경·가능'이라고 하는, 현대인의 관점에서는 이렇게 하나의 형태로 충당할 수 있는지 의아하기 짝이 없는 단어에서 가장 능동적인 의미를 품기 쉬운 '가능'이 분리되는 현상에는 충분히 이해할 수 있는 사정이 있었던 것이다.

② 문제적 일본어

「ラ抜き」형태에 대해서는 이렇게 명쾌한 설명이 가능하기에 최근에는 '오용'이라 부르는 일도 거의 없다. 한편 요즘 들어서 종종 사용하는 표현 중에, 그런 일본어가 있는가 혹은 틀린 사용법이 아닌가 하고 적지 않은 사람이 위화감을 느끼는 표현이 있다. 얼마 전 이런 표현들을 수집하여 배경을 해설한 『문제적 일본어』[1]라는 책이 화제가 되었다(北原, 2004).

『문제적 일본어』에는 공통점이 존재한다. 하나는, 사람들이 표현의 의미는 이해하지만 머릿속에 있는 다양한 커뮤니케이션 장면에서 사용하는 표현 리스트에 '등록되지 않은 것'으로 느낄 때 위화감을 갖게 한다는 것이다. 이런 표현은 의미면에서 규범을 벗어나거나 문법을 일탈한 것으로 느껴진다. '오용이란 이런 것이다'라고 할 수 있다. 또 하나의 공통점은, 그럼에도 불구하고 이런 표현이 나타나는 배경에 이해 가능한 사정이 있다는 것이다.

문제적 일본어의 대표적인 예로 다음 문장을 들어 보기로 한다(北原의 예를 조금 바꿨다).

(1)「ご注文の方、以上でよろしかったでしょうか?」

문제가 되는 곳은 두 곳인데, 먼저「の方」가 불필요한 군더더기라는 위화감과, 주문한 시점이 지금임에도「よろしかった」라고 과

---

1 北原保雄 편저(2004), 『問題な日本語-どこがおかしい?何がおかしい』, 大修館書店.

거형을 쓰는 것은 이상하다. 이를 어떻게 생각하면 될까?

먼저 「の方」에 대해서 말하자면, 논리적으로 당연히 불필요한 표현이지만 이러한 어투를 (표현은 여러 가지이나) 일본어에서 대단히 즐겨 써 왔다는 점도 부정할 수 없는 사실이다. 예를 들어 인물을 가리키는 「北の方政所」라는 표현이 있는데, 이는 「北の方」라는 택지 내의 상대적 위치를 나타내는 말로, 거기에 사는 인물을 가리키는 대단히 완곡한 표현이다. 현대 일본어에서도 업무상 대화에 「書類の方よろしくね」라든지 「発注の方大丈夫?」와 같은 어투가 전혀 아무렇지도 않게 쓰이는데, 「ご注文の方」만이 잘못되었다고 말하는 것은 이치에 맞지 않다.

「よろしかったでしょうか」의 과거형 표현에 대해서는 두 가지 설명이 가능하다. 먼저, 방언에 따라서는 정중한 말투를 사용할 때 과거형을 사용하는 곳이 있다. 밤 인사에 「おばんでした」, 전화를 건 사람이 「もしもし、○△でした」라고 자기 이름을 대거나 「いま外出していて不在だ」라는 말을 「外出してました」라고 말하기도 한다. 이런 표현은 홋카이도나 도호쿠 지방에서 잘 쓰이는데, (1)과 같은 어투는 나고야 근방에서도 들을 수 있다. 실제로 방언에서 표준어로 유입되었을 가능성도 있는데, 그 배경이나 사정은 여기에 그치지 않는다.

정중하게 표현하려고 할 때 현재 일을 과거형으로 표현하는 방식이 공손(politeness) 표현으로서 매우 전형적이라고도 할 수 있는데, 틀림없이 고객의 주문은 '지금·여기'서 이루어지지만 그것을 그대로 표현해 버리면 눈앞의 고객을 '말로 손가락질하는' 것과 같은 강력함이 느껴지기 쉽다. 그래서 '지금·여기'를 조작하여 '지

일본어와 커뮤니케이션

금·여기'가 아닌 시공간으로 바꾸어 표현하는 전략이 생겨나게 된다. 이는 실제로 공손 커뮤니케이션으로서는 부정 공손(negative poilteness)의 대표적인 경우라 할 수 있고, 영어의 공손 표현에서도 상투적 수단의 하나이다.

'비현실'을 나타내는 것으로 가르치는 가정법(假定法)은 실은 정중한 표현의 대표적인 용법 중 하나이다. 다시 말해, 가정법 형태로 현재의 일은 과거형으로, 과거의 일은 과거완료형으로 시점을 과거 방향으로 한 단계씩 물리는 식으로 표현함으로써 정중함을 나타낸다. 그 밖에도 예를 들어 '지금·여기'에서 이루어진 제안과 다름없는 것을 과거형으로 표현하는 것이 조심스러운 표현으로 들리는 것은 극히 흔한 일이다.

(2) "I was wonderting if it might be better for us to think it over."
「일역: 考えなおした方がいいんじゃないかと思ったんですが。」
(다시 생각하는 편이 좋지 않을까 생각했습니다만.)

일본어 번역문에서도 밑줄 친 부분을 현재형으로 「～いいと思います」라고 말하면 들이대는 듯한 강력함을 풍기기 쉽다. '조심스러움'이라는 부정 공손을 표현하고 싶다면 과거형을 사용하라는 전략은 많은 언어에서 유력하다.

그러한 이유로, (1)과 같은 어투는 일본어가 오래전부터 이용해온 방식에 따른 전형적인 부정 공손 표현이라 할 것이다. 한때 유행하고 소멸되어 버린 것도 아니라면, 자신의 표현 리스트에 없다는 이유만으로 이를 배제한다는 것은 균형 감각이 부족한 것이 아닐까.

경의(敬意) 체감의 법칙

『문제적 일본어』에는 경어 관련 표현이 많은데, 경어의 혼란은 일본어의 혼란이라는 논조도 적지 않다. 경어 표현에 관해서는 오용이나 착각에 따른 실수가 확실히 많고 판단하기 힘든 용례도 적지 않다. 최근 자주 지적되는 표현으로 다음과 같은 것이 있다.

「お~になられる」(이중 경어)
「~させていただく」(일방적 남용)
「おいしくいただける」(경의의 강제?)

9장에서 살펴본 것처럼, 첫 번째 예는 단지 동작 주체에 대한 경어이므로 존경어「お~になる」만으로 충분하고, 두 번째는 화자 자신의 겸손을 나타내고 싶을 뿐이기 때문에 정중어「~いたす」를 사용하는 것으로 충분하다. 마지막의 경우,「食べられる」로 끝날 것을 애써 경어로 나타내고 싶은 마음은 이해하지만「いただく」는 자신을 낮추는 정중어이므로 제조사에서 사용하는 것은 오류라는 식이다.

지당한 설명이긴 하나, 이 경우에도 왜 이런 표현을 쓰고 싶어지는지에 대한 배경 사정이 보인다. 여러분은 '경의(敬意) 체감의 법칙'이란 말을 들어 본 적이 있는가? 일본어학 분야의 선구자 중 한 사람인 사쿠마 카나에가 1936년에 제창한 말이다. 일본어에 자신이나 상대방을 부르는 호칭이 이렇게나 많은 원인이, 사용하는 과정에서 상대방에 대한 경어 의식이 점차 약해지고 자신은 점차 존대화(尊大化)해 버리는 데 있다는 것을 갈파한 사쿠마가 '경의(敬意)'

는 '체감(遞減)'하는 것이 법칙이라고 명명했다.

예를 하나 들어 보기로 한다. 지금도 사용하는 「お前」와 「あなた」란 호칭이 있는데, 전자는 이미 상대방을 하대하는 말이고 후자도 등위(等位)나 하대하는 뉘앙스가 강하다. 둘 다 애초에는 높은 경의를 가진 말이었는데 점차 경의가 줄어들었던 것이다. 『일본국어대사전』[2]의 설명을 인용한다.

'お前'

에도(江戸)시대까지 경의가 높은 말로서 상위자에게 사용되었지만, 메이와·안에이(明和·安永, 1764~81)시대에는 상위자 또는 대등한 자에게, 분카·분세이(文化·文政, 1804~30)시대가 되면 동등하거나 하위자에게 사용되어 현재에 이르렀다.

'あなた'

근세에 이르러 'お前'를 대신하여 최고 단계의 경의를 표시하는 대칭대명사 용법이, 가미가타(上方)[3] 지역에서는 호랴쿠(宝暦, 1751~64) 무렵부터, 에도에서는 메이와(明和, 1764~72) 무렵부터 보인다. 분카(文化, 1804~18)부터는 경의의 하한선이 내려가 근세 말기가 되면 대등한 관계에서도 쓰인 예를 볼 수 있고, 다이쇼·쇼와(大正·昭和) 초기까지는 비교적 높은 경의를 유지하고 있었다. 그러나 오늘날에는 경의가 저하하여 손윗사람에게는 사용하지 않는다.

---

2   『日本国語大辞典』第二版2巻, p.1373, 小学館.
3   근세부터 황거가 있는 교토와 그 주변 지역을 가리키는 옛말. 이후 그 범위를 넓혀 오사카 지역을 포함하여 게이한(京阪), 긴키(近畿) 지방이라고도 한다.

「お前」와「あなた」가 때맞춰 자리를 바꾸는 것처럼 역할 교대가 이루어졌음을 알 수 있는데, 동시에 '높고 강한 경의'를 유지하는 기간은 의외로 짧고 경어 의식이 떨어지는 속도도 빠르다는 것을 알 수 있다.

호칭은 상대와 관계성을 직접 반영하는 것이므로 이처럼 변화를 명확히 나타내는 면이 있지만, 경어 또한 '경의 체감'과 관련이 없다고는 할 수 없다. 경어의 거리감은 반드시 '+α'의(여분의) 무언가로 표출되고 화자로서는 그렇게 하지 않으면 경어를 쓰는 의미가 없다고도 할 수 있다. 이런 심리가 기존의 경어에 어딘지 '경의의 부족'을 느끼기 쉽게 하는 면이 있을 것이다. 경어가 공손 과잉되기 쉬운 경향도 이것으로 설명이 가능하다.

앞서 예로 든 세 가지 용례 중에서 확실히「お〜になられる」는 불필요하게 경어가 이중(二重)으로 사용되었지만, 예를 들어「ご卒業になったんですか」는 문법적으로 틀림이 없음에도 술어부의「になった」가 어딘지 냉담한 느낌을 준다(그래서 'れる'를 붙이면 안정감이 든다).「〜いたす」의 경우도「明日休業いたします」가 정확한 표현이긴 하지만 겸손한 뉘앙스보다 일방적 선언을 하는 듯한 태도로 느껴지므로「させてもらう」라는 관계 표현을 쓰는 쪽이 감각적으로 편안한 느낌을 준다.「おいしくいただける」는 확실히 미묘한 면이 있지만 원래 겸양 표현인「食べる」가「食う」를 대신한 것처럼, 겸양 표현인「いただく」가「食べる」를 대신하려는 것으로 볼 수 있다(井上, 1999).

이렇게 '문제적 일본어'는 사용자의 오용이나 착각에 의한 실수로 치부할 수 없는 문제를 포함한다. 확실히 고민스럽긴 하지만, 이는 언어 사용자의 고민이라기보다 일본어 자체에 대한 고민의 표출이라고 보는 것이 맞을 것 같다.

③ 변해 가는 커뮤니케이션

일본어 커뮤니케이션, 특히 메이지 이후의 '표준어'를 기본으로 한 커뮤니케이션은 좋든 싫든 경어로 대표되는 부정 공손을 축으로 영위되어 왔다. 그러나 '패전 이후' 반세기 이상이 경과했고 사회질서도 상하관계를 축으로 하는「タテ」관계에서 친소(親疎)를 축으로 하는「ヨコ」관계로 무게의 중심이 옮겨가고 있다. 몇 차례 언급한 바와 같이, 상하관계에서 비대칭성도 평준화가 진행 중인 것으로 보인다.

이러한 경향은 단적으로 일본어 커뮤니케이션에서 공손의 모습을 변화시키고 있다. 일본어에서 '상하'는 '윗사람과 접촉해서는 안 되는' 상하였는데, 이런 상하관계가 약해진다는 것은 '윗사람과 접촉하는 것을 허용하는' 것이고, 현실 장면에서는 '능숙하게 접촉하는' 표현을 기대하게 되었다. 이러한 배경에서 쓰이게 된 표현으로 일반론에 꼭 들어맞는 사항에 적용해 쓰는「～じゃないですか」가 있다. 손아랫사람이 손윗사람에 대하여 일정한 거리를 유지한 상황에서 손아랫사람이 주도권을 쥐고 화제를 제공할 수 있는 편리한 표현으로 정착한 느낌을 준다. 종래에는 이의제기나 다짐을 나타내는 표현이었으나 1990년대에 새로운 용법이 나오기 시작했다. 당시

에는 듣기 거북한 일본어로 화제가 되었으나, 1997년도에 실시된 '국어에 관한 여론조사(文化庁)'에서는

(3)「年末はどこの店も混むじゃないですか。」

라는 표현에 대해 '일반적인 표현이라고 느낀다'라는 응답과 '친밀감을 주는 표현이다'라는 응답을 합쳐서 75%에 이를 정도로 급속히 인지도를 높이게 되었다. 위와 같은 표현형은 화자가 주도하는 것이 특징으로, 청자의 입장에서는 (3)과 같은 발화에 대해 이견이 없는 한 동의할 수밖에 없으므로 (3)의 화자는 이어서 「だから/それで……」라는 식으로 자신이 하고자 하는 말을 계속할 수 있다.

공손의 관점에서 해석하자면, 상대가 동의할 만한 사항을 제시하여 동의를 얻게 되면 상대와의 '공통 기반'이 생기는 것이고, 그 위에 자신이 말하려는 바를 얹어 나타내는 전형적인 긍정 공손 전략이라고 할 수 있겠다. 하지만 화자가 제시하는 사항이 청자가 알지 못하는 개인적 색채가 강한 것이라면 청자는 동의하기 힘들고 화자의 강제적인 동의 요구에 불쾌해지기 쉽다. 그렇게 되면 공손은 실례·무례함(impoliteness)으로 바뀌어 버린다. 이렇게 '접촉한다'는 것은 상대가 불쾌하게 느낄 위험을 항상 안고 있다는 인식도 필요하다.

덧붙여, (3)에 상당하는 표현을 가진 방언이 몇 개 있는데, 예를 들어 간사이(関西), 또는 오사카(大阪) 방언에서는 「～やんか」,「～(ね)んやんか」 등의 형태가 있다. 화자가 구(旧)정보(청자도 알고 있다고 생각하는 정보)를 제시하면서 동의를 구할 때는 전자를, 신(新)

정보(처음 듣는 정보)를 제시하면서 동의를 구하려 할 때는 후자의 표현을 쓴다는 구분까지 존재한다.[4] 이런 의미에서 표준어에는 없는 표현 패턴이 추가되었다고도 볼 수 있다.

'접촉하지 않는' 커뮤니케이션에서 '접촉하는' 커뮤니케이션으로의 이행은 실제 사람들의 의식 속에 어느 정도 진행되고 있을까? 갑작스러운 질문에 해답을 얻기는 힘들지만, 다른 목적을 위해 진행된 조사 결과에서 뜻밖에도 사람들의 의식을 명확히 알 수 있는 사례가 있었다. 문화청(文化庁)이 매년 실시하는 '국어에 관한 여론조사'에서, 배려 등의 표현과 관련해 1999년도 조사에서 사용한 것과 동일한 표현 14개에 대해 2012년도 조사에서도 물어보았다. 응답 결과 14개 중 12개 표현에서 사용률이 감소했다. 그대로 해석하자면, 현대 일본인은 대인배려 표현을 거의 사용하지 않게 되었다는 의미가 되어 버리기 때문에 저항감이 있었는지 관련 설명도 거의 없었다.

그러나 결과를 상세히 살펴보면, 사람들이 사용하지 않게 된 표현이 어떤 타입인지 상당히 명확하게 나타나 있다. 사용률이 대폭적으로 감소한 표현은 다음과 같다.

(4) <사용률이 대폭 감소한 표현>

a (식사를 권할 때)「お口に合うかどうかわかりませんが。」

　2012년도 44.8%　←　1999년도 55.0%

b (요리를 대접한 후에)「お粗末でございました。」

4　표준어「じゃないですか」에는 이런 구분이 없기 때문에, 청자가 알 리 없는 개인 정보에 관해서까지「私って長女じゃないですか」라는 식으로 나타내는 경우가 있는데, 이 용법은 아직 정착되지 않았다.

2012년도 27.3% ← 1999년도 36.5%

c (남에게 선물을 전달할 때)「つまらないものですが。」

2012년도 60.8% ← 1999년도 67.8%

이들 표현은 모두 '일본어다운 일본어'라고 했던 전형적인 배려 표현이다. 10% 이상의 대폭적인 감소는 경향의 변화를 뚜렷이 나타낸다. 이 결과만 보면 '배려하지 않게 된 일본인'이라고도 할 수 있을 것 같다. 한편으로는 단 두 표현뿐이지만 사용률이 증가한 표현이 있었다. 감소하기는 했지만 거의 변동이 없는 한 표현과 함께 다루기로 한다.

(5) <사용율이 증가 또는 변동이 거의 없는 표현>

a (상대의 권유를 거절할 때)「お伺いしたいのは山ですが。」

2012년도 40.3% ← 1999년도 35.0%

b (전화로 상대방을 불러 달라고 할 때)「もし、お手すきでしたらお電話口までお願いしたいのですが。」

2012년도 28.0% ← 1999년도 27.7%

c (실력을 인정받았을 때)「(先生・皆様の)おかげでございます。」

2012년도 52.3% ← 1999년도 53.2%

이상의 결과를 비교해 보면 두 그룹의 명확한 특징을 깨닫게 된다. (4)는 전형적인 겸손 표현, 즉 부정 공손 표현이다. (5a, c)의 거절과 칭찬 표현에 대한 응답은 '접촉하는' 것을 지향하는 긍정 공손 표현이고, (5b)의 전화 표현도 후반에 비중을 두고 보면 접촉 지향의 긍정 공손 표현이라 할 수 있다. 다시 말해 13년의 시간 동안 부정 공손에서 긍정 공손으로 매우 명백한 선호의 변화가 일어났다는 것이다.

　같은 조사에서는 공공장소에서 주위 사람에게 말을 걸 것인가라는 질문도 있었다. 붐비는 전철에서 내릴 때나 극장이나 영화관 등에서 중앙의 자리까지 이동할 때 옆 사람에게 양해의 말을 한다고 응답한 사람이 70~80% 정도로, 1999년도 조사와 비교해 약 10% 정도 증가했다. 상황으로 보아 나타내려는 내용은 사죄 표현에 가깝지만 타인에게 말을 건다는 차원에서 보자면, 일면식도 없는 타인에게 접촉하려는 사람들이 늘고 있는 증거로 볼 수 있을 것이다. 사람들의 커뮤니케이션 의식은 확실히 변화하는 중이다.

「いらっしゃいませ、こんにちは!」의 불가사의

　인사말에도 신종(新種)이 출현하고 있다. 아직 평가하기에는 이르지만 출현 배경에 대한 해석은 가능하므로 마지막에 언급하기로 한다.

　(6)「いらっしゃいませ、こんにちは!」

　위의 표현은 편의점이나 패스트푸드 체인점에서 시작하여 마트 계산대에서도 쓰이게 되었고, 2014년 현재 많은 업종으로 확대된 양상을 보여 주고 있다.

　인터넷상에서는 이 인사말에 비판적인 글이 많은 것 같다. 그러나 내용을 읽어 보면 손님 얼굴도 안 보고 먼 곳에서 「いらっしゃいませ、こんにちは!」라고 해도 전혀 기쁘지 않다고 하는, 인사 방

식에 대한 비판이 눈에 띈다. 표현 내용을 살펴보면「いらっしゃい
ませ」와「こんにちは」는 전혀 다른 인사말이고, 두 표현이 상정하
는 상대가 다르기 때문에 같이 쓰는 것은 모순이라는 점으로 요약
할 수 있을 것이다.

　바로 이 점이 이 인사말에서 주안점을 둔 부분이라고 할 수 있
다.「いらっしゃいませ」와「こんにちは」의 차이는

　「こんにちは」→ 지인(知人)관계임을 확인
　「いらっしゃいませ」→ 지인(知人)으로 한정하지 않는 상대에 대한 공손
　　　　　　　　 한 영접

으로 요약할 수 있고(두 표현 모두 정형적인 인사라는 의미에서는 비교
적 거리감이 크지만), 상대적 거리감의 차이란 점에서 생각하면「こ
んにちは」는 '접촉하기'를 지향한다는 것이고「いらっしゃいま
せ」는 '접촉하지 않게' 거리감을 유지함으로써 정중함을 지향한다
고 할 수 있다. 상대적으로「こんにちは」가 긍정 공손적이고「いら
っしゃいませ」는 부정 공손적으로 기능하는 인사말이라고 할 수
있다.

　가게가 손님과의 관계에서 고민스러워하는 점은, 별안간 가까
운 사이인 듯 굴어서 손님이 무례하다고(impoliteness) 느껴서는 곤
란하지만, 그렇다고 해서 정중한 거리감을 그대로 유지하면 손님과
'접촉하지 않기' 때문에 관계가 서먹서먹하게 된다는 것이다. 그래
서 두 인사말을 모두 사용해도 된다면 (적어도 이론적으로는) 고민이
해결되는 셈이다. 먼저 부정 공손의 거리감으로 손님을 정중히 맞

이하여 임시적인 인간관계가 형성되었다고 가정한 후, 이번에는 긍정 공손적인 거리감으로 친밀감을 표현한다.

이 인사말들이 5년 뒤에는 어떻게 될지 예측할 수 없으나, 지금 여기서 흥미로운 것은 이러한 현상의 출현이 종래의 '접촉하지 않기' 커뮤니케이션 일변도로는 뭔가 부족하다고 사람들이 느끼기 시작했음을 입증하는 것이라는 점이다. 가까운 인간관계에서는 당연히 '접촉할 수 있는' 거리감의 커뮤니케이션이 이루어지지만 사회적 인간관계 속에서도 이를 받아들임으로써, 그 속에서 일본어 커뮤니케이션이 보다 동적이고 풍부한 표정을 가진 모습으로 성숙해 나갈 가능성을 예상할 수 있다.

마트의 계산대에서도 「いらっしゃいませ」라고 한 뒤,「こんにちは」의 타이밍에서 이쪽 눈을 바라보고 말하는 점원을 종종 볼 수 있다. 그러면 이쪽도 뭔가 한마디 답하고 싶은 기분이 든다. 그 결과로, 마트 계산대를 통과할 때는 서로 한마디씩 주고받는 것이 일반적이라는 새로운 공손 커뮤니케이션이 습관으로 정착된 일본어를 그려 보는 것도 나쁘지는 않은 것 같다.

📖 **인용문헌**

井上史雄(1999).『敬語はこわくない―最新用例と基礎知識』. 講談社新書.

北原保雄編著(2004).『問題な日本語 ―どこがおかしい?何がおかしい?』. 大修館書店.

佐久間鼎(1983[1936]).『現代日本語の表現と語法』. くろしお出版 [厚生閣].

📖 참고문헌

滝浦真人(2013).『日本語は親しさを伝えられるか』. 岩波書店.

옮긴이 후기

"일본어 공부는 하면 할수록 어려워요, 어떻게 하면 일본어를 잘할 수 있을까요?"

"문화적 차이를 극복할 수 있는 좋은 방법이 없을까요?"

"일본인과 얘기하다 보면 이해가 안 되어 오해가 생기기도 하는데 왜 그럴까요?"

학생들이 흔히 하는 질문이다. 그때마다 내 대답은 한결같다. "일본어를 잘하는 것은 기본이고, 일본 문화, 특히 보이지 않는 문화까지 이해해야 커뮤니케이션이 제대로 이루어질 수 있다"고.

2018년 일본의 나고야대학에서 일 년간 안식년을 보냈다. 그때 한일문화교류 차원으로 일본방송대학에서 '방송대학의 교육과 연구'라는 주제로 발표했다. 발표가 끝난 후 그 자리에 참석했던 오하시 리에 교수가 『日本語とコミュニケーション』이라는 책이 출판되었다면서 선물로 주었다. 차례와 내용을 훑어보니 아주 흥미로웠다. 일본어 때문에 고민하는 학생들을 생각하니 한국에 소개하고 싶은 욕심이 생겼다. 몇 년 전에 오하시 리에 교수의 책을 번역한 인연이 있던 터라 이번에도 번역하고 싶다는 뜻을 밝혔더니 쉽사리 응해 주었다. 안식년을 마치고 돌아와, 방송대 일본학과 사공환 교수에게 공동 번역을 제안했더니 흔쾌히 좋다고 했다. 그 후 일 년 반이 지나 이 책이 나오게 된 것이다.

이 책에는 서두에서 언급한 학생들의 질문에 단골로 등장하던

'문화적 차이'와 '오해'를 풀 수 있는 열쇠가 곳곳에 숨겨져 있다. 일본어를 잘하는데도 커뮤니케이션 능력이 떨어진다고 고민하던 문제에 대한 답을 찾을 수 있을 것이라 생각한다. 일본어의 비언어 메시지, 대인관계, 의뢰, 권유, 승낙, 거절, 감사, 사죄, 칭찬, 경어, 언어 속에 담겨 있는 비유 등을 이해한다면 일본인과의 커뮤니케이션이 한결 원활하게 이루어질 것이기 때문이다.

이 책의 번역을 허락해 준 두 저자분께 감사 말씀을 드리고, 아울러 일본방송대학과 한국방송통신대학교 사이에 실질적인 출판 교류가 이루어진 점을 기쁘게 생각한다. 일 년 반이나 걸린 어려운 번역 작업을 함께 진행해 주신 사공환 교수님께 감사드린다. 한일관계도 어렵고 출판사 사정도 여의치 않은데 협조를 아끼지 않은 방송대출판문화원에도 감사 말씀을 전하고 싶다.

『어린 왕자』에서 여우는 말한다. "너의 장미꽃을 그토록 소중하게 만든 것은, 그 꽃을 위해 네가 소비한 시간이란다."라고. 맞는 말이다. 시간을 투자하지 않고 열매를 얻을 수는 없다. 이 책을 읽는데 투자한 독자 여러분의 시간이 일본인과 커뮤니케이션을 할 때 장미꽃으로 피어나기를 기대한다.

石の上にも三年

2020년 2월 옮긴이를 대표하여 이경수